최재붕의
메타버스
이야기

최재붕의 메타버스 이야기

1판 1쇄 2022년 5월 13일
1판 8쇄 2022년 6월 10일

지은이 최재붕
펴낸이 김형필
펴낸곳 북인어박스
주소 경기도 하남시 미사대로 540 (덕풍동) 한강미사2차 A동 A-328호
등록 2021년 3월 16일 제2021-000015호
전화 031) 5175-8044
팩스 0303-3444-3260
이메일 bookinabox21@gmail.com

ⓒ 최재붕, 2022

책값은 뒤표지에 있습니다.
ISBN 979-11-976170-2-7 03320

북인어박스는 삶의 무기가 되는 책, 삶의 지혜가 되는 책을 만듭니다.
출간 문의는 이메일로 받습니다.

PHONO

최재붕의 메타버스 이야기

METAVERSE

SAPIENS IN

디지털 신대륙에 사는 신인류, 그들이 만드는 신세계

최재붕
지음

북인어박스
book in a box
Publishing House

나는 오래전부터 '융합의 세기, 21세기'에 대한민국이 반드시 세상을 호령하리라 예언해왔다. 그동안 디지털 생태계에 작은 섬들이 몇 개 보이더니 드디어 메타버스라는 새로운 대륙이 나타났다. 그 신대륙에 모여 함께 놀자. 다양하고 질펀하게. 노는 것만큼은 누가 우리를 따라잡으랴? 메타버스는 과학과 인문이 자유롭게 통섭하는 세상이다. 한바탕 신명 나게 놀다 배가 고프면 컴퓨터 기술, 뇌과학, 심리학, 진화생물학 등을 양푼에 쏟아 넣고 고추장 풀고 참기름 둘러 비벼 먹으면 그곳이 바로 집단지성이 꽃을 피울 신세계가 되리라. 당신이 바로 그 디지털 신대륙 메타버스를 발견하는 '21세기 콜럼버스'가 되기를 바란다.

— 최재천 | 이화여대 에코과학부 석좌교수, 유튜버 - '최재천의 아마존'

블록체인, NFT, 메타버스! 디지털 기술이 이끌어가는 우리의 미래. 우리가 직시해야 할 본질은 기술이 아니라 '나 자신의 경쟁력'이다. 세상의 판이 바뀔 때는 기업도 개인도 순위가 바뀐다. 굉음을 내며 빠르게 변화해 가는 오늘 무엇부터 해야 할지 불안한 독자들이라면 이 책을 권한다. 2년 전 나에게 디지털 전환을 처음 안내해준 분, 전형적인 오프라인 강사였던 나를 디지털 온라인 교육 플랫폼 'MKYU'를 만들도록 내 머리를 깨워준 고마운 디지털 안내자가 바로 저자다. 메타버스로 가는 길목에서 내게 행운처럼 다가온 그의 인사이츠가 이제는 당신의 행운이 되길 바란다.

— **김미경** | **MKYU 학장**

"미래는 이미 와 있다. 다만 널리 퍼지지 않았을 뿐이다." 윌리엄 깁슨(William Gibson)의 말이다. 이미 와 있는 미래를 못 보는 이들을 위해 꼭 필요한 책이다. 저자가 적은 한마디 한마디는 현재에 도착한 미래를 볼 수 있는 눈을 뜨게 해준다. 메타버스와 NFT는 또 하나의 세상이 열리는 미래의 새 표준이다. 왜 이러한 기술이 중요한지를 알려주는 것부터 그 세상이 어떻게 움직이고 작동하면서 우리들의 삶이 어떻게 바뀌어 갈지를 친절하게 짚어준다. 원고를 읽는 내내 감탄했다. 너무나 바쁜 세상이다. 그럼에도 불구하고 반드시 읽어야 할 책이다.

— **박용후** | **관점디자이너**

세상에는 두 가지 종류의 지식이 있다. 첫 번째는 내가 알고 있다는 느낌은 있는데, 설명이 잘 안 되는 지식이다. 두 번째는 내가 알고 있기만 한 것이 아니라 설명도 할 수 있는 지식이다. 두 번째만 진짜 지식이다. 그리고 이를 '메타인지' 능력이라고 부른다. 하지만 그 두 번째를 해내는 사람은 매우 드물다. 그래서 대부분의 시대적 변곡점과 그에 따른 혁신적 변화들을 앞두고는 용어와 약어들만 난무하는 첫 번째의 함정에 빠진다. 그런데 이를 누구에게나 설명을 해내는 사람이 있다면 그는 단순한 지식을 넘어 지혜와 혜안을 지닌 사람이다. 메타버스라는 시대적 흐름과 미래의 변화를 앞둔 우리가 생각해야 할 것들을 메타인지적으로 이토록 명확하게 말해주는 책을 최근에 본 적이 없다. 저자를 깊이 존경할 수밖에 없는 이유다. 할 수만 있다면 한 줄 한줄 모조리 외우고 싶은 책을 처음 만났다.

— 김경일 | 인지심리학자, 아주대 심리학과 교수

디지털 세상, 메타버스를 개척할 이들은 무엇을 공부해야 할까? 경영자, 학부모들이 정말 많이 던지는 질문이다. 인공지능, 빅데이터 분석, 코딩, 이 중에 답이 있을까? 나는 그렇게 생각하지 않는다. 앞으로 인류는 물리적 현실과 가상적 현실, 이렇게 두 현실을 오가며, 연결하며 살아간다. 정보기술은 새로운 현실을 창조하는 데 필요한 도구일 뿐이다. 그런 도구보다 더 중요한 역량은 사람의 마음을 읽어내는 공감 능력, 변화의 방향을 제시하는 비전 그리고 모두가 그 변화에 올라탈 수 있게 이끄는 따듯한 리더십이다. 공감, 비전, 리더십, 내가 저자를 만날 때마다 떠올리는 키워드이다. 그런 키워드를 품은 저자가 풀어놓은 '메타버스 이야기'라면 궁금할 수밖에 없다. 디지털 세상, 메타버스가 어디에서 왔고, 어디로 가는지 이 책을 통해 그 답을 찾아보시면 좋겠다.

— **김상균 | 인지과학자, 경희대 경영대학원 교수**

CONTENTS

IV '열광하는 대상'이 곧 법이고 규칙이다
가장 '나'다운 것

V 모든 것은 사람으로 돌아온다
디지털 신대륙에서의 '인간다움'

위대한 기적, 그러나 이제는 다른 길을 걸어야 한다

삼성전자가 1등을 넘어서 '좋은 경험의 창조자'가 되려는 이유
'1억 달러의 광고'보다 더 중요한 것
직원이 회사의 열렬한 지지자가 될 때 일어나는 일
'디센트럴랜드'가 던지는 웹 3.0 시대의 새로운 가능성

'그곳'에서는 모든 규칙이 새로 쓰인다

스마트폰이 낳은 신인류, 포노 사피엔스를 통해 디지털 신문명 이야기를 시작한 지도 벌써 3년이 되어갑니다. 그사이 코로나가 전 지구를 덮치며 디지털 문명의 대전환은 엄청난 속도로 번지는 중입니다. 마이크로소프트에서 분석한 바에 따르면 코로나 이전과 비교해 코로나 이후 무려 20배의 속도로 디지털 전환(Digital Transformation)이 진행되고 있다고 합니다. 인류 전체가 감염의 위험을 피해 디지털이라는 신세계로 피신하고 있는 것이죠. 우리의 일상만 봐도 엄청나게 바뀌었습니다. QR코드 같은 건 별 관심도 없던 우리가 어느새 식당에 들어갈 때마다 이리저리 스마트폰을 흔들었습니다. 귀찮다며 외면했던 배달 앱이나 온라인 쇼핑몰도 이제는 이거 없이 어떻게 살아왔나 싶게 느껴집니다. 직장도 온라인으로, 교육도 온라인으로 모두가 새로운 세상을, 심지어는 강제로 경험하고 있습니다. 그리고 우리는 이 새로운 세상을 '뉴노멀(New Normal)'이라고 이야기합니다. 발음은 말랑말랑하지만 사실 담긴 뜻은 무서운 단어입니다. 내가 알고 있는 일상, 정상, 표준이 모두 싹 다 바뀐다는 뜻이 담겨 있으니 말이죠. 지금까지 내가 알고 있던 세상의 모든 기준이 바뀐다면 어떻게 해야 할까요? 내 생각을 바꿔야 합니다. 그래서 어렵습니다. 자기 생각을 바꾸는 것만큼 어려운 일은 없으니까요. 스마트폰을 '잘 쓴다 못 쓴다' 수준의 문제가 아니라 인류의 문명이 통째로 바뀐다는 이야기에 쉽게 동의할 수 있으신지요? 지구상에 존재하는 인간이 지난 30년간 유지했던 모든 법칙과 상식, 삶의 방식이 대전환의 시대를 맞았다는 SF 소설 같은 이야기에 그렇다고 고개가 끄덕여지시나요? 코로나 이후 우리는 전혀 새로운 문명 시대로 진입했습니다. 이 책은 바로 그런 소설 같은 문명의 대전환에 관한 이야기입니다.

새로운 노멀은 두려운 세상입니다. 동굴 밖 세상은 우리가 지금껏 경험하지 못했던 세상이기 때문이죠. 그동안 우리는 스마트폰을 잘 쓰지 못하더라도 조금 불편했을 뿐 그리 어려운 일은 없었습니다. 그런데 이제 어려워지기 시작했습니다. 은행 지점들이 하나둘 문을 닫으며 노년층이 격앙된 목소리를 내기 시작합니다. 스마트폰으로 백신 접종 기록을 확인할 수 없는 사람들은 식당 입장을 거절당하기도 합니다. 더 중요한 일자리도 마찬가지입니다. 디지털 문명에 능숙한 사람들은 더 좋은 일자리를 갖고 더 높은 연봉을 받는 반면 디지털 전환에 무심했던 사람들은 갈수록 어려움을 겪고 있습니다. 이를 두고 우리는 디지털 양극화(Digital Divide)라고 이야기합니다. 코로나 이후 인류가 맞게 된 가장 심각한 사회문제가 바로 디지털 문해력(Digital Literacy)에 따른 부의 양극화입니다. 탄생한 지 얼마 되지도 않은 디지털 기술이 오늘날 사회계층을 결정하는 새로운 기준이 되었다는 것도 놀라운 일이지만, 더 무서운 것은 변화의 속도입니다. 불과 10여 년 사이 이 디지털 문명의 편에 섰던 사람들에게는 엄청난 혜택이 쏟아졌지만, 그렇지 못한 사람들에게는 잘 다니던 일자리마저 위협받는 위기가 닥쳤습니다. 심지어 코로나 이후로는 생존에 위협을 받는 상황이 와도 마치 당연한 일처럼 여겨지는 사회적 분위기까지 만들어졌습니다. 한쪽에서는 상상도 못할 만큼의 거대한 성공에 당황하는 반면, 다른 한쪽에서는 진짜 살아남을 수 있을까라는 두려움이 일상이 되어버린 것이죠. 디지털 양극화의 무서움은 내가 도저히 넘을 수 없는 장벽에 막혀 있다는 좌절감이며, 이 같은 좌절감은 시간이 지나면서 더욱 커질 것입니다. 좌절이 커지면 분노로 표출됩니다(이를테면, 우버의 등장에 따른 택시업계의 반발 같은). 문명의 대전환기에 일어나는 사회적 혼란과 분노는 우리 모두에게 큰 위기로 닥쳐올 수 있습니다. 그래서 나만의 문제가 아닌 우리의 문제로 바라봐야 합니다. 제대로 알고 준비해야 합니다. 인류의 '노멀'에 대한 생각이 바뀌는 이 시점은 우리 모두에게 정말 중요한 변화의 순간입니다. 초등학생부터 어르신에 이르기까지 함께 바라볼 수 있는 미래의 그림이 존재해야 합니다. 그 그림을 그려보려는 노력을 이 책에 진중한 마음으로 담아봅니다.

저는 공학을 공부하는 사람입니다. '문명을 읽는 공학자'라는 과분한 별칭을 지어준 많은 분께 부끄럽기 짝 없는 한 명의 공대생입니다. 대개 저와 같은 공대생들은 데이터를 좋아하고 똑떨어지는 설명을 좋아합니다. 과학적, 기술적 근거 없이 이야기하려면 입이 잘 떨어지지 않습니다. 저 또한 문명의 변화를 주로 데이터를 활용해 읽어내려고 애를 씁니다. 분명하지 않은 내용은 어떻게든 확인하고, 그것들을 정리해 데이터가 향하는 메시지가 무엇인지 찾으려고 노력합니다. 그렇게 하고도 저 자신에게 계속 질문을 던지게 됩니다. '이렇게 단언해도 좋은가?' '데이터는 이 메시지를 확실히 뒷받침하고 있는가?' 이미 두 권의 책을 쓰면서 저는 이러한 분석과 질문을 끊임없이 반복했습니다. 코로나가 극성을 부리던 지난 2년간은 책 쓰는 일을 멈추고 '정말 문명의 대전환이 시작되었다고 이야기할 수 있는가?'라는 질문에 대해 명백한 답을 찾고자 노력했습니다. 몇 가지 변화의 모습을 요약해 전달하는 일에서 벗어나 '문명의 대전환, 진짜 뉴노멀의 시작'이라는 거대 담론을 이야기해도 좋을 것인지 확인해야 했습니다. 2022년 시작을 앞둔 데이터는 진정한 뉴노멀이 왔다고 명백하게 메시지를 보내기 시작했습니다. 과거의 '노멀'을 잊고 새로운 시대를 준비하라고 모든 데이터가 이야기합니다.

2019년 《포노 사피엔스》라는 책을 처음 냈을 때 많은 분이 공감해주기도 했지만, 반대로 지나치게 과장된 이야기라고 한 분들도 많았습니다. 다행인 점은 이 책에서 설명했던 '포노 사피엔스'라는 새로운 인류의 이야기가 지금까지 예측한 대로 흘러가고 있다는 것입니다. 아니 그보다 더 가파르게, 디지털 문명은 코로나를 겪으며 스마트폰을 넘어 지금까지 없던 디지털 신대륙으로 영토를 넓히며 우리의 삶 곳곳을 송두리째 변화시키고 있습니다. 그리고 이러한 시대 변화에 대한 공감대가 절실해졌습니다. 그러다 보니 다양한 전문가들에 의해 뉴노멀에 대한 연구들이 진행되고 있습니다. 저 또한 그 답을 모색해보고 싶었습니다. 그래서 다시 용기를 내어 책을 쓰기 시작합니다. 디지털 문명이 뉴노멀이 되면서 좋은 점은 데이터로 많은 걸 확인할 수 있다는 점입니다. 그 많은 데이터를 이야기로 풀어내고 또 그 이야기들을 다시 씨줄과 날줄로 엮어 알기 쉬운 이야기로 만들어보려 애를 썼습니다.

이번 책은 이제 세상에 확연하게 드러난 뉴노멀, 인류가 새롭게 만들고 있는 디지털 신대륙에 관한 이야기를 다룹니다. '메타버스 이야기'라는 제목을 붙였습니다. 요즘 메타버스에 대한 세상의 관심이 뜨겁습니다. 세계 10대 기업 중 5개 기업이 대규모 투자를 예고하고 있을 정도니까요. 그럼에도 많은 사람들에게 메타버스는 여전히 이해하기 어려운 세상입니다. 명확한 정의도 없고, 나와 관련 없는 전문적이고 기술적인 영역으로 인지되고 있습니다. 저는 메타버스를 '이미 우리가 살고 있는 땅 위의 현실 세계와 가상의 디지털 세계가 혼재된 현재 인류의 일상적 생활 터전'이라고 정의합니다. 그 관점에서 보면 새로운 메타버스의 생태계는 보편적인 일반 시민들이 상식적으로 꼭 알아야 할 새로운 세상입니다. 메타버스는 갑자기 하늘에서 뚝 떨어진 것이 아니라, 컴퓨터-인터넷-스마트폰 혁명의 연장선에서 전개되는 디지털 신대륙의 확장으로 이해하는 것이 더 옳아 보입니다. 우리는 이미 매일의 일상 속에서 디지털로 거래하고, 근무하고, 교육하고, 대화하고, 삶의 기록을 남기는 시대를 살아가고 있습니다. 그곳이 제가 이야기하고자 하는 메타버스입니다. 메타버스라는 거대한 신대륙의 등장 그리고 달라진 인류 삶의 방식, 새로운 생태계 형성의 과정, 미래 변화의 방향 등을 쉽고 편안한 '이야기'로 풀어보려고 노력했습니다. 모두 함께 손잡고 새로운 세계를 탐험하자는 마음으로 말이죠. 스마트폰을 손에 쥔 인류가 새롭게 발견하고 삶의 무대로 선택한 디지털 신대륙, 그 미지의 세계를 비글호(HMS Beagle)를 타고 떠났던 다윈의 마음으로 탐험을 시작합니다. 위험하지만 황홀한 신세계를 만나게 되길 꿈꾸면서.

PHONO SAPIENS □IN METAVERSE

사피엔스,
코로나를 만나다

디지털 신대륙으로의 도피

코로나 이후 포노 사피엔스는 더 빠른 속도로 새 문명을 만들어가고 있습니다. 인류의 멈출 수 없는 진화 본능은 디지털 시대를 만나 숨이 가쁠 만큼 빠른 속도로 변화를 만들어내는 중입니다. 특히 생존에 위협을 느낀 인류는 움직임이 빨라집니다. 코로나를 이겨낼 수 있는 길이 디지털의 활용이란 걸 확인한 인류는 엄청난 속도로 신문명을 건설 중이며 빠르게 이동 중입니다. 표준 인류의 변화에 따라 표준 문명의 거대한 대전환이 시작된 것입니다.

역사의 선상에서 마주친
'새로운 문명의 기록'

디지털 문명으로 도피하는 인류

코로나가 우리 곁으로 찾아온 이후로 우리는 디지털 문명에서의 생활을 당연한 것처럼 받아들이게 되었습니다. 처음 백신 접종을 위해 예약 시스템을 이용할 때만 해도 모두가 우왕좌왕했지만, 이제는 '국민비서 구삐'가 예약 상황, 접종 상태를 척척 알려줍니다. 'COOV'라는 앱은 우리에게 필요한 정보를 확인하고 접종상태를 증명하는 프로세스로서 우리에게 새로운 노멀로 자리 잡게 되었습니다. 이제는 사람들이 식당 앞에서 스마트폰을 쥐고 흔드는 기이한 광경도 그다지 낯설지 않게 느껴집니다. COOV는 블록체인 기술을 이용해 만들어졌습니다. 말로만 무성하던 블록체인 기술이 우리 생활에 어떻게 활용될 수 있는지를 확인하는 계기가 되었습니다. 구삐는 가상현실에서 파견

된 일종의 가상 비서입니다. 이제는 우리 일상의 안전을 가상 캐릭터가 지켜주는 셈입니다. 멀게만 느껴졌던 메타버스(Metaverse)와 블록체인(Blockchain) 그리고 아바타(Avatar)라는 개념이 이미 우리 건강을 지켜주는 일상 깊숙한 곳에서 활약하고 있다는 겁니다. 그러고 보니 이런 변화는 우리 생활 곳곳에서 확인할 수 있습니다.

이제는 언제 어디서든 비대면으로 만나 회의를 하고 학습하는 일이 평범한 일상이 되었습니다. 아이들이 선생님을 스마트폰에서 만나 공부를 하더니 이제는 메타버스라는 공간으로 옮겨가 그곳에서 친구들을 만나고 세상을 배우고 있습니다. 생존을 위한 도피로 시작된 인류의 놀라운 변화입니다. 코로나가 아이들을 집에 가둬놓을 수는 있어도 새로운 대륙으로, 새로운 문명으로 나아가는 것까지 막을 수는 없었습니다. 거기서 아이들은 친구들을 만나고 목말라하던 대화를 나눕니다. 아쉬운 대로 인류는 새로운 삶의 방식을 찾아 적응을 시작했습니다. 그런데 이 같은 새로운 방식에서 얻는 경험은 생각의 변화를 이끌어냅니다. 경험해보니 장점도 많더라는 걸 깨닫기 시작합니다. 불가능하리라고 (아니, 불필요하다고) 생각했던 재택근무나 원격교육, 원격의료 등에 대한 생각이 바뀌면서 좋은 장점을 활용해야 한다는 생각이 한데 모이기 시작합니다. 공교롭게도 강제로 경험하게 된 디지털 문명이 일상을 바꾸는 계기가 된 것이죠. 그런데 이처럼 외부로부터의 충격에 의한 '강제된' 변화는 원래 오래된 인류의 습성입니다.

I 사피엔스, 코로나를 만나다

생존에 유리한 선택으로 살아남은
호모 사피엔스, 그 사략史略

인류 다수가 스마트폰을 선택하게 된 것은 생존에 유리하기 때문입니다. 수십만 년의 오랜 세월 동안 호모 사피엔스(Homo sapiens)는 생존에 유리한 변화를 선택하도록 훈련받아 왔습니다. 그리고 그것이 지금 70억이 넘는 현생인류의 생존과 번성을 이끌어낸 것이죠. 지구상에 존재했던 모든 생명체는 바로 이런 선택을 끊임없이 해왔습니다. 다윈이 《종의 기원(The Origin of Species)》을 통해 발표한 그 유명한 자연선택 이론입니다. 모든 생명체는 지구환경의 변화에 적응하도록 설계되어 있죠. 우리 인간도 마찬가지입니다. 그 많았던 호모 종족 중에 우리 사피엔스 종만이 살아남아 번성한 것은 우리가 자연환경에서 생존에 유리한 선택을 쉬지 않고 해왔기 때문입니다. 그리고 그 변화는 유전자를 통해 생물학적 특성으로 이어지고, 학습을 통해 전 인류로 빠르게 확산됩니다. 또 인류의 신문명에 대한 적응 노력은 지금도 계속되고 있습니다.

스마트폰이 탄생한 지 불과 십수 년 만에 80퍼센트 이상의 인류가 스마트폰을 사용 중(선진국 기준)이며, 우리나라는 이용자 비율이 98퍼센트에 달하고 있습니다. 스마트폰을 태어날 때부터 인공장기처럼 사용하는 포노 사피엔스(Phono sapiens, 스마트폰을 신체의 일부처럼 사용하는 신인류)가 새로운 표준 인류가 된 것은 이제 부인할 수 없는, 데이터가 입증하는 사실입니다. 신인류 포노 사피엔스는 더 빠른 속도로 새 문명을 만들어가고 있습니다. 인류의 멈출 수 없는 진화 본능은 디지털 시대를 만나 숨이 가쁠 만큼 빠른 속도로 변화를 만들어내는 중입니다. 특히 생존에 위협을 느낀 인류는 움직임이 빨라집니다. 코로나를 이겨낼 수 있는 길이 디지털의 활용이란 걸 확인한 인류는 엄청난 속도로 신문명을 건설 중이며, 그곳으로 빠르게 이동 중입니다. 표준 인류의 변화에 따라 표준 문명의 거대한 전환이 시작된 것입니다.

끊임없이 탐험하고 개척하는 사피엔스의 이동 본능

스마트폰을 든 인류가 만들어가고 있는 새로운 세계가 바로 디지털 신대륙입니다. 인류는 스마트폰이라는 작은 창을 통해 새로운 대륙을 발견하고, 그곳에 신문명을 창조하고 있습니다. 신세계를 탐험하고 창조하는 것은 인류의 DNA에 깊숙이 새겨진 오랜 본능입니다. 아프리카에서 출발한 사피엔스가 전 세계 구석구석으로 퍼져간 것도 이러한 신세계에 대한 열정이 만들어낸 결과입니다. 유발 하라리(Yuval Harari)의 명저 《사피엔스(Sapiens)》를 보면 인류가 얼마나 거침없이 세상 구석구석을 탐험하며 새로운 길을 찾아냈는지 감탄사가 절로 나옵니다. 아프리카에서 출발해 유럽으로, 다시 길을 내어 유럽과 아시아로 이동하고, 끊임없이 움직이고 또 움직입니다. 바다를 만나자 배를 만들어 항해를 떠나 인도네시아와 태평양 섬으로 향하고 호주 대륙까지 나아갑니다. 빙하기에는 알류샨 열도를 도보로 통과해 아메리카 대륙으로 건너가서 또 새로운 방식의 문명을 만들어냅니다. 그렇게 지구 구석구석 호모 사피엔스의 문명이 독자적인 모습으로 발달하게 됩니다.

반대로 사피엔스는 참 잔인한 종족이기도 합니다. 자기 생명을 위협할 수 있거나, 또는 식량으로 사용할 수 있는 대형 포유류들이 사피엔스의 인구가 늘면서 빠르게 멸종에 이르게 됩니다. 이것은 모든 대륙에서 비슷한 경향성을 보입니다. 사피엔스 도착 이전에 번성했던 포유류가 사피엔스 등장과 함께 줄어든 것은 그만큼 우리 조상들이 (좋게 말하면) 역동적이었다는 뜻입니다. 동시대에 함께 살았던 수많았던 호모 종족조차 모조리 멸종시키기도 합니다. 생존에 유리한 환경을 만들기 위해서는 어느 것도 두려워하지 않았던 종족임이 틀림없습니다. 인류의 역사는 끊임없는 전쟁과 그 전쟁을 위한 무기 개발의 역사이기도 합니다. 목표는 종족의 생존과 번영이었습니다. 그리고 사피엔스는 지구 최고의 지배종이 되었습니다. 오늘날 지구상에 존재하는 포유류의 전체 무게 중 98퍼센트가 인간과 인간이 기르는 가축이라고 하니 사피엔스가 점령한 지구라고 해도 지나친 표현이 아닌 듯합니다. 인류는 이렇게 오래도록 거친 지구환경에 적응하면서 생존을 위한 진화의 메커니즘을 DNA 속에 장착합니다. 그리고 지금도 여전히 유효합니다. 생존을 위한 공격적인 선택은 끝이 없습니다.

현대 문명을 연 산업혁명의 출발,
콜럼버스의 대항해

역사시대 이래 인류의 보편적 세계관은 새로운 발견을 통해 큰 전환점을 맞고는 합니다. 현대 문명에 가장 큰 영향을 끼친 사건은 콜럼버스의 아메리카 대륙 발견이라고 할 수 있습니다. 그때까지 유럽은 아메리카 대륙이 있는지조차도 모르고 있었죠. 콜럼버스는 카스티야 왕국(스페인)의 여왕 이사벨 1세의 지원을 받아 산타마리아호를 타고 대서양을 건너 인도로 향하는 항로 개척에 도전합니다. 물론 인도가 아닌 아메리카 대륙(실제로는 지금의 아이티)에 도착합니다. 콜럼버스는 그곳을 인도라고 믿었지만, 실제로는 유럽인들이 알지 못했던 거대한 신대륙이었습니다. 이때가 1492년입니다. 이때부터 유럽은 아메리카 대륙에 대한 식민지 개척에 열을 올리기 시작합니다. 스페인을 필두로 영국, 프랑스, 포르투갈 등 해군력이 강력한 거의 모든 국가가 참여합니다. 식민지가 크게 확장하면서부터 문명의 중심이 유럽으로 이동하기 시작합니다. 이들 국가에 막강한 군사력과 경제력이 축적되기 시작했기 때문입니다.

유럽 국가들은 식민지 개척을 통해 거대한 영토를 확보하고, 많은 사람을 새로운 지역으로 이주시킵니다. 동시에 아프리카 원주민을 노예로 만들어 노동력을 확보하면서 농산물 생산도 가파르게 증가합니다. 해양 지배력이 커지면서 해외 교역도 독점하게 되고, 이를 바탕으로 경제력과 군사력이 함께 증가합니다. 이렇게 200여 년의 식민지 개척 시대를 보내면서 다른 문명과는 비교할 수 없는 막강한 영향력을 확보하게 됩니다. 그리고 그 힘이 지식으로 축적되면서 인류의 삶을 통째로 바꾸게 된 1차 산업혁명을 일으키게 되는 거죠.

18세기 영국으로부터 시작된 산업혁명은 이전의 그 어떤 사건보다도 인류의 삶에 거대한 변화를 가져왔습니다. 기계 문명이 발전하면서 생산성이 크게 증대하기 시작했으며, 큰 공장들이 탄생합니다. 무기도 엄청나게 발전했죠. 산업화 시대가 열리면서 거대 도시가 등장하고 인류의 삶 형태가 농사 중심에서 공장 노동 중심으로 바뀌기 시작합니다. 자본과 기술의 집적은 더욱 심화되고, 그때부터 유럽은 압도적인 힘의 우위를 바탕으로 전 세계를 식민지화하기 시작합니다. 사피엔스의 탐험과 정복 본능이 그들을 더 역동적으로 움직이게 한 것입니다. 그렇게 산업혁명을 거치면서 서구 문명은 전 세계로 확산하고, 인류의 새로운 표준 문명으로 자리 잡게 됩니다. 오늘날 우리의 정치, 사회, 경제, 교육 등 모든 영역이 서구 문명과 같은 방식이 된 것도 바로 유럽의 세계 식민지화 전략의 산물이라고 할 수 있습니다.

──────── **새로운 문명으로 탑승을 거부한 아시아**

아메리카 대륙 발견 이전까지 유라시아 대륙을 통틀어 가장 강력한 문명을 이끌어 오던 아시아 문명은 이때부터 상대적인 쇠락의 길을 걷게 됩니다. 한때 칭기즈칸이 유럽을 정복했던 걸 생각해보면 동서 문명의 대전환이라고 할 수 있습니다. 유럽은 그 이전까지 아시아 문명의 중심국이었던 중국을 정복할 꿈조차 꿔본 적이 없습니다. 고작해야 지중해라는 '좁은 바다'에서 세계 패권을 운운하는 수준에 불과했으니까요. 그러던 상황이 콜럼버스의 대발견 이후 크게 뒤바뀐 것입니다. 중국은 이 같은 유럽의 대격변을 읽지 못했고, 특별한 관심을 두지도 않았습니다. 중국 문명의 몰락이 시작된 것입니다. 오랫동안 세계의 중심이자 문명의 중심이었다는 오만함이 부른 결과였습니다.

조선의 눈과 귀가 되었던 중국이 서구의 힘에 밀려 몰락하면서 자연스럽게 조선도 함께 쇠락의 길을 걷게 됩니다. 조선은 수천 년간 문명의 중심이던 중국이 쉽게 사라지지 않을 거라고 굳게 믿었습니다. 그때까지만 해도 신흥 문명이었던 유럽의 힘이 그처럼 강력할 것이라고는 생각하지 못했던 겁니다. 어찌 보면 그다지 잘못된 생각도 아니었습니다. 상식적으로 보자면, 중국은 수천 년간 다양한 민족에 의해 주인이 바뀌기는 했지만 거대한 문명의 중심으로 명맥을 이어왔으니 말이죠. 그래서 흥선대원군은 중국의 건재를 믿고 서구 문명에 대한 쇄국을 고수합니다. 게다가 눈앞에 벌어진 변화를 수용할 수 없었을 뿐 아니라 그 엄청난 변화로 인해 만들어질 혼돈과 기존 사대부 기득권의 붕괴도 두려웠을 것입니다. 하지만 안타깝게도 그 선택은 우리 역사에서 가장 치욕적이고 아픈 결과를 가져왔습니다. 물론 우리뿐만이 아닙니다. 아시아 국가 대부분이 망국을 경험했고, 식민지로 수탈당하는 아픔을 겪었습니다. 이렇듯 사피엔스의 역사는 예외가 없습니다. 환경 변화에 적응하려면 힘을 길러야 하고 실패하면 사멸됩니다.

아시아에서는 일본이 일찌감치 다른 선택을 합니다. 일본도 서구 문명이 상륙한 초기에는 쇄국주의 정책을 고수합니다. 기존 사회를 보호하려는 노력은 사실 매우 자연스러운 일이니까요. 그러나 일본은 '쿠로후네(黑船, 검은 배)' 사건을 계기로 서구 문명을 받아들이기로 합니다. 미국의 증기선이었던 검은 배 페리호가 일본에 상륙해 개방과 무역을 요구하자 이를 수용한 것입니다. 이들은 그들의 압도적인 군사력과 기술력을 보고 중국보다 훨씬 강력한 새로운 문명이 유럽에 탄생했음을 깨닫고 순순히 받아들이기로 합니다. 중국과는 '클래스'가 다른 신문명이 탄생했음을 인지한 것이죠. 물론 정치적인 시스템이 신문명을 받아들이기 좋았던 측면도 있었습니다. 그들에겐 천운이었죠. 신문명을 받아들이기로 하자 이들은 바로 수천 명의 인원을 유럽으로 파견해 유럽의 모든 것을 학습하기 시작합니다. 생존에 유리한 새로운 표준 문명을 배우기 위해 적극적인 노력을 기울인 겁니다. 일본은 유럽 국가들이 만들어낸 정치, 경제, 사회, 교육, 군사의 모든 시스템을 도입합니다. 당시로는 놀랍고도 엄청난 혁명적 변화였습니다.

조선에 이런 일이 있었다고 상상해볼까요? 왕권이 강력했던 봉건 조선 사회가 갑자기 입헌군주제로 전환한다고 가정해보죠. 이제는 왕이 아니라 헌법에 따라 나라를 다스린다는 겁니다. 의회가 생기고 신분제도가 철폐됩니다. 거기다 평생을 금과옥조처럼 여겼던 성리학을 버리고 머리털을 자릅니다. 과거제도도 없애고 별 이상스러운 학문을 배워야 한답니다. 조선 사회를 지배했던 양반들에게는 청천벽력 같은 말도 안 되는 아수라장이 펼쳐지는 것입니다. 당연히 "아니 되옵니다!"가 쏟아져 나옵니다. 여기저기서 "머리카락을 자르느니 내 목을 치라!"고 소리칩니다. 기존의 사회 시스템에 익숙했던 사람들에게 강제로 새로운 문명을 도입하려고 하면 늘 그렇듯 강력한 저항을 받게 됩니다. 옮겨 가야겠다고 마음을 먹더라도 익숙한 생활을 버리고 새로운 문명을 배우는 일은 결코 쉬운 일이 아닙니다. 진짜 하기 싫은 일입니다. 오늘날이라고 다를까요?

일본과 조선의 선택, 문명 대전환기에 엇갈린 운명

시쳇말로 '그럼에도 불구하고' 일본은 엄청난 모험을 선택합니다. 봉건사회에서 근대사회로 문명의 대전환을 만들어갑니다. 조선이 멸망하기 불과 70년 앞서 일어났던 메이지유신이 바로 그것입니다. 왕과 귀족을 포함한 기득권 세력이 모든 것을 내려놓고, 전혀 다른 사회, 전혀 다른 시스템, 유럽과 똑같은 방식의 입헌군주제 국가로 탈바꿈합니다. 그리고 그들은 그 짧은 세월의 혁명을 통해 아시아의 가장 강력한 패권 국가가 됩니다. 물론, 아시아 전체를 전쟁으로 몰아넣고 다른 국가들을 침략하고 수탈을 일삼은 일본 제국주의를 옹호할 생각은 전혀 없습니다. 하지만 이와 별개로 '사피엔스의 역사'라는 큰 맥락에서 본다면 전쟁과 정복은 인류에게 반복적 일상입니다. 여기서 우리가 새겨야 할 점은 어느 시절이든 스스로 지킬 힘이 없다면 내 나라는 멸망하고 사라진다는 진리입니다. 조선의 멸망도 새로운 표준 문명을 받아들이는 데 두려움을 가졌던 우리의 탓입니다. 힘의 논리가 지배하던 시대에 그 힘이 없으니 불행한 결과를 당한 것이지요.

그 생존의 법칙은 지금도 인류 사회에 시퍼렇게 살아 있습니다. 인류 표준 문명의 대전환 때 우리에게 어떤 변화가 필요한지 불과 120여 년 전 역사가 잘 말해줍니다. 지금 막 시작되는 뉴노멀이 그래서 그때처럼 중요합니다. 문명이 뒤바뀌는 시기는 필연적으로 위기를 초래하지만, 누군가에게는 큰 기회가 됩니다. 우리가 정신을 똑바로 차리고 인류 문명의 대전환을 주목해야 하는 이유입니다. 스마트폰의 등장과 포노 사피엔스의 탄생은 그 서막에 불과합니다. 혹시 우리가 그때처럼 "아니 되옵니다!"를 외치고 있는 건 아닌지 돌아봐야 합니다. 진짜 혁명의 시대가 왔음을, 문명의 대전환을 경험했던 조선 말기와 같은 시기를 살아가고 있음을 아프게 각성하고 마음을 단단히 먹어야 합니다. 이번만큼은 제대로 잘해야 합니다. 개인도 사회도 정신을 바짝 차려야 합니다.

현대 표준 문명의 근간이 된
미국의 식민지 개척 정신

새로운 문명의 표준을 선점한다는 것은 그 문명이 지속하는 한 문명의 과실을 선점한다는 것을 의미합니다. 식민지 개척에 열을 올렸던 유럽 열강이 그 힘을 바탕으로 산업혁명에 성공하며 오늘날에도 그 영향력을 누리고 있는 것을 보면 짐작할 수 있습니다. 그런데 여기서 중요한 점은 '최초'라는 타이틀에 큰 의미를 둘 필요가 없다는 것입니다. 문명의 흐름을 읽고 재빠르게 대응하는 것이 최초보다 더 중요할 수 있다는 말입니다. 앞서 언급했듯이 유럽이 현대 문명의 주도권을 갖게 된 원천은 스페인에 의한 아메리카 대륙의 발견이었습니다. 즉 시작은 스페인이었습니다. 하지만 중세적 세계관에서 벗어나지 못한 스페인은 식민화 과정에서 얼마간의 자원(금, 은)을 본국으로 가져가거나 가톨릭 중심의 구시대적 세계관을 이식하는 데에만 관심을 뒀을 뿐 문명의 변화를 이끌어내지는 못했습니다. 반대로 영국은 달랐습니다. 교황 중심의 가톨릭 세계관에 반발한 청교도적 세계관을 가진 사람들이 식민지 개척을 주도하며 자본주의라는 거대한 문명의 원천이 되었습니다. 이러한 과정에서 '해가 지지 않는 나라'라는 별명이 생겨날 만큼 세계 최강국으로 성장했습니다. 그리고 그들의 언어, 시스템이 전 세계의 표준 프로세스로 자리를 잡게 됩니다.

1783년 영국으로부터 독립한 미국은 사실상 식민지 개척을 통해 만들어진 나라입니다. 오랜 역사를 품고 그 땅을 일군 사람들이 만든 국가가 아니라 영국에서 쫓겨나 원주민을 정복하고 약탈하며 탄생했습니다. 그래서 지금도 미국 국가 철학의 핵심은 근본적으로 식민지 개척입니다. 그 정신이 우주 탐험까지 이어지는 것일지도 모르겠습니다. 그런데 그런 미국도 산업혁명의 발상지는 아닙니다. 미국은 독립 후 때마침 영국에서 진행되던 산업혁명에 깊은 감명을 받고, 자신들의 강점인 풍부한 자원을 활용해 대대적인 기술혁신에 나섭니다. 그러고는 우리가 잘 알다시피 영국보다 더 강력한 군사력과 엄청난 경제력을 가지며 명실상부한 세계 최고의 패권 국가가 되었습니다. 그 힘을 바탕으로 자유민주주의 가치를 앞세운 현대 자본주의 문명을 완성했습니다. 바로 오늘날의 표준입니다.

미국은 여기에 만족하지 않고 새로운 신대륙을 선점하려는 의지를 더욱 강하게 드러내고 있습니다. 새로운 문명의 변화를 감지하고, 그 문명을 선점하는 것이 얼마나 중요한지 몸소 겪어본 나라이기 때문입니다. 그런 측면에서 미국은 여전히 지구상에서 가장 생존 가능성이 클 뿐만 아니라 미래에도 강력한 영향력을 가질 것이라 볼 수밖에 없습니다. 새로운 패권국으로 중국이 부상하고 있다고는 하나 정치적 퇴행에서 벗어나지 못하고 있다는 측면에서 여전히 미국에 도전할 수준에는 이르지 못한 것으로 보입니다. 2차 세계대전 이후 80년간 서구 중심 문명의 상징이었던 미국, 그런 미국이 지금 또 한 번의 문명 대전환을 주도하고 있는 것입니다. 그들의 목표는 디지털 문명으로의 대전환을 통한 패권국으로서 지위를 공고히 하는 것입니다. 우리는 여기에서 답을 찾아야 할 것 같습니다. '처음이 아니었던' 영국과 미국의 번영이 그랬듯이 우리가 무엇을 준비해야 하는지 말입니다.

디지털 신대륙의 탄생과
새로운 식민지 전쟁

디지털 신대륙의 종주국 미국

만약 오늘날 지구상에 지금까지 없던 새로운 대륙이 발견되었다면 너도나도 식민지 개척에 뛰어들며 난리가 났을 겁니다. 우리도 예외는 아닙니다. 사실 순수한 의미에서 영토로서 별 가치가 없는 남극 대륙에 진출하겠다고 세계 각국이 경쟁하는 걸 보면 인류의 탐험 욕구와 땅 욕심은 대단한 듯합니다. 그런데 그런 '영토로서 가치가 있을까 싶은' 또 다른 신대륙이 탄생한 겁니다. 바로 인류의 상상 속 세계에 등장한 디지털 신대륙이 그것입니다.

디지털 신대륙의 태동은 미국이 주도한 인터넷이었습니다. 인터넷 시대의 시작은 1990년대부터였습니다. 그리고 1990년대 중반부터 상용화된 웹서비스가 등장합니다. 이후 미국에서 야후와 구글이 탄생하고 본격적인 웹서비스가 시작됩니다. 이때부터 인류는 가상의 신대륙을 탐험하기 시작합니다. 인터넷이라는 새로운 대륙을 발견하고 다양한 서비스를 창조합니다. 새로운 식민지가 탄생한 겁니다. 인류는 과거의 방식에서 벗어나 인터넷이라는 새로운 공간에서 살아가는 다양한 방법을 만들어갑니다. 이 변화를 우리는 3차 산업혁명, 정보화 혁명이라고 부릅니다. 불과 20여 년의 시간 동안 인류는 엄청난 속도로 신문명을 창조하며 신대륙을 건설해갑니다. 식민지 개척의 DNA가 이 신대륙에서도 작동했던 겁니다. 그러다가 2007년 스마트폰의 탄생 이후 속도는 그 이전과 비교할 수 없을 만큼 급속히 빨라집니다. 코로나 이후로는 심지어 디지털 신대륙에서의 생활이 뉴노멀, 새로운 표준으로 자리매김합니다. 이제 인류는 모든 일상을 디지털 신대륙 위에서 해결합니다. 싫든 좋든 인류의 새로운 생활공간이 창조된 겁니다. 이것이 문명 대전환의 본질입니다. 현재 디지털 신대륙의 가장 강력한 패권 국가는 미국입니다. 미국을 중심으로 세계 경제의 생태계는 디지털 신대륙으로 완전히 이동했습니다. 오늘날 세계 최고의 기업들이 모두 이 신대륙에서 탄생한 기업들입니다.

달라진 글로벌 시장 생태계,
포노 사피엔스의 시대가 열리다

코로나 이후 인류는 하루 중 대부분의 일상을 스마트폰에 의존합니다. 아침에 일어날 때도, 오늘 일정을 확인할 때도, 차를 타고 이동할 때도, 은행 업무를 보거나 쇼핑을 할 때도, 정보를 확인하고 미디어 콘텐츠를 즐길 때도 스마트폰을 이용합니다. 거의 모든 일상을 디지털 신대륙에서 해결하고 있는 것이죠. 그러는 사이 세계 경제의 생태계는 완전히 달라졌습니다. 2017년부터 세계 5대 기업은 애플, 마이크로소프트, 알파벳(구글), 아마존, 메타(페이스북)가 견고하게 자리를 잡았습니다. 최근에는 테슬라와 엔비디아가 시가총액 기준 세계 10대 기업으로 도약했습니다. 비즈니스 모델을 모두 디지털 신대륙 위에 만든 기업, 오로지 포노 사피엔스만을 대상으로 창조된 기업들이죠.

2018년 처음으로 1,000조 원을 돌파한 애플의 시가총액은 2022년 1월 기준 3조 달러(약 3,660조 원)를 돌파했습니다. 2위인 마이크로소프트도 이미 2,500조 원을 돌파했습니다. 우리나라 코스피, 코스닥에 등록된 모든 기업 시가총액의 합이 약 2,600조 원(2022년 3월 기준)인 걸 고려하면 이들의 시가총액 상승이 얼마나 놀라운 규모인지를 알 수 있습니다. 2022년 3월 기준 세계 10대 기업 중 디지털 기업이 무려 8개입니다. 석유회사 아람코(Aramco)와 워렌 버핏의 투자기업 버크셔 해서웨이(Berkshire Hathaway)를 제외하면 모두 디지털 기업으로, 얼마나 강력한 변화인지를 데이터가 입증하는 겁니다.

시가총액 기준으로 세계 최고의 자동차 회사도 테슬라입니다. 토요타, 폭스바겐 등 전통적인 강자들보다 더 높은 미래 가치를 가졌다고 평가받는 것입니다. 테슬라의 CEO 일론 머스크는 디지털 문명의 상징과도 같은 인물입니다. 비트코인 경제에 깊은 관심을 보이고, 인공지능에도 많은 투자를 합니다. 정작 본업에서는 적자를 기록해도 비트코인 투자로 수익을 올려 흑자를 기록하기도 합니다. 도대체 무엇인지도 잘 모르겠는 도지코인(Dogecoin)에 투자하는가 하면 심지어 그걸로 테슬라에서 결제하게 해주겠다고 해서 사람들을 놀라게 합니다. 그의 목표는 화성에 식민지를 개척하는 겁니다. 그래서 화성에서도 탈 수 있는 전기차를 만들 계획입니다. 일론 머스크는 테슬라가 자

세계 시가총액 상위 10위 기업 (2022년 3월 8일 | 구글 기준)

순위	기업	국가	시가총액(원)
1	애플	미국	3,274조
2	아람코	사우디	2,940조
3	마이크로소프트	미국	2,609조
4	알파벳(구글)	미국	2,093조
5	아마존	미국	1,760조
6	테슬라	미국	1,059조
7	버크셔해서웨이	미국	886조
8	엔비디아	미국	676조
9	TSMC	대만	651조
10	메타(페이스북)	미국	645조

Ⅰ 사피엔스, 코로나를 만나다

동차 회사가 아니라 로봇 회사라고까지 이야기합니다. 화성에 가기 위한 우주산업에도 엄청난 투자와 노력을 기울입니다. 그 자신도 전문적인 지식이 출중한 손꼽히는 천재 엔지니어입니다. 기성세대의 관점에서 보면 정상적이라고 할 수 없는 사람이지만, 젊은 세대는 열광합니다. 한쪽에서는 희대의 사기꾼이자 몽상가로 비난받지만, 한쪽에서는 시대를 앞서가는 혁신가로 평가해 테슬라의 미래에 투자를 합니다. 그래서 1년에 900만 대 이상을 판매하는 세계 시장 점유율 1위 자동차 회사 토요타의 시가총액보다 세 배나 높은 주가를 기록합니다.

아시아의 수위 기업은 수년간 줄곧 중국의 텐센트(Tencent)였습니다. 텐센트가 만든 메신저 앱 위챗(WeChat)의 사용자 수는 무려 12억 6,000만 명에 이릅니다. 300여 개의 계열사를 거느리고 있고, 안 하는 분야가 아예 없다고 보는 게 맞는 거대 플랫폼입니다. 중국 공산당이 디지털 경제에 대한 제재를 가하면서 최근 주가가 크게 떨어지기는 했지만, 알리바바(Alibaba)와 함께 중국 디지털 경제를 이끌어가는 거대 플랫폼입니다. (2022년 1월 이후 아시아 시가총액 1위를 대만의 시스템 반도체 파운드리 기업 TSMC에 내어주었습니다만, TSMC도 디지털 신대륙 위에서 성장한 기업이라는 점에서 본질은 다르지 않습니다.)

최근에는 메타버스 신기술로 무장한 엔비디아(NVIDIA)가 시가총액 800조 원을 돌파하며 10대 기업 반열에 올랐습니다. 원래 게임용 그래픽카드를 만드는 회사로 기술력을 자랑했던 기업인데, 비트코인 채굴에 최적의 하드웨어라는 평가를 받으며 급성장했다가 최근 가상현실(VR), 증강현실(AR) 등 메타버스 관련해서 가장 수혜를 받을 거라는 기대로 주가 폭발이 일어난 겁니다. 즉 메타버스라는 새로운 세상에 대한 인류의 높은 관심을 보여주는 결과입니다.

　세계 10대 기업 중 8개가 디지털 플랫폼 기업인 것도 놀라운 일인데 2022년부터는 그중 5개(애플, 알파벳, 마이크로소프트, 메타, 엔비디아)가 메타버스에 대규모 투자를 하겠다고 선언했습니다. 이들이 투자하는 규모만 봐도 2022년에는 엄청난 시장 변화가 예상됩니다. 페이스북은 아예 회사 이름을 메타(Meta)로 바꾸기까지 했습니다. 마이크로소프트도 비대면 근무 시스템의 근간을 메타버스 인터페이스로 바꾸겠다고 합니다. 우리가 쓰고 있는 페이스북이나 인스타그램, 또 마이크로소프트의 다양한 소프트웨어를 생각해보면, 이들이 전망하는 것처럼 5년 후에는 메타버스라는 새로운 환경에서 인류가 살아갈 것이 분명해 보입니다. 각각 캔버스에 그리는 그림만 다를 뿐 피사체는 메타버스라는 디지털 신대륙으로 같습니다. 지금의 이 짧은 순간에도 무한한 가능성의 신대륙으로 인류가 이동하고 있는 것입니다. 그래서 부지런히 거대한 기회가 잠재된 신대륙을 향해 다들 몰려가는 것이지요. 그곳은 좋든 싫든 우리가 살아가야 할 새로운 땅입니다.

디지털 신대륙을 둘러싼 미중 전쟁, 우리의 선택

새로운 식민지에서의 국가 간 개척 경쟁도 치열합니다. 지금까지 디지털 신대륙의 맹주는 누가 뭐래도 미국입니다. 이 디지털 식민지 개척에 강력한 도전장을 낸 것이 바로 중국입니다. 한때 텐센트와 알리바바는 시가총액 세계 7위, 8위의 지위에 오르며 중국의 디지털 경쟁력을 과시했습니다. 15억 인구 중 거의 12억 명이 스마트폰을 사용하는 중국이 세계에서 가장 거대한 디지털 시장인 것은 분명합니다. 그래서 디지털 경제를 탄탄하게 만든 중국이 제조업의 역량과 디지털 경제의 역량을 더해 미국의 패권에 도전할 생각을 하게 된 것이었죠. 이에 비해 디지털 신대륙 개척 경쟁에서 유럽과 일본은 그 존재감이 미약합니다. '빅2'라고 불리는 미국과 중국을 제외하고는 세계인이 보편적으로 사용하는 플랫폼 보유 국가가 없는 게 현실입니다. 그래서 2030년의 미래를 생각하면 미국과 중국의 패권 다툼이라고 보는 것이 일반적입니다. 현재 디지털 문명의 패권을 쥐고 있는 미국의 입장에서는 중국만 견제하면 향후 10~20년간의 패권도 유지할 수 있다는 계산이 선 것이죠. 미국이 중국에 더 강한 압박을 가하는 배경입니다.

그런데 중국이 만만치만은 않습니다. 지난 10년간 스마트폰 기반의 모바일 경제 생태계를 강력하게 구축했고, 디지털 기술에 대한 엄청난 투자도 지속해왔습니다. 알리바바나 텐센트 외에도 많은 디지털 서비스 기업들이 성장하면서 글로벌 시장에서 두각을 나타내는 중입니다. 특히 세계에서 가장 많은 인구가 디지털 문명을 적극적으로 즐기고 있다는 점에서 향후 미국보다 발전 가능성이 더 크다고 할 수도 있습니다. 문제는 탈중앙화를 기반으로 하는 디지털 신문명의 특성상 필연적으로 일당 독재의 중국 공산당 정책과 모순적일 수밖에 없다는 것입니다. 더욱이 시진핑의 장기집권이 노골화되면서 동시에 디지털 플랫폼 기업들에 대한 강한 압박도 지속하고 있습니다. 최근 중국 기술기업들의 주가가 크게 떨어진 것도 이와 무관치 않습니다. 정치체제와의 갈등이 중국의 디지털 신대륙 개척에 가장 큰 걸림돌이자 리스크라고 할 수 있습니다. 그래서 저는 디지털 문명 시대 미국의 지배력이 여전히 유지될 것으로 생각합니다. 그런 전망이 일치하며 미국 기업들의 주가가 계속 오르는 것으로 보입니다.

다시 찾아온 문명 대전환의 시대, 엇갈린 한국과 일본

우리는 어떨까요? 다행스럽게도 디지털 신대륙을 향한 개척 경쟁에서 우리의 위치가 뒤처지는 편은 아닙니다. 아니, 여러 가지 데이터를 고려할 때 꽤 탄탄한 지위를 확보하고 있습니다. 특히 디지털 신대륙에서 형성 중인 콘텐츠 산업의 위상을 생각하면 아시아에서는 최고의 지위를 확보하고 있다고 해도 절대 지나치지 않습니다. 반면 일본의 쇠락이 눈에 띕니다. 유난히 디지털 기술의 도입이나 스마트폰 확산 속도가 더뎠던 일본은 디지털 전환에 큰 어려움을 겪고 있습니다. 아직도 공무원들은 아날로그(종이) 기반의 팩시밀리를 사용하고 있고, 우리처럼 백신의 접종이나 예약에 스마트폰 사용은 아예 엄두조차 내지 못하고 있습니다. 이로 인한 사회적 비용의 증가나 국민의 불편함도 큰 문제이지만 더욱 심각한 것은 글로벌 디지털 경제에서 갈수록 소외되고 있다는 사실입니다. 일본의 가장 보편적 메신저 앱은 우리나라 네이버에서 만든 라인(LINE) 메신저 앱입니다. 우리나라 네이버에 해당하는 플랫폼도 없어서 야후(Yahoo! Japan)를 가장 많이 쓰고 있습니다(물론, 야후재팬은 일본 기업인 소프트뱅크의 자회사이기는 합니다). 이러다 보니 산업 전반에 디지털 혁신을 이끌어갈 인재의 양성도 어려움을 겪고 있습니다. 일본의 중학생들을 대상으로 컴퓨터와 인터넷 활용 능력을 테스트해봤더니 OECD 국가 평균보다 한참 떨어지는 것으로 나타났습니다. 최근 일본 총리가 모든 공무원에게 팩스가 아닌 이메일을 의무적으로 사용하겠다고 발표했는데, 이에 반발하는 공무원들의 댓글이 수백여 개나 달려 우리를 깜짝 놀라게 했습니다. '도대체 팩스가 이메일과 무엇이 다르냐?'라는 게 그들의 주장이었습니다. 이러한 굳은 사고가 아이들의 교육에도 영향을 미치는 것입니다.

산업 생태계의 전환이 늦어지면 디지털 신대륙의 진출 경쟁에서 당연히 뒤처지게 됩니다. 오프라인 중심의 경제 생태계는 성장에 한계가 있습니다. 이미 너무나 많은 인류가 디지털 신대륙으로 이동해버렸기 때문이죠. 향후 인공지능, 자율주행, 디지털 금융이 주축이 되는 시대가 온다면 일본은 변방의 국가로 추락할 가능성이 커집니다. 이미 그 징조가 나타나고 있습니다. 지난 20년간 일본의 임금상승률은 0.4퍼센트에 불과합니다. 이 말은 곧 고부가가치의 새로운 일자리가 만들어지지 못했다는 것을 의미합니다. 이로 인해 일본 기업들의 평균 임금이 우리나라 기업에 비해서도 낮아졌습니다. 도쿄 신주쿠의 맥도날드 햄버거 가격도 서울보다 쌉니다. 아직 세계 3위의 경제 대국의 경제 규모를 유지하고는 있지만, 엔화를 활용한 금융업, 전통적 강세를 보였던 제조업 이외의 디지털 영역에서 '위태롭다.'는 증거가 속속 나타납니다. 아직도 공무원들은 팩시밀리를 고집하고, 종이로 만든 프레젠테이션 자료를 선호합니다. 일본에서는 코로나로 재택근무를 하더라도 업무상 결재를 위해서는 출근을 해야 한다고 합니다. 도장을 받으러 말이죠. 너무도 간단한 일인데도 쉽사리 바꾸지를 못합니다. 그만큼 변화가 두렵고 어렵다는 것이죠. '과거의 일본'이 그랬던 것처럼 '현재의 일본'도 우리가 타산지석으로 삼아야 합니다. 사회 전체의 대전환이 없이 이번 문명의 대전환을 슬기롭게 이겨내기는 쉽지 않습니다. 과연 이번에 찾아온 문명 대전환 시기에는 우리가 엇갈린 운명을 만들어낼 수 있을까요? 150년 전에도 그랬듯 다른 나라가 어떻게 하느냐가 문제가 아니라 우리의 선택이 문제입니다. 지금 우리의 태도가 미래를 결정합니다.

메타버스, 크립토, NFT,
새로운 기회와 일자리의 탄생

여기서 짚고 가야 할 대목이 있습니다. 일본과 비교해서 우리의 형편이 낫다고 해서 결코 우리의 미래가 밝다고 말할 수 있는 것은 아닙니다. 우리의 미래를 바꾸는 것은 지금 우리의 선택이고 우리의 행동입니다. 진짜 필요한 것은 어떻게 변화하고 어떻게 미래를 위해 실천할 것이냐는 문제입니다. 이미 해답은 세계 경제가 보여주고 있습니다. 앞서 언급했듯 시가총액으로 보자면 우리나라 모든 기업의 시가총액 합계보다 애플이나 마이크로소프트의 기업 가치가 더 높습니다. 우리의 미래 기대치는 알파벳(구글) 하나랑 비슷합니다. 주식 투자를 하는 사람들의 마음은 세계 어디서나 똑같습니다. 반드시 오를 것이라고 믿는 주식을 삽니다. 말하자면 주식 가치는 미래에 대한 기대치라는 것이죠. 전 세계 투자 자본이 우리나라 모든 기업보다 애플이나 마이크로소프트가 더 성장할 거라고 판단하고 투자했다는 것입니다. 이게 냉정한 현실입니다. 심지어 최근에는 우리나라 주식 투자자도 미국 기업으로 몰려가고 있습니다. 무엇이 달라서 이런 현상이 벌어지는 걸까요?

주식 가격이 너무 올라가면 떨어지지 않을까 생각하는 것이 일반적입니다. '몇 년 오르다 말겠지.' 생각합니다. 그런데도 이들 디지털 기업들의 폭주는 멈출 줄을 모릅니다. 디지털 신문명의 성장이 앞으로도 지속할 것이라는 세계 투자 자본의 판단이 매우 강하다는 겁니다. 더군다나 코로나 이후로는 자본의 편향이 더 극심해지고 있습니다. 여기에 메타버스, 크립토(Crypto Economy, 암호 경제), NFT(Non-Fungible Token, 대체 불가능한 토큰) 등 새로운 디지털 생태계의 출현이 가시화되면서 미래 기대치는 더 요동치는 중입니다. 사실 뉴노멀 시대 디지털 생태계의 성장이 기대되는 건 누구나 생각할 수 있는 상식이 되었으니 이상한 일도 아닙니다. 그렇다면 문명의 변곡점인 오늘날 어떻게 개인은 더 높은 연봉을 받을 수 있고, 더 나은 대우를 받을 수 있을까요?

방법은 생각보다 간단합니다. 이미 그 엄청난 기대치를 한 몸에 받는 기업들로부터 비결을 찾아내는 겁니다. 도대체 이들 기업은 무엇이 다르기에 이렇게 미래 기대치가 높은 걸까요? 프로그램 개발자나 IT 전문가의 연봉이 높고, 인공지능, 빅데이터를 잘 다루는 사람이 잘나가는 건 알겠는데, 그렇다고 모두가 그런 직업을 가질 수는 없습니다. 그렇다면 내가 하는 일이나 내가 하고 싶은 일에 어떤 변화가 올까요? 어떻게 준비하면 나의 미래 기대치를 높일 수 있을까요? 나뿐아니라 내 가족, 내 아이들은 어떤 준비를 해야 할까요? 또 우리 사회 전체는 어떻게 준비해야 할까요? 코로나 확산 이후 우리는 그 어느 때보다 이런 고민을 많이 하고 있습니다. 최근에는 암호화폐, 블록체인, NFT 등 사회 전체를 바꾸는 큰 변화가 거세지면서 어떻게 대응해야 할지 고민이 더욱 깊어졌습니다. 그래서 세계 최고의 플랫폼 기업들, 세계 최고의 미래 기대치를 기록하고 있는 기업들로부터 배우자고 생각했습니다. 이들은 기존 기업들과 어떻게 다른지, 성공의 비결은 무엇인지, 이들이 추구하는 바는 무엇인지, 이들이 만드는 근본적인 문명 변화는 무엇인지, 우리가 가장 기본적으로 바꿔야 할 것들은 무엇인지 살펴볼 것입니다. 그래서 문명 변화의 연장선상에서 왜 이런 표준 인류의 변화, 표준 문명의 변화가 일어났는지를 살펴 그 타당성을 검증하고, 동시에 데이터를 기반으로 변화해가는 방향을 점검해볼 것입니다. 디지털 신문명의 등장이 우리가 생각하는 성공의 법칙, 미래에 대한 준비 방식을 어떻게 바꾸고 있는지도 두 번, 세 번 면밀하게 따져볼 것입니다.

제가 이전에 쓴 책《체인지 9》에서 저는 포노 사피엔스 문명의 특이점을 9가지로 나눠 정리했습니다. 이번 책에서는 개인과 기업이 또 사회 전체가 어떻게 표준을 바꾸고 혁신해야 할지를 보다 실천적인 관점에서 정리해볼 것입니다. 결국, 나를 바꾸는 것은 실천적 행동이기 때문입니다. 환경의 극심한 변화에 대응하려면 슬기로운 나의 변화가 필요합니다. 150년 전 다윈이 설파했던 자연선택론은 지금 시대 모든 지구상의 생물에도 여전히 유효합니다.

'디지털 문해력'이라는
무기를 가진 자들

슈퍼 사피엔스의 등장

그동안 책과 경험 통해 정보를 얻고 학교 교육을 통해 생각의 기반을 만들어왔던 인류의 뇌는 디지털 신대륙에서 새로운 경험을 쌓아가고 있습니다. 영상으로 정보를 흡수하는 것은 속도와 분량이 엄청납니다. 특히 뇌와의 연결성과 즉각적으로 지식을 습득하는 속도는 책을 읽는 것과는 비교가 되지 않습니다. 인류는 자기가 호기심을 느끼고 궁금증을 느낄 때마다 언제든 그 지식과 연결할 수 있습니다. 과거에는 절대 불가능했던 일이었죠. 그래서 디지털 공간에서 학습한 인재들이 디지털 문해력을 갖춘 슈퍼 사피엔스*Super sapiens*로 성장합니다.

검색하는 인류,
빠르게 습득하고
빠르게 편집하다

애플이 길을 연 디지털 신문명의 특징

이제 디지털 신대륙을 겨냥한 기업들이 어떻게 성공할 수 있었는지를 살펴보겠습니다. 원인을 차분히 들여다보면 거기에 답이 있습니다. 앞서 언급한 세계 최고의 기업들이 만들어놓은 비즈니스 모델들을 보면 얼마나 많은 사람이 이주했는지 디지털 신대륙의 위용을 알 수 있습니다.

애플은 스마트폰이라는 인공장기를 창조하고 파는 회사입니다. 애플의 사용자는 세계적으로 8억 명이 넘습니다. 이들은 애플에 진정한 충성도 높은 시민입니다. 무려 92퍼센트에 달하는 사람들이 다른 스마트폰으로 바꾸지 않겠다고 응답합니다. 애플이 만든 스마트폰 덕분에 인류는 디지털 신대륙으로 이주할 수 있었습니다. 또 그들 덕분에 애플은 세계 최고의 기업이 될 수 있었습니다. 소프트웨어를 거래하는 앱스토어도 애플의 작품입니다. 세계 최대의 소프트웨어 거래장터를 상상의 공간 안에 만든 것이죠. 그 새로운 장터에는 누구나 앱을 만들어 올리고 거래를 통해 돈을 벌 수 있다는 새로운 규칙이 적용됩니다. 스티브 잡스가 창조한 스마트폰의 작은 창을 통해 만들어진 디지털 신대륙에는 이 방식을 따라 수많은 비즈니스 모델들이 들어섭니다. 세계 최대, 최고의 쇼핑몰 아마존은 상상의 대륙에만 존재합니다. 또 세계 어디서나 아마존에 매장을 열고 물건을 팔 수 있습니다. 마치 애플처럼 누구나 아마존이라는 세계 최대 유통기업의 파트너가 될 수 있다는 말이죠. 그러나 아마존이 마음에 들지 않는다면 옥션이나 중고거래 플랫폼 등 어디로든 떠날 수 있습니다. 생태계가 다양해진 겁니다. 세계 최고의 방송국 유튜브(YouTube)도 실제로 방문할 수 없는 상상 속의 방송국입니다. KBS는 여의도에 있고, MBC는 상암에 있는데 세계 최고의 방송사인 유튜브는 전문적인 녹화 시설도, 뉴스룸 스튜디오도 없습니다. 스마트폰을 손에 쥔 누구나 방송국을 가질 수 있고, 누구나 자기 의지대로 방송을 만들고 시청할 수 있습니다. 어떤 개인도 스타가 될 수 있다는 신대륙의 철학에 딱 맞는 방송 시스템이죠. 20억 명이 모여 즐기는 페이스북도, 인스타그램도 어딘가 모임 장소가 따로 있지 않습니다. 그 세계 안에서는 그 누구도 무언가를 강요하거나 제재할 수 없습니다. 중앙통제가 불가능한 이러한 방식 때문에 혼돈과 무질서를 걱정했지만 우리는 생각보다는 훨씬 슬기롭게 신대륙의 생태계를 잘 만들어가는 중입니다.

II '디지털 문해력'이라는 무기를 가진 자들

애플, 구글, 페이스북, 아마존이 만든 가장 큰 변화는 거대 자본이 지배하던 시장 생태계를 누구나 참여할 수 있는 시장으로 규칙을 바꿨다는 겁니다. 기본적으로 땅 위에 존재하는 기업에 도전했다면 불가능했을 일들입니다. 부동산을 보유해야 하고, 임대료를 내야 하고, 인테리어에 시설까지, 거기다 높은 유지비용까지 생각한다면 기존 거대 자본을 보유한 기업에 도전하기란 달걀로 바위 치기였죠. 그런데 디지털 신대륙에서 그 불가능한 도전이 가능해진 겁니다. 디지털 문명의 대전환에서 맨 처음 기억해야 할 것은 누구나 도전할 기회가 생겼다는 것과 그 자격은 자본이 아니라 디지털 문명에 대한 지적 능력이 좌우한다는 것입니다. 그리고 그 지적 능력을 학습하는 곳도 역시 디지털 신대륙입니다.

역사상 가장 많은 지식을 가진 인류, 포노 사피엔스

오늘날 대부분의 사람들이 스마트폰을 통해 많은 지식을 학습합니다. 사실 스마트폰을 본능처럼 이용하는 인류에게 일어난 가장 큰 변화는 지식의 습득 속도가 엄청나게 빨라졌다는 것과 그 범위가 거의 무한대로 확장되었다는 것입니다. 이런 방식으로 인류는 유사 이래 가장 높은 지식 수준을 갖게 되었습니다. 개인의 지적 수준이 높아진 것도 놀랍지만, 동시에 사회 전체로 확산된 속도도 상상 이상으로 빨라졌습니다. 이 두 현상이 겹치면서 포노 사피엔스는 다양한 분야에서 매우 높은 지식 수준을 갖게 됩니다. 디지털 문명의 대표적인 특징입니다. 코로나가 처음 발생했을 때를 생각해보죠. 전 인류가 그 위험성을 공유하고, 방어체계를 갖추고, 행동을 개시하는 데 걸린 시간은 불과 며칠이면 충분했습니다. 그리고 바이러스의 정체, 주요 증상, 기관지와 폐에 대한 공격성, 백신 개발 프로세스까지 전 인류가 순식간에 전문가에 가까운 정보를 공유하고 학습합니다. 물론 코로나 바이러스의 위력이 워낙 강력했기에 우리의 삶이 흔들릴 만큼 큰 타격을 입었지만, 과거와 같았다면 이러한 대응조차 어려웠을 것입니다. 이것이 디지털 신대륙에 형성된 시민사회의 특성입니다. 이제 인류는 자발적 학습에 따라 지적 능력을 키워갑니다. 기억해야 하는 대목입니다.

인류의 자발적 선택,
'압도적인 경험'에 따른 것일 뿐

디지털 문명의 대표적 플랫폼 기업들은 스마트폰 안에 만들어진 신세계에서 거대한 성공을 거두며 인류의 표준 문명을 바꾸고 있습니다. 아니 정확하게 말하자면 이들은 디지털 플랫폼을 만들었을 뿐이고, 폰을 든 인류가 열광하며 몰려들어 플랫폼을 이용해 스스로 라이프스타일을 바꾸는 중입니다. 명백하게 이들 플랫폼의 성공은 스마트폰을 손에 쥔 신인류의 자발적 선택 덕분입니다. 강요하지 않았는데 인류 스스로 선택한 거라면 우리의 생물학적 특성이 디지털 플랫폼에서의 생활에 더 잘 맞는다는 증거이기도 합니다. 지구상의 모든 생명체는 더 적은 에너지를 소비해 생존과 번식에 유리한 방식을 선택해왔습니다. 우리가 자연스럽게 플랫폼을 선택했다면, 진화의 역사와 일치한다는 것을 의미합니다. 이렇게 빠르게 움직였다는 건 이전과 비교해 압도적 경험이었다는 걸 의미합니다. 그래서 디지털 신대륙의 확장성은 무궁무진합니다. 모든 분야에서 디지털 플랫폼을 활용한 변화가 진행되고 있고 새로운 표준이 만들어지고 있습니다. 어쩌면 문명 대전환은 이제 막 시작입니다. 장구한 인류 역사를 생각해보면 불과 십몇 년은 정말 짧은 시간이니까요. 그렇지만 디지털 신대륙의 변화 속도는 놀랍습니다. 이미 인류는 사소한 일상의 서비스까지 모두 뉴노멀로 바꿔버렸습니다.

매일 생활 속에서 하루 한 번쯤은 만나는 일상의 서비스도 디지털 신대륙을 통해 해결합니다. 우리는 어느새 머릿속에서 욕망하는 모든 것을 스마트폰을 통해 해결합니다. 뇌와 폰의 연결성이 엄청나게 강화된 것이죠. 궁금한 것이 있으면 즉각적으로 검색하고, 듣고 싶은 음악이 있어도 바로 연결합니다. 먹고 싶은 것이 생겨도 우선 스마트폰을 열게 되죠. 식당을 찾는 방식도 바뀐 것입니다. 어디로 가야 할지를 결정할 때도, 그 길을 따라가는 것도, 그곳을 기억하는 데에도 우리는 너무나 자연스럽게 스마트폰을 이용합니다. 그리고 그것은 자연스럽게 새로운 인류의 표준 생활 방식으로 자리 잡았습니다. 그것을 모든 데이터가 보여줍니다. 이제 인류의 표준 모빌리티 서비스는 택시가 아니라 우버입니다. 등장한 지 불과 12년 만에 지구인의 표준을 바꾼 겁니다. 호텔 예약도 스마트폰 안에 깔린 앱 서비스가 대신합니다. 그사이 2008년 창업한 에어비앤비(Airbnb)는 100조 원이 넘는 기업이 되었습니다. 방송은 유튜브가 지구인의 표준이 되었습니다. 우리나라 국민 중 60퍼센트 이상이 7시 이후에 TV 말고 유튜브를 시청한다고 합니다. 동 시간 TV를 보는 인구는 28퍼센트에 그쳤습니다. 또 80퍼센트 이상의 국민이 OTT에 들어가 스마트폰으로 방송을 골라 봅니다. 모바일뱅킹 사용자 비율도 70퍼센트를 훌쩍 넘어섰습니다. 이렇게 되니 모든 은행은 지점을 폐쇄하느라 분주합니다. 지난 5년간 1,000개의 지점이 사라졌고 앞으로도 계속될 겁니다. 모든 은행의 목표는 지점의 최소화니까요. 이제 모바일뱅킹을 활용하는 것은 생존의 문제가 됩니다. 이를 거부한다면, 버스 정거장 두 곳은 지나서야 나오는 지점까지 걸어가야 할 고생은 각오해야 합니다. 게다가 창구에서 대기하는 불편을 감수해야 하죠. 아이들은 줌(Zoom)으로 원격수업 받는 걸 당연하게 생각합니다. 학교 가고 싶은 마음은 굴뚝같지만 학교에 마음대로 갈 수가 없습니다. 친구들도 메타버스라는 새로운 공간에서 만나야 합니다. 재택근무도 익숙합니다. 이렇게 코로나 덕분에 강제로 경험했지만, 머릿속에 깊이 각인됩니다. 살아가는 데 훨씬 더 나은 방법이 있다는 것을 깨닫는 것이죠. 그래서 더 강력하고 빠르게 디지털 플랫폼으로 이동합니다.

인류에게는 밈(meme)이라는 문화 유전자가 있습니다. 《이기적 유전자(Selfish Gene)》를 저술한 리처드 도킨스가 처음 사용한 개념입니다. 유전자가 자가복제를 통해 생물학적 정보를 전달하듯이, 밈이 모방을 거쳐 뇌에서 뇌로 개인의 생각과 신념을 전달한다는 이론입니다. 인류는 수만 년 동안 밈을 이용해 다른 사람의 생각과 지식을 배우고 또 전파하는 방식으로 생활하며 현재의 문명을 만들고 진화해왔습니다. 스마트폰은 밈이 작동하는 데 폭발적인 힘을 내는 엔진 역할을 합니다. 알아야 할, 배워야 할, 카피해야 할 모든 것들은 스마트폰을 통해 순식간에 보내지고, 순식간에 수많은 사람의 뇌에 각인됩니다. 그래서 디지털 문명의 밈은 이전과는 비교할 수 없는 속도로 작동하게 됩니다.

생물학적 특성에 따라 아이들은 누구보다 빠르게 디지털 생활방식을 배웁니다. 4050 이상의 세대에게 스마트폰은 후천적으로 배워 습득한 것이지만, 1020 MZ세대에게는 태어날 때부터 자연스럽게 세상에 존재해 있었죠. 이 차이는 엄청난 차이를 불러일으킵니다. 하얀 도화지처럼 아이들의 뇌는 세상의 다양한 정보를 학습하는 데 최적화된 상태입니다. 마치 말을 익히는 것처럼 디지털 생활방식을 누가 특별히 가르쳐주지 않아도 자연스럽게 익히고 재빨리 적응합니다. 대개의 부모라면 어린아이에게 말을 가르친다거나 스마트폰 작동법을 가르치는 데 딱히 고생한 기억이 없을 것입니다. 성장의 아주 자연스러운 과정이죠. 이런 특징으로 디지털 패턴을 엄청난 속도로 흡수하고 적응하며 그다음 단계로 넘어가는 것도 매우 빠릅니다. '엄마', '아빠'에서 시작해서 어느덧 자기 의사를 드러내는 그럴듯한 문장을 만드는 것처럼, 비슷한 방식으로 디지털 문해력이 누적되면서 어른들과 더 큰 차이를 만들어내게 됩니다. 어른들이 익숙하지 않은 생활방식에 머뭇거리거나 잠시 힘들어하는 사이 아이들은 저 멀리 가 있는 것이죠. 디지털 문명이 시작되면서 세대 간 격차가 더 크게 나는 것도 바로 이러한 영향입니다. 한쪽은 가속화되는 반면, 한쪽은 더욱 정체되기 때문입니다.

인간은 경험을 통해 새로운 길을 찾고 변화를 모색합니다. 오랜 세월을 그렇게 적응해왔고 진화해왔습니다. 호모 사피엔스라는 생물학적 존재로서 인류는 많은 특징을 갖고 있습니다. 가장 강력한 본능은 생존 가능성이 큰 쪽으로 변화하는 것입니다. 그 특성에 따라 인류는 디지털 신대륙으로 빠르게 이동하는 중입니다. 우리의 뇌는 무한한 가능성을 품은 미지의 신세계입니다. 디지털 신대륙에서 매일 경험하는 정보의 양은 과거의 인간으로서는 상상도 못 할 만큼 어마어마해졌습니다. 그만큼 우리의 뇌도 바빠졌습니다. 암기에 의존했던 지식은 이제 많은 부분을 검색에 의존하게 되었고, 언제 어디서든 지식을 빠르게 흡수해 즉각적으로 활용하고, 반대로 불필요한 지식은 내뱉는 방식으로 진화했습니다. 그래서 암기하지 못하는 인간보다 스마트폰을 활용할 줄 모르는 인간이 더 생존 가능성이 떨어집니다. 스마트폰을 사용하면서부터 전화번호도 못 외우게 되었다며 자책할 필요가 없습니다. 우리의 뇌가 일하는 방식이 달라진 것뿐입니다. 이것은 환경의 변화가 만들어낸 생존 조건의 변화입니다. 지구에서 인류가 다른 생명체와 달리 특별한 존재가 된 것은 생각할 수 있는 힘, 누군가에게 설명할 수 있는 힘을 갖고 있기 때문입니다. 그 모든 것은 뇌에서 출발합니다. 생각할 수 있는 힘은 지식의 흡수를 통해 강해집니다.

뇌과학자들은 뉴런의 연결성을 통해 생각하는 인류를 설명합니다. 그리고 그 연결성은 지식의 흡수를 통해 더욱 강화됩니다. 그동안 책을 통해 정보를 얻고 학교 교육을 통해 생각의 기반을 만들어왔던 인류의 뇌는 디지털 신대륙에서 새로운 경험을 쌓아가고 있습니다. 영상으로 정보를 흡수하는 것은 속도와 분량이 엄청납니다. 특히 뇌와의 연결성과 즉각적으로 지식을 습득하는 속도는 책을 읽는 것과는 비교가 되지 않습니다. 인류는 자기가 호기심을 느끼고 궁금증을 느낄 때마다 언제든 그 지식과 연결할 수 있습니다. 과거에는 절대 불가능했던 일이었죠. 그래서 디지털 공간에서 학습한 인재들이 디지털 문해력을 갖춘 슈퍼 사피엔스(*Super sapiens*)로 성장합니다.

검색하는 인류, 빠르게 배우고
빠르게 생각을 편집하다

예를 들어 공룡이 궁금합니다. 어느 시대에 어떻게 살았는지, 어떻게 생겼는지 궁금합니다. 그러자면 책을 사야 했지요. 그런데 지금은 끊임없이 검색하고 학습할 수 있습니다. 마음만 먹으면 인류가 알아낸 공룡에 관한 거의 모든 지식을 순식간에 둘러볼 수 있습니다. 오큘러스(Oculus) 같은 기기를 활용해 가상현실에서 실감 나는 공룡을 만나는 것은 물론이고, 전문가 뺨치는 깊이 있는 지식까지 마음만 먹으면 파고 파고 또 파낼 수 있습니다. 학습의 신세계가 열린 것이죠. 어떤 분들은 그래서 상상의 세계가 더 줄어들었다고 걱정합니다. 그래서 책도 중요하지요. 하지만 그렇다고 해서 책 밖 세상에서 얻는 경험적 지식이 상상력을 줄이는 것은 아닙니다. 상상은 지식의 편집을 통해 일어나는데, 수많은 지식과 총체적 경험이 상호작용하는 환경에서 성장한 신인류가 상상력이 떨어진다는 증거는 어디에도 없습니다. 오히려 디지털 신세계를 창조하는 걸 보면 이들이 더욱 뛰어나기까지 합니다.

얻을 수 있는 지식도 단지 한 방향 지식만이 아닙니다. 지식의 협업(collaboration)이 일상적으로 일어납니다. 취미뿐 아니라 세상을 살아가는 새로운 지혜도 그 과정에서 얻어냅니다. 가령 공룡을 좋아하다 보면 파충류에도 관심이 갑니다. 자연스럽게 현존하는 도마뱀을 검색합니다. 호기심이 또 다른 방향으로 나를 데려가는 것이죠. 너무나도 예쁜 도마뱀을 키우는 유튜버가 많다는 사실에 놀라고, 그걸 수백만 원에 판매하는 브리더가 많다는 사실에 또 한 번 놀랍니다. 심지어 그들은 전 세계를 대상으로 사업을 하며 이미 20대에 큰 수입을 올리고 있습니다. 자기가 좋아하는 파충류를 키우면서 비즈니스도 할 수 있는 세상을 알게 되는 것이죠. 그래서 도마뱀 브리딩 기술에 대해 또 깊이 파고들기 시작합니다. 불과 몇 달 만에 엄청난 지식을 흡수하고 새로운 비즈니스에 도전할 수 있습니다. 이렇게 인류는 디지털 신대륙에서 신문명을 빠르게 배워가며 새로운 생태계를 형성해갑니다.

옛날의 저와 비교해볼까요? 저는 어릴 때 호기심이 많은 아이였습니다. 개미굴 앞에 쪼그려 앉아 하루 종일 개미를 잡고, 그걸 유리 상자에 넣어 키워보려 했습니다. 성북동 계곡을 다 뒤져 가재란 가재는 다 잡았습니다. 잘 키워보겠다고 말이죠. 참새도 잡으러 다니고, 메뚜기에 잠자리까지 온 성북동 드넓은 산과 계곡을 누비면서 온갖 생물을 잡았습니다. 아카시아 꽃과 진달래를 따 먹는 건 너무도 당연한 행사였고요. 사피엔스의 보편적 특징이겠지만 자연과 함께하는 게 즐거웠고, 만나는 모든 것들, 잡을 수 있는 모든 생물이 신기했습니다. 나이를 조금 더 먹고서는 새총을 만들어 참새도 잡고 꿩도 잡으러 쫓아다녔습니다. 지금 생각해보면 사피엔스 안에 내재된 채집과 사냥 본능이 정말 꿈틀거렸던 어린 시절이었습니다.

어린 시절, 그렇게 잡은 생물들을 보면서 이들은 어떤 곤충인지, 어떤 동물인지 너무 궁금했습니다. 그런데 어느 것 하나 제대로 깊이 있게 알 수는 없었습니다. 개미는 어떻게 사는지, 또 어떻게 키워야 하는지, 가재는 어떻게 오래오래 키울 수 있는지, 산에 핀 할미꽃은 언제 옮겨 심어야 잘 키울 수 있는지 아무것도 알 수 없었습니다. 그렇다고 해서 도서관을 찾아가거나 선생님께 물어보고 싶을 만큼의 '거대한' 호기심은 딱히 아니었습니다. 책도 비쌀 뿐 아니라 흔하지 않았습니다. 그 당시 선생님들은 그런 질문에 답도 잘 주지 않았습니다. 선생님들도 찾기 어려웠기 때문이죠. 그래서 딱 거기까지였습니다. 맞습니다. 저는 호기심이 많은 아이였지만 특별하게 공부를 좋아하는 아이는 아니었습니다. 한마디로 주변에서 흔히 볼 수 있는 어린아이였습니다. 호기심이 있더라도, 더 깊이 지적 탐구를 하고 싶더라도 파고들 수 없었습니다. 그래서 오직 특별한 아이들만 그 혜택을 누리고, 공부도 많이 할 수 있는 시대였습니다.

그런데 디지털 시대에 사는 지금의 아이들은 작은 호기심에도 즉각적으로 반응하고, 그 호기심을 지식으로 가득 채울 수 있습니다. 초등학생이라도 얼마든지 폭넓은 지식의 바다로 뛰어들어 마음껏 빨아들일 수 있습니다. 비용도 들지 않고, 접근 제한도 별로 없습니다. 창조적인 아이디어는 지식의 편집을 통해 성장합니다. 흡수하는 지식의 수준이 높고 그 다양성이 풍부할수록 생각의 세계가 넓어지고 창조적 아이디어가 성장하는 것은 당연한 이치입니다. 우리 아이들이 마냥 쓸데없는 유튜브만 보고 게임만 하는 것이 아닙니다. 그들은 인류가 갖는 뇌의 보편적 특성에 따라 분주하게 지식을 습득하고 생각의 장치를 만들어냅니다. 적어도 우리 시대보다는 훨씬 뇌 활동이 활발하고 창의성이 뛰어난 인류가 성장하고 있는 것입니다. 보편적인 인류의 지식 수준도 훨씬 올라갔습니다. 사실 검색의 능력만으로도 인류의 지적 능력은 크게 성장했다고 보는 것이 타당합니다. 거기다 디지털 문명의 활용 능력을 갖느냐 못 갖느냐에 의해 미래 성공의 가능성이 달라집니다. 그래서 우리가 살지 못했던 그 무한한 가능성의 세계에서 아이들을 키워내야 합니다. 내 생각도 무대를 옮겨야 합니다.

지금까지 살펴본 바와 같이 디지털 문명이 이토록 빠르게 확산하는 것은 역사적으로도, 또 진화론적으로도 우리 인류와 잘 맞아떨어지기 때문입니다. 그래서 자발적 선택이 일어나고 있는 것입니다. 우리가 역사에 대해 조금 더 공부하고, 진화론에 대해 조금 더 공부하고, 뇌과학에 대해 조금 더 공부한다면 앞으로 어떤 변화가 일어날지 예측할수 있지 않을까요? 심지어 이 모든 공부도, 생각의 편집도 위키백과나 유튜브만으로 충분히 해결할 수 있는 시대에 살고 있습니다. 물론 사람을 만나고, 학교에 다니고, 자연에서 뛰어다니고, 책을 읽는 일도 그만큼 중요합니다. 그러나 누가 뭐래도 인류가 선택한 표준 문명은 디지털 신세계입니다. 거기서 새로운 길을 찾아야 합니다.

가장 기본적인 변화는 인류가 디지털 플랫폼을 삶의 표준 공간으로 선택했다는 것입니다. 그리고 새로운 디지털 생태계가 더는 과거의 방식으로 운영되지 않는다는 것입니다. 세계적인 플랫폼들이 보여주듯 누구나 참여할 수 있고 누구나 성공할 수 있습니다. 그리고 그곳에서 성공하는 비결은 디지털 문명에 대한 지적 능력을 키워야 한다는 것이고, 그 능력은 자발적 학습을 통해 디지털 신대륙에서 배워야 한다는 것이죠. 더 쉽게 이야기하자면 디지털 플랫폼에서 살아가는 인류에 대한 표준 상식을 갖춰야 한다는 겁니다. 사회에 대한 표준 상식을 배우는 게 중학교 2학년입니다. 이 학생들에게 우리는 금융, 교육, 소비, 기업, 세계에 관한 다양한 표준들을 가르쳐야 합니다. 디지털 커머스를 알려줘야 하고, 데이터는 무엇인지, 인공지능은 무엇인지, 메타버스는 무엇인지, NFT는 무엇인지 가르쳐야 합니다. 이것들이 어떻게 이 세상에 등장했으며, 어떻게 발전하고 있는지도 가르쳐야 합니다. 세상의 상식이니 어른들도 당연히 배워야 합니다. 그 배움의 공간도 디지털 문명이고 방식도 자발적 학습입니다. 부지런 떨어야 합니다. 이 세상에서 생존하기 위해 치열한 시험을 치르고 경쟁을 이겨내라는 이야기가 아닙니다. 인류가 역사에 깊은 관심을 두듯, 인류가 문명의 변화에 깊은 관심을 두듯 이 시대의 변화에 깊은 관심을 두고 학습해서 마음의 변화를 만들어내자는 겁니다. 새로운 표준 문명에 대한 깊은 관심과 통찰이 미래를 위해 준비해야 할 가장 큰 자산입니다.

미래를 준비하는 데 나이도 성별도 하는 일도 중요치 않습니다. 학생은 학생대로, 청년은 청년대로, 100세 시대가 예상되는 만큼 중장년도 미래를 제대로 준비해야 합니다. 그 출발점은 오늘에 대한 정확

II '디지털 문해력'이라는 무기를 가진 자들

한 인식입니다. 아래 표에서 확인할 수 있듯이 2010년과 오늘날은 크게 달라졌습니다. 이 모든 변화는 데이터가 증명한 인류의 자발적 선택의 결과입니다. 미래에 대한 준비는 여기서 출발해야 합니다. 우버와 에어비앤비 서비스를 규제만 할 게 아니라, 미래에 방향을 두고 공존하며 변화할 수 있는 방법을 슬기롭게 찾아야 합니다. 그래야 앞으로 닥칠 자율주행의 시대, 하우스 공유의 시대를 준비할 수 있습니다. 지금이라도 가상자산, 블록체인 금융을 준비하지 않으면, 결국 앞선 해외 기업들에 우리 시장을 내어줄 수밖에 없습니다. 기존 방송 권력 유지에 급급하면, 미래의 플랫폼은 모두 유튜브, 넷플릭스 등 해외 플랫폼에 내어줄 수밖에 없습니다. 서비스업뿐 아니라 제조업도 달라졌습니다. 과거처럼 '세계 최초' 기술로 성공하는 게 아니라 애플이나 테슬라처럼 제품과 서비스를 결합시켜 '좋은 경험'을 제공해야 성공하는 시대입니다. 결국, 달라지지 않는 게 아무것도 없습니다. 2010년의

2010년과 2022년 인류가 선택한 표준 서비스의 변화 그리고 2030년 미래 전망

	2010	2022	2030(예상)
교통	택시	우버	자율주행차
호텔	매리어트, 하얏트, 힐튼	에어비앤비	메타버스, 하우스 공유
금융	KB, 신한	카카오	디파이, CDBC
방송	지상파, 케이블TV	유튜브, OTT	OTT, 메타버스
유통	월마트, 이마트	아마존, 쿠팡	옴니채널, 메타버스
제조	삼성, 토요타	애플, 테슬라	제품+경험 서비스
SNS	페이스북, 인스타그램	메타, 틱톡, 로블록스, 제페토	메타버스

표준 문명에서 2022년의 표준 문명으로, 어떻게, 왜 급격한 변화가 이뤄졌는지 제대로 복기하고 학습해야 합니다. 그래야만 그 변화의 연장선에서 2030년의 미래를 예측하고, 다가올 시대에 걸맞은 준비를 할 수 있습니다. 혹시라도 익숙했던 2010년의 표준을 완고하게 고집하고 있거나, 또는 별 생각 없이 과거의 관습을 당연하게 생각하고 있다면, 우리는 아주 엉뚱한 미래에 도달해 당황하게 될 수도 있습니다.

뉴노멀은 말 그대로 모든 표준의 변화를 의미합니다. 스스로 주변의 모든 변화를 살펴보십시오. 특히 코로나 이후 2년 넘게 디지털 비대면 사회를 경험하면서 축적된 내 생활의 변화, 업무의 변화, 학습 방식의 변화 등 모든 것들을 냉정하게 살펴 달라진 표준을 감지하고, 그에 필요한 역량이 무엇인지 생각해야 합니다. 특히 아이들이 미래를 준비할 때는 더욱 신중해야 합니다. 오늘 나의 막연한 생각과 판단이 아이들의 미래에 큰 문제로 남게 될 수 있습니다. 문명의 대전환이라는 것은 그만큼 크나큰 변화입니다. '코로나만 끝나면 다시 원래대로 돌아가겠지.'라는 생각은 안일합니다. 이미 인류는 팬데믹을 겪으며 불가역적인 디지털 문명, 뉴노멀의 시대를 맛보았기 때문입니다. 이 같은 새로운 문명의 선상에서 미래를 준비해야 합니다.

'정답' 없는 문제를
풀어내는 능력,
일의 격格이 달라진다

'선진국 대한민국'에서
살아가야 한다는 것

디지털 혁명도 버거운데 우리에게는 또 하나의 혁명이 겹쳐서 일어났습니다. 바로 우리가 '선진국'에 진입했다는 신호들이 여기저기에서 등장한 것입니다. 2021년 유엔무역개발회의(UNCTAD)는 회원국 만장일치로 한국에 '그룹 B' 선진국 지위를 부여했습니다. IMF나 OECD 등 글로벌 경제 협력체에서는 이미 선진국 지위로 격상된 바 있으나, UN 단위에서 선진국 지위를 인정받은 것은 큰 의미가 있습니다. 단지 경제적 측면뿐 아니라 정치적 측면까지 포함해 대한민국의 위상이 선진국으로서 손색없음을 잘 보여줍니다. 이를 뒷받침하듯이 미국의 권위 있는 뉴스 주간지 〈유에스 뉴스 & 월드 리포트(U.S.

News & World Report)〉에서 발표한 2021년 세계 10대 강국 리스트에도 우리가 8위에 랭크되었습니다. 경제력과 군사력을 함께 고려한 순위입니다. 기성세대들은 무역 규모나 GDP 규모로 보면 우리의 경제력이 선진국에 많이 가까이 가 있는 게 사실이라고 인정하지만, 군사력은 여전히 미군에 대한 의존도가 높다고 생각합니다. 그런데 꼭 그렇지만은 않습니다. 최근에는 전투기부터 잠수함 발사 탄도 미사일(SLBM), 미사일 방어시스템(MD), 자주포 등 국산 신무기 개발 소식이 연이어 들립니다. 이 같은 많은 신무기 개발과 늘어난 방위산업 수출 등으로 한국의 군사력이 높게 평가받고 있습니다. 또 영국의 〈모노클(Monocle)〉이라는 잡지도 매년 문화적 매력도를 기준으로 각 국가의 소프트 파워 랭킹을 발표합니다. 항상 15위 언저리에 있던 우리나라

한국을 소프트 파워 세계 2위로 선정한 영국의 글로벌 잡지 〈모노클〉의 2020년 12월/ 2021년 1월호 표지.

는 코로나 발병 이후 무려 2위까지 기록했습니다. 넷플릭스(Netflix)와 유튜브 덕분에 K-콘텐츠가 엄청나게 확산하며 만들어진 결과입니다. 그뿐 아닙니다. 2021년 BTS는 무려 12주 동안이나 빌보드 싱글 차트 1위를 차지했고, 드라마 '오징어 게임'은 넷플릭스에서 기록적인 1위를 차지했습니다. 어느 모로 보나 이제는 선진국이라고 인정할 만합니다. 감격스러운 일입니다. 무려 100여 년 동안 개발도상국들이 선진국 진입을 위해 엄청난 노력을 기울였지만 성공한 나라는 단 하나도 없으니까요. 우리만 기적처럼 성공한 것이죠. 자랑스러워할 만합니다.

그런데 여기서 냉정하게 살펴야 할 것이 있습니다. 우리가 기존에 잘해왔고, 성공했던 개도국 방식이 앞으로는 통하지 않을 거라는 점입니다. 즉, 일의 격이 달라진다는 말입니다. 국제적으로 책임져야 할 일들도 개도국 때와는 크게 달라집니다. 환경, 보건, 식량 등 누리는 혜택만큼이나 선진국으로서 져야 할 의무가 생겨납니다. 산업계에서는 벌써 그런 징후에 대한 우려를 드러내고 있습니다. 또 기업에서 원하는 인재상과 대학에서 내보내는 인재가 서로 맞지 않는 미스매치 현상이 심화하고 있습니다. 기업에서 만들어야 하는 제품이든 서비스든 이제 선진국 수준으로 올라가야 하는데, 대학의 교육 시스템은 개발도상국 수준 그대로기 때문에 일어나는 현상입니다.

따라갈 '그들'이 없는 세상,
나만의 무기가 답이다

그동안 우리는 개발도상국으로 살아왔습니다. 항상 선진국의 제품이 나 서비스를 카피해서 물건을 만들고 비즈니스 모델을 만들어왔습니다. 그렇게 개발도상국의 생태계를 착실하게 갖춰왔습니다. 제조 중심의 경제를 구축하면서 선진국을 열심히 벤치마킹해 지금의 시스템을 만들었죠. 특히 일본을 배우려고 노력했습니다. 수출 중심의 제조 경제 생태계를 만들면서 필요한 인력 양성도 일본의 시스템을 많이 카피했습니다. 1980년대부터 우리는 정말 열심히 추격하기 시작했습니다. 불가능할 것 같던 일본 따라잡기는 2010년 이후 디지털 문명 시대로 진입하면서 가능성이 보이기 시작합니다. 그리고 결국 삼성전자의 시가총액이 일본의 토요타를 앞서면서 적어도 세계 기업 순위에서는 일본을 넘어섭니다. 디지털 산업 투자에 소홀했던 일본은 갈수록 어려움이 가중되고 있습니다. 반면 우리나라는 2010년 이후 글로벌하게 형성된 디지털 문명의 확산에 비교적 잘 동화하면서 선진국 진입에 성공할 수 있었습니다. 그런데 문제는 지금부터입니다. 이제 우리가 따라 할 수 있는 것이 모두 사라진 탓입니다. 따라가야 하는 것이 아니라 먼저 가야 하는 시대가 시작된 것입니다.

개발도상국 시절에는 유조선을 만들기만 해도, 반도체를 만들기만 해도, 자동차를 만들기만 해도 모두 대견하고 놀라운 일이었습

II '디지털 문해력'이라는 무기를 가진 자들

니다. 어렵다고는 했지만, 항상 추격하거나 또 넘어서야 하는 등 매우 분명한 목표가 있었습니다. 개발도상국은 무언가 세상에 없던 것을 창조하는 나라가 아니라 선진국이 창조한 것을 따라 만들되 값싸게 만드는 나라였습니다. 그래서 사실 대학 때 고도의 전문지식을 배우거나 창조적 아이디어를 만드는 훈련이 크게 필요하지 않았습니다. 1960~1980년대 대학을 다녔던 기성세대들은 창의적인 영역을 공부한 기억이 그리 많지 않습니다. 공부할 만한 책이나 자료도 풍족하지 않았던 게 현실이었죠. 열심히 민주화 운동을 하거나 친구들과 어울리고, 적당히 공부했던 게 사실입니다. 대학은 낭만의 시대였고, 사람들과 네트워킹하며 사회에 적응하는 시기였지 전문성을 갖추는 시대는 아니었습니다. 그리고 그 사람들이 50~60대가 되어 지금 대한민국의 리더 세대가 되었습니다. 그런데 2022년이 된 지금 우리가 해야할 일은 그 시절과 싹 다 달라졌습니다.

통섭 없는 시스템,
더는 넋 놓고 기다릴 수 없다

제가 가르치는 기계공학과에서는 졸업생들이 주로 제조기업으로 많이 갑니다. 대표적인 산업이 중공업이죠. 지금의 우리나라를 있게 만든 핵심 산업입니다. 지금 중공업사에 취업하면 쇄빙선, 시추선 같은 다른 나라가 만들기 어려워하는 걸 만들어야 합니다. 근본적으로 베낄 것이 없어졌다는 겁니다. 창조적인 아이디어가 필요하죠. 그나마 이 정도면 다행입니다. 우리나라가 세계 8번째로 개발했다고 해서 화제가 됐던 SLBM을 예로 들어볼까요? 잠수함에 미사일을 설치합니다. 바닷속이니 미사일을 그냥 쏠 수는 없고, 금속 통에 넣어서 일단 물 위로 쏘아 올려야 합니다. 깊은 바닷속에서 물 위로 무거운 미사일이 담긴 금속 통을 쏘는 것이 보통 어려운 일이 아니죠. 그런데 그건 겨우 시작에 불과합니다. 물 위로 솟구쳐 올라가면 금속 통은 자동으로 터지고, 그때부터 안에 있던 미사일이 추진력을 얻어 출발합니다. 조금만 기울어져도 물속으로 처박히죠. 실제로 그런 실패 영상이 유튜브에 많이 있습니다. 거기까지 성공해도 할 일이 첩첩산중입니다. 무려 800킬로미터를 날아가 지름 1미터 목표 안에 정확하게 떨어져야 합니다. 메커니즘을 알고 있어도 정말 만들기 어려운 창조적인 시스템입니다. 더구나 아무도 알려주지 않는 특급 군사기밀입니다. 참고자료라면 그저 유튜브 동영상이 최선입니다.

우리 졸업생들이 이런 걸 개발하는 프로젝트에 참여한다고 해보죠. 이렇게 복잡한 시스템은 어떤 전공자가 만들어야 할까요? 하나의 전공으로는 어림도 없습니다. 기계공학이 우선 필요하겠죠. 수학과 물리학의 도움도 당연히 필요합니다. 추진체를 이해하려면 화학공학도 필요하고, 미사일을 날리려면 항공 우주공학도 반드시 참여해야 합니다. 모든 프로세스마다 제어할 수 있는 제어공학은 물론이고 통신에 GPS, 거기다가 소프트웨어는 기본 중 기본입니다. 표적에 오차 없이 떨어뜨리려면 비전 인식에 인공지능까지 필요합니다. 아무도 해본 적도 없던 것을 모든 관련 전공 전문가들이 모여 서로 협의하고 융합해 창조해야 합니다. 이를테면 명실상부한 선진국에서는 이런 방식으로 일해야 합니다. 그런 만큼 창조적인 문제 해결형 인재가 더욱 절실합니다. 그나마 이것도 세계 7개 나라가 이미 개발한 시스템이고, 그래서 베낄 수는 없어도 구현해야 할 기능만큼은 분명합니다. 어떤 것은 아예 개념부터 만들어야 합니다. 그야말로 창조적 인재가 절실하다는 거죠.

그렇다면 학교에서는 어떤 걸 배울까요? 안타깝게도 지난 10년간 크게 달라진 게 없습니다. 고등학교 교육은 오직 수능입니다. 암기를 잘해야 잘 보는 시험입니다. 협업도 창의적 아이디어 훈련도 전혀 없습니다. 대학도 10년 전과 크게 달라진 건 없습니다. 대학 자체적으로 노력을 기울이기는 했지만, 사실 우리 사회는 그동안 대학에 투자를 늘린 적이 없습니다. 가장 기억나는 일관된 정책이 등록금 동결이었죠. 정치권의 관심사도 교육의 질 개선보다 등록금 동결과 공정한 수능 관리에 집중되어 있습니다. 교육비 부담 완화라는 취지는 충분히 이해하지만, 동결에 따른 교육 환경 개선에 대한 지원이 전무합니다. 투자가 없는데 달라진다는 건 불가능합니다. 학과 간 융합 교육이나 창조적인 수업을 진행하려고 하면 많은 변화와 혁신이 필요한데 투자도 없고 생각도 달라진 게 없습니다. 이래서 미스매치가 발생합니다.

이번에는 우리나라 주력산업인 반도체와 자동차를 살펴보겠습니다. 최근 3나노 제조공정을 두고 삼성전자와 TSMC가 치열하게 선두 다툼을 벌인다는 기사가 많습니다. 너무 자주 나오는 이야기라 식상하게 들릴지 모르겠지만 이건 기술적으로 정말 어려운 문제입니다. 오죽하면 수십 개의 노벨 화학상과 물리학상을 탄 일본이나 독일이 포기했는지 이해가 갑니다. 하물며 공대를 갓 졸업한 신입사원에게는 얼마나 어려운 일일까요. 제조도 어렵지만, 설계는 더더욱 어렵습니다. 매번 세상에 없는 칩을 디자인하라고 요구하니까요. 그러다 보니 요즘 반도체 회사에 입사한 대학생들에게 회사에서 이런 불만이 쏟아진다고 합니다. "어떻게 반도체 회사에 입사하려 하면서 반도체 설계 프로그램을 한 번도 안 써보고 왔느냐?"고 말입니다. 그런데 이게 학생들 잘못이 아닙니다. 써볼 수가 없습니다. 소프트웨어가 엄청나게 비싸기 때문이죠. 배터리 개발회사에서도 볼멘소리가 나옵니다. 학교에서 제대로 배운 게 없다고 말이죠. 자동차 회사는 어떨까요? 학교에서는 늘 그랬던 것처럼 충실하게 내연기관에 대해 열심히 가르칩니다. 그런데 이미 전기차가 대세입니다. 거기다 자율주행차를 개발하라고 합니다. 레이저, 라이더, 레이더에 비전 인식 그리고 인공지능까지 알아야 해볼 수 있는 것들입니다. 학교에서 정식 과목으로 가르치는 분야가 아닙니다. 하고 싶다면 알아서 배워야 합니다. 대학 내에서 교과목을 수정하려고 하면 엄청난 난관이 기다리고 있습니다. 교육부 규정은 물론이고 학과 내에서 어떤 과목을 없애고 어떤 과목을 만들어야 한다고 하면 기존 교수들의 저항도 만만치가 않습니다. 신임교수라도 뽑아야 하는데 재정적 뒷받침이 되어야 가능한 이야기입니다. 지난 10

년간 대학이 가장 집중했던 문제는 교육의 개혁이 아니라 동결된 등록금으로 어떻게든 버텨내는 것이었습니다. 교수들은 신기술을 포함한 혁신적인 교육과정의 개발에 투자하기보다 어떻게든 연구비를 더 따오고 논문 한 편이라도 더 쓰는 일에 집중해야 했습니다. 교육부의 대학평가 조건과 교수 승진 조건이 그랬으니까요. 그렇게 우리 대학은 개발도상국의 교육과정을 벗어날 수 없었습니다.

중고등학교 교육도 마찬가지입니다. 저마다의 소질과 능력을 개발하기보다는 오직 수능으로 평가하는 개발도상국 체제에서 단 한 걸음도 나아가지 못했습니다. 그래도 되는 거라고 여기기 때문입니다. 옛날처럼 해도 잘할 수 있다고 생각하기 때문입니다. 틀렸습니다. 이제 그렇게 해서는 선진국 간 경쟁에서 이겨낼 수 없습니다. 교육의 생태계도 선진국을 따라가야 합니다. 아니, 넘어서야 합니다. 어려서부터 창의적 인재를 귀하게 여겨 다양한 방식으로 공부하도록 이끌어주고, 대학에서는 전공을 융합해 새로운 것을 만들어내는 다양한 창조적 교육과정을 도입해야 합니다. 이미 미국과 같은 선진국들이 갖추고 있는 교육 시스템입니다. 기업이 필요로 하는 기술교육만을 강화하자는 말은 아닙니다. 적어도 관련 분야의 기본 지식을 학습하고 새로운 생각, 융합과 협력, 창조적 도전 등 선진국에서 필요로 하는 창의적 문제해결형 인재가 되도록 태도 측면에서 이끌어줘야 한다는 겁니다.

'지옥문' 열린 제조업 일자리, '기회의 문' 열린 디지털 일자리

제조가 아닌 다른 분야로 가면 더욱 심각합니다. 거의 모든 산업 분야가 선진국 혁명은 물론 디지털 혁명까지 동시에 직면해 있습니다. 디지털 비즈니스에 관한 경험이 부족하면 어떤 분야에서도 일자리를 얻기가 만만치 않습니다. 네이버, 카카오, 쿠팡 같은 플랫폼 기업에 취업하려면 소프트웨어 개발 능력을 갖추고 있거나 플랫폼 비즈니스 관련 지식이 풍부해야 할 거라고 쉽게 짐작할 수 있습니다. 최근 급성장하고 있는 스타트업에서 일하기 위해 필요한 전문성도 마찬가지입니다. 가장 보수적인 일자리로 알려진 은행은 어떨까요? 안타깝지만 마찬가지입니다. 이미 은행들은 지점 폐쇄를 시작했고, 모든 투자를 모바일 서비스 개발에 집중하고 있습니다. 그래서 신입사원도 디지털 서비스 개발 경력자를 선호합니다. 거의 모든 금융회사가 비슷한 상황입니다. 유통회사도 마찬가지입니다. 백화점이나 마트도 오프라인 서비스는 줄이는 반면, 온라인 서비스 개발에 수조 원씩을 투자하겠다고 발표했습니다. 그러니 신입사원에 대한 기대치가 과거와는 판이해졌습니다. 거의 모든 기업이 마찬가지 상황입니다. 코로나 이후 기업들은 디지털 역량 강화가 생존의 문제라는 걸 각성하고 이것을 이끌 인재 확보에 피나는 노력을 기울이고 있기 때문입니다. 취업에 성공한 인재도 마찬가지입니다. 기업에서 요구하는 디지털 역량을 갖춰야 미래에 대한 비전을 갖출 수 있습니다. 40대에 은퇴하는 은행원 인터뷰 기사를 보고 있으면 결코 남의 일 같지 않습니다.

요즘 청년들이 가장 선호하는 회사인 엔터테인먼트 기업이나 게임 기업들도 마찬가지입니다. BTS가 소속된 하이브의 방시혁 대표는 두나무와 손잡고 메타버스와 NFT 사업 개발에 5,000억 원을 투자하겠다고 발표했습니다. SM, YG, JYP도 마찬가지입니다. 주요 고객인 10대가 메타버스 생태계에 거주하니 당연한 일입니다. NC소프트, 넥슨, 넷마블 등 국내 대표 게임 기업들도 모두 NFT 기반의 게임 개발을 시작한다고 선언했습니다. 이제 메타버스와 NFT를 모르면 이른바 잘나가는 회사에 취업하기 어렵다는 뜻입니다. 전통적인 대기업들도 상황은 마찬가지입니다. 금융기업들부터 너나 할 것 없이 메타버스와 NFT 생태계에 투자를 늘리겠다는 계획이 쏟아집니다. SK그룹은 아예 이프랜드(ifland)라는 메타버스 플랫폼을 출시하고, 그룹의 핵심 산업으로 키우겠다고 선언했습니다. 이러니 메타버스와 NFT 그리고 근간이 되는 블록체인과 암호화폐에 대해 열심히 공부해둬야 취업은 물론이고 취업 후에 여러 가지 프로젝트에 참여할 수 있습니다.

이러한 상황에서도 교육이 바뀌지 않는 게 참 안타깝습니다. 대학 교수 대부분이 아직도 이러한 산업의 변화를 '비주류의 일탈'로만 여기고 있습니다. 산업계에서 느끼고 있는 체감온도와 대학 내의 온도가 크게 다르기 때문입니다. 물론 모든 일자리가 달라지는 것은 아니겠죠. 그러나 고부가가치의 일자리는 대부분 디지털 혁명의 영역에서 탄생할 것입니다. 이 변화는 어쩔 수 없습니다. 아직 인공지능이나 자율주행차 같은 서비스가 상용화되지 않은 상태에서 이 정도의 변화라면, 향후 10년 내 인공지능과 자율주행, 로봇 등이 전 산업변화에 본격적으로 자리 잡게 되면 실로 산업 생태계는 엄청난 변화가 필연적입니다. 그래서 그 엄청난 변화의 속도에 맞춰 사회 전체 시스템의 대전환, 생각의 대전환이 절대적으로 필요하다는 것입니다. 개도국의 생각이 아니라 선진국의 생각으로 발상 전환이 필수적입니다. 사회가 제대로 변화를 수용하지 못한다면 우선 내 생각부터라도 전환해야 합니다.

대한민국은 디지털 혁명과 선진국 혁명이라는 두 가지 패러다임의 전환을 동시에 겪고 있는 세계 유일한 나라입니다. 이미 선진국인 나라들은 창의적 인재양성의 시스템을 수년간 구축해왔고, 사회 전체도 새로운 창조에 도전하는 것이 익숙합니다. 반면 우리는 처음 겪는 낯선 상황이 벌어진 겁니다. 늦은 만큼 더욱 잘 바꿔야 합니다. 코로나 이후의 뉴노멀은 지금까지의 방식으로는 해결할 수 없는 엄청난 변화의 물결입니다. 지금까지 우리가 잘해왔던 길을 돌아보고 우리가 가야 할 방향을 제대로 설정해서 철저하게 새로 만든다는 각오로 미래를 준비해야 합니다. 교육부터 사회를 살아가는 상식 그리고 전문지식까지 지금과는 격이 다른 준비를 해야 합니다.

한편으로 사회 전체의 동반 성장을 생각해야 합니다. 모든 국가가 겪고 있는 뉴노멀의 가장 큰 문제가 디지털 양극화로 인한 사회 양극화입니다. 코로나 발생 3년이 되면서 많은 국가가 경제적 어려움에 직면하고 있습니다. 특히 자영업, 소상공인 등 저소득층 관련 산업 대부분이 코로나의 직격탄을 맞게 됩니다. 코로나로 늘어나는 저소득층을 지원해야 하는데 국가의 경제력이 이를 모두 뒷받침하기란 어렵습니다. 문제는 이를 방치하면 갈수록 그 격차가 누적되어 더 벌어진다는 것입니다. 많은 국가가 이 문제를 해결하기 위해 자구책을 찾고 있습니다. 결론은 사회 전반의 디지털 역량을 끌어올려야 이 문제를 해결할 수 있다는 것입니다. 사회 구석구석에서 일어날 수 있는 디지털 양극화 문제만큼은 모두가 한마음으로 뭉쳐 해결해야 합니다. 동반 성장을 이뤄내지 못하면 모든 부담은 사회 전체가 감당해야 합니다. 디지털 분야만 발전한다고 사회가 발전할 수는 없습니다. 이번 혁명은 모든 사회가 디지털의 옷을 입어야 하는 변화입니다. 함께 준비해야 합니다.

뉴노멀의 정체가 무엇이며 역사적으로 어떤 맥락을 갖는지, 또 우리는 어디로 가고 있는지, 그 방향만큼은 분명해졌습니다. 혁명이 하나도 아니고 두 개나 겹쳤다면 바꿔야 하는 이유도 절실합니다. 그렇다면 지금부터는 구체적으로 어떤 실천을 해야 할지, 무슨 생각을 바꿔야 할지 그 이야기 속으로 함께 떠나보겠습니다.

'그들'이 간다,
디지털 신대륙에 상륙하라

메타버스, 크립토, NFT의 향방

메타버스라는 신대륙은 아직 많은 것이 완성되지 않은 미지의 신세계입니다. 엄청난 투자가 이루어지고 있지만, 과거 IT 버블을 연상시킬 만큼 과열된 양상을 보이는 것도 사실입니다. 이들 기업의 주가도 오르는 듯하다가 폭락하는 경우가 많습니다. 그런데 분명한 것은 확실히 다가오는 미래라는 것입니다. 지금 잘나가고 있는 많은 기업, 많은 가상 화폐가 사라지겠지만 동시에 많은 기업이 성공하며 새로운 문명의 표준으로 자리 잡을 것이 분명합니다. 지금의 디지털 플랫폼들이 그렇게 성장했던 것처럼 말이죠.

새로운 영토에서
낡은 모든 것에 저항하다

스마트폰 속에 창조된 상상의 신세계,
새로운 세계관

세계관이라는 것은 보는 것, 아는 것, 경험한 것에 의해 결정되는 세상에 대한 생각입니다. 당연히 살아온 경험은 세계관에 반영됩니다. 사람들은 각자의 경험에 따라서 각기 다른 세계관을 갖기도 하지만, 동시에 같은 시공간을 경험하며 보편적 세계관을 공유하기도 합니다. 과거에 천동설은 보편적인 세계관이었지만 지금 우리가 공감할 수 있는 세계관은 아닙니다. 윤리, 가치관도 마찬가지죠. 과거의 윤리 기준과 오늘의 윤리 기준이 다르듯이 말입니다. 이 말은 곧 사회, 기술, 시간, 공간 등 다양한 변화에 따라 세계관이 바뀔 수 있다는 뜻입니다. 이 세계관의 변화는 바로 이 순간에도 일어나고 있지만, 너무 점진적인 탓에 우리 눈에 잘 안 보일 뿐이죠. 다만 컴퓨터, 인터넷, 스마트폰, 팬데믹 같은 대전환의 징후들은 어렴풋이 짐작할 수 있습니다. 그런 면에서 디지털 신대륙의 탄생은 새로운 세계관의 탄생이자 새로운 문명의 대전환을 말해줍니다. 아직 실체는 완성되지 않았지만, 이 새로운 세계관이 향하는 방향은 명확합니다. 그래서 우리가 해야 할 일도 명확합니다. 우리의 세계관도 디지털 신대륙으로 이동해야죠. 그러면 디지털 신세계는 과거와 어떻게 달라졌는지 살펴보겠습니다.

애플은 누가 뭐래도 디지털 신대륙 문명의 창시자입니다. 스마트폰을 사람의 손에 쥐여주고 모든 인류가 연결되도록 만든 신대륙 문명의 시작점이었습니다. 컴퓨터 안에 머물러 있던 인터넷이라는 이름의 디지털 신대륙은 이때부터 폭발적으로 성장하며 인류 문명의 새로운 생활공간으로 자리 잡게 됩니다. 그 근간을 만든 것이 바로 앱스토어입니다. 이것이야말로 혁신이었죠. 압도적 1위를 내달리던 휴대폰 제조사 노키아(Nokia)는 그런 앱스토어를 비웃었습니다. 절대적인 휴대폰 점유율을 과신한 탓에 자신들의 기기에 최적화된 앱만을 공급하겠다고 했죠. 그것이 앱스토어 이전의 생태계 법칙이었으니까요. 하드웨어 주도권을 쥔 노키아의 허락 없이 앱 시장에 진출하는 것은 사실상 불가능했습니다. 노키아에 의해 검증된 앱 기업만이 함께 이익을 누릴 수 있는 구조였습니다. 협력 기업은 거대 기업인 노키아의 휴대폰에 최적화된 앱을 개발해 공급하고, 적당한 이익을 누리는 선에서 만족해야 했습니다. 물론 노키아의 궁극적 목표는 휴대폰 판매 확대를 통한 이익 극대화였습니다.

스티브 잡스는 앱스토어를 통해 그 오래된 관습을 깨뜨립니다. 잡스는 디지털 마켓에서 누구나 돈을 벌 수 있고, 누구나 애플의 파트너가 될 수 있다는 새로운 세계관을 도입합니다. 파괴적이고 혁신적인 아이디어였죠. 그리고 아이폰과 앱스토어의 성공으로 누구나 주인공이 될 수 있고, 누구나 성공할 수 있다는 '지식과 기회의 공유'라는 개념을 보편화하며, 디지털 신대륙의 철학적 근간을 마련합니다. 실제로 앱스토어가 열리면서 수많은 젊은 개발자들이 앱을 개발해 큰돈을 벌어들입니다. 그것이 알려지면서 컴퓨터 프로그램 개발자를 비롯한 더 많은 개발자들이 앱스토어에 참여하기 시작했습니다. 덕분에 생태계가 풍성해지면서 스마트폰 사용자도 늘어나는 연쇄효과를 내기 시작합니다. 이것이 스마트폰 확산의 기폭제가 되었죠. 반면 휴대폰 판매의 보조 수단으로 앱 시장을 인식하고 통제하려고 했던 노키아는 속절없이 무너지고 맙니다. 스티브 잡스는 휴대폰만 스마트폰으로 바꾼 것이 아닙니다. 제한된 기업들이 만들고 지배했던 시장 생태계를 오픈 플랫폼의 생태계로 전환시키는 중대한 역할을 한 것입니다. 노키아의 몰락은 디지털 문명 시대를 여는 신호탄이었습니다. 닫힌 생태계 내에서만 존재하던 권력의 탈중앙화가 가능하다는 것이 이때 입증됩니다.

디지털 신대륙 문명의 출발은 인터넷이었고, 인터넷 문명의 가장 큰 특징은 '지식 공유'입니다. 누구에게나 평등하게 지식을 제공한다는 생각이 시작점입니다. 실제로 인터넷은 지식의 대가 없는 공유가 출발 초기부터 보편화된 철학으로 자리 잡았습니다. 스티브 잡스는 앱스토어를 통해 지식의 공유를 넘어 이익의 공유까지 확장한 것이죠. 사실 지식은 우리 인류에게 가장 큰 영향을 미치는 요소입니다. 지식을 학습할 수만 있다면, 그 지식을 활용해 누구나 성공할 수 있습니다. 그래서 인터넷 문명을 창조하고 전파하기 시작한 개발자들은 지식의 대가 없는 공유를 가장 중요한 철학으로 정착시킵니다. 모든 인류에게 지식 학습의 평등한 기회를 주자는 좋은 의도가 인터넷 문명의 근간에 내재해 있습니다. 지금도 오픈 소스를 통한 프로그램 개발자들의 지식 공유가 디지털 문명 확산에 가장 큰 역할을 하고 있습니다. 디지털 신대륙의 문명은 이러한 지식 공유의 생태계를 기반으로 빠르게 전 세계로 확산합니다. 누구나 오픈 소스를 활용할 수 있으니 '컷 앤드 페이스트(cut & paste)' 방식으로 재빨리 프로그램 개발에 도전할 수 있었죠.

'가방끈' 짧아도 유학 가지 않아도, 열의가 있으니까

카카오를 만든 김범수 의장이나 네이버를 만든 이해진 의장도 이와 같은 방식으로 우리나라 최고의 플랫폼을 창조했습니다. 특별히 외국 유학을 가지 않아도 새로운 지식을 학습할 수 있는 환경이 조성되다 보니 열의만 있다면 누구든 도전할 수 있는 기회가 열립니다. 세계에서 가장 많은 사용자를 확보한 중국의 디지털 플랫폼 창업자들도 같은 방식으로 성공했습니다. 알리바바를 만든 마윈이나 텐센트를 만든 마화텅도 모두 해외 유학 경험이 없습니다. 심지어 마윈은 중국 지방 사범대 영어과를 나왔고, 취업에 어려움을 겪어 청년 시절 엄청나게 고생했다고 이야기를 합니다. 그러던 중 중국 관광 가이드로 일하다가 야후의 창업자 제리 양(Jerry Yang)을 만났고, 그 이후 인생의 대전환을 만들어냅니다. 엔지니어도 아닌 사람이 플랫폼을 기획하고 만들어갑니다. 그리고 세계 최대 회원 수를 가진 디지털 플랫폼이 탄생합니다. 기업을 나스닥에 상장하고 상상할 수 없을 만큼의 부를 창출합니다. 이것은 오직 인간만이 가진 지적 능력이 만들어낼 수 있는 기적입니다. 과거에는 불가능했던 일들이 지식의 공유로 가능하게 된 것이죠. 스마트폰의 등장 이후 이러한 디지털 플랫폼 기업들이 봇물처럼 쏟아져 나왔고, 치열한 경쟁 속에서 세계 문명을 통째로 바꾸는 핵심적인 기업들로 성장합니다. 그리고 그 성공은 청년들에게 새로운 목표, 새로운 세계관을 부여합니다. '디지털 플랫폼에서 지식을 흡수해 디지털 신대륙 위에 나만의 성공을 창조하자.' 이런 생각을 하고 실천하기 시작합니다.

저는 1991년 캐나다의 워털루 대학교(University of Waterloo)로 유학을 떠났습니다. 몇 년을 지내면서 공부하는 환경이나 수업은 크게 다를 게 없었습니다. 그런데 정작 놀라웠던 것은 막 태동하던 인터넷에 대한 엄청난 관심이었습니다. 당시 학교 컴퓨터는 모두 인터넷에 연결되어 있었고, 모든 학생이 그것을 활용하는 데 열광하고 있었습니다. 워털루 대학교가 세계에서 가장 빨리 그리고 강력하게 인터넷을 연구하고 확산시킨 몇 안 되는 대학에 해당했기 때문에 어쩌면 당연한 일이었는지도 모릅니다. 인터넷 초기의 브라우저로 이름을 날리던 넷스케이프가 1994년 출시된 걸 고려했을 때 얼마나 빠른 시기였는 지를 짐작할 수 있습니다. 학부생들은 전공을 불문하고 대부분 이메일과 인터넷이 만드는 세상의 변화에 깊이 매료되어 있었습니다. 그리고 그 새로운 세계로 뛰어들기 시작했습니다. 세계 곳곳에서 인터넷 초기 문명에 푹 빠졌던 이 청년들이 바로 디지털 플랫폼을 만들어낸 주역들입니다. 이후 구글, 아마존, 이베이 등 디지털 플랫폼들이 크게 성장하면서 세상을 바꾸게 된 것도, 이렇게 인터넷으로 지식을 공유하며 새로운 문명을 자발적으로 학습한 청년들이 엄청나게 많았기 때문에 가능했던 일입니다.

인재가 있어야 산업이 발전할 수 있습니다. 수업이 아니라 커뮤니티에서 배우고, 새로운 프로그램을 개발하면 즉각적으로 공유하고, 다시 또 더 나은 걸 어떻게 만들지 함께 고민합니다. 집단지성이 형성되고 새로운 지식의 생성 프로세스가 강력하게 성장합니다. 이 신문명의 지식창조 생태계를 바탕으로 인터넷 문명은 빠르게 확산하고 발전합니다. 창조적인 아이디어들이 즉각적으로 실현되고 또 사업화됩니다. 그리고 포노 사피엔스의 열광적인 선택을 받으며 폭발적인 성장을 만들어냅니다. 디지털 생태계의 빠른 성장이 사피엔스의 생물학적 특징과 학습 방식에 잘 맞아떨어졌기 때문이라는 앞선 설명을 다시 한번 떠올려보시기 바랍니다.

누가 시켜서 한 거라면, 디지털 신대륙은 탄생하지 않았다

'디지털 세계에서 필요한 지식은 자발적 의지에 따라 스스로 학습한다.' 이 무렵부터 저는 교육에 대한 개념이 바뀌기 시작합니다. 인터넷에서 모든 지식을 공유하기 시작하면서 일어난 현상입니다. 1995년 저는 워털루 학생들과 함께 워털루 한국 학생회(UWKSA) 홈페이지를 만들어본 경험이 있습니다. 각자 자기 컴퓨터 앞에서 맡은 페이지를 작성하고, 그것을 한데 모아 홈페이지를 열었습니다. 서버는 제가 대학원생으로서 받은 컴퓨터를 활용했습니다. 다자간 협업이 너무나 수월했습니다. 10명이 넘는 학생들이 모이자 서버 구축, IP 등록, 문서 작성 등 어느 것도 막히는 것이 없었습니다. 핵심 목적은 해외 교민들이 그때 막 인터넷 서비스를 시작한 한국 신문을 온라인으로 읽을 수 있게 제공하는 것이었습니다. 지금과 달리 당시에는 브라우저마다 설치해야 할 폰트나 세팅이 제법 복잡했기 때문에 어디다 물어봐야 할지 고민하던 분이 꽤 많았습니다. 그래서 필요한 파일들을 한자리에 모아 친절하게 설치하는 방법까지 알려주는 서비스를 제공했습니다.

비록 매우 간단한 프로젝트였지만 그때 저는 인터넷 문명의 위력을 제대로 실감할 수 있었습니다. 공유된 지식을 스스로 흡수해 학습하고 창조하는 청년들이 얼마나 많은 신세계를 창조할 수 있는지 그 가능성을 느껴볼 수 있었습니다. 30대 초반이었고 기계공학을 전공하던 제가 그 정도였다면, 전산 분야를 전공하던 20대 초반의 청년들은 어떻게 느꼈을까요? 이들은 심지어 전공을 불문하고 인터넷 문명으로 투신하게 됩니다. 동시에 인터넷상에 공유되는 지식은 엄청난 속도로 늘어나고, 콘텐츠가 증가하면서 자발적으로 학습하며 문명도 빠르게 확산됩니다.

그들의 가장 강력한 무기, '컷 앤드 페이스트'

당시 청년들에게 스스로 닮고 싶은 롤모델은 월마트의 창업자, IBM의 창업자, 소니의 창업자가 아니었습니다. 이들은 자기와 나이 차가 많지 않은 넷스케이프의 창업자 마크 앤드리슨(Marc Andreessen), 구글의 공동 창업자 래리 페이지(Larry Page)와 세르게이 브린(Sergey Brin), 아마존의 창업자 제프 베조스(Jeff Bezos) 등을 롤모델로 삼고 그들의 방식에 따라 세상을 배우고 미래를 준비하고 있었습니다. 그 이전의 롤모델과 비교해보면 세계관이 달라진 걸 확연하게 느낄 수 있었습니다. 이들은 디지털 문해력을 스스로 깨우치고 코딩 능력을 키워냈습니다. 이처럼 포노 사피엔스는 모자라는 부분은 검색해서 학습하고, 관심 있는 온라인 커뮤니티에 가입해 직접적인 도움을 주고 또 받기도 합니다. 인터넷 관련 지식을 대학 교과 과정에서 배우는 건 아니지만 마치 당연히 알아야 하는 것처럼 서로 협력하며 학습하기 시작합니다. 서로 지식을 주고받는 커뮤니티도 강력해집니다. 엄청난 지식을 축적한 구루들이 등장하며 기술의 리더십을 만들어갑니다. 이 모든 것이 자율적으로 이루어지고 비용 없이 이루어집니다. 그래서 더 끈끈하고 강력하게 작동합니다. 그리고 이렇게 맺은 촘촘한 네트워크는 이후 디지털 문명을 발전시키고 확산하는 데 큰 역할을 하게 됩니다. 슬기로운 인류들은 이러한 신문명의 방식으로 디지털 신대륙을 빠른 속도로 확장시켜 갑니다. 함께 학습하고, 새로운 걸 창조하고, 다시 공유하고, 새로운 걸 창조하기 위해 또다시 협력하고, 그렇게 만들어진 창조적인 아이디어로 세상을 바꿔갑니다. 그리고 이 자율적인 협력과 성장의 방식이 디지털 신대륙 문명 철학의 근간이 됩니다.

이미 이러한 과정을 통해 엄청난 기업들이 성장했고 또 세상의 표준도 바뀌었습니다. 오픈 소스를 활용해 웹이든 앱이든 개발할 수 있다는 게 일반화되자 많은 변화가 시작됩니다. 2003년 위키피디아가 등장하면서 브리태니커 백과사전을 대체하기 시작합니다. 2005년 등장한 유튜브는 인류의 가장 인기 있는 방송국이 되었습니다. 2008년에는 에어비앤비가 등장해 호텔의 개념을 바꿔놓습니다. 2010년에 창업한 우버는 기존 사회의 택시와 엄청난 갈등을 일으키지만 결국 표준 이동 서비스가 되었습니다. 이렇게 거의 모든 인류의 일상이 디지털 플랫폼에 의해 바뀝니다. 그리고 코로나가 오자 아예 강제로 디지털 플랫폼으로 이주하게 됩니다. 아이들은 학교에 가는 대신 줌으로 수업을 받고 로블록스(Roblox)나 마인크래프트(Minecraft) 같은 메타버스에서 친구들을 만납니다. 사람들은 회사에 못 나가게 되니 재택근무를 하게 되고, 디지털 업무 역량이 절대적으로 요구됩니다. 누군가가 보고 있는 게 아니므로 절대적인 업무시간을 지키는 것보다 주어진 일을 누가 더 효율적으로 해내는지가 훨씬 중요해집니다. 게임하고 놀 때 이용했던 디지털 문명이 이제 일하는 영역까지 아주 깊숙하게 들어온 것이죠. 학교와 직장도 디지털 플랫폼 기반의 생활이 표준이 되어가는 중입니다. 이 변화를 이끌어낸 모든 기업이 인터넷 문명의 근본 철학인 지식의 공유, 협력, 창조의 프로세스를 통해 만들어진 겁니다. 그렇다면 이 문명에 익숙한 신인류의 학습법은 이제 어떻게 변했을까요?

최근 지방 교육청에 강연하러 갔다가 이색적인 경험을 했습니다. 제 강의에 앞서 이런 공지사항이 나갑니다. '초등부, 중등부 대상으로 인공지능 프로그래밍 경진대회가 있으니 많은 참여 부탁드립니다.' 놀랄 만한 일입니다. 실제로 적지 않은 아이들이 인공지능 코딩을 제법 잘 다룹니다. 유튜브에서 쉽게 따라 할 수 있도록 가르쳐줍니다. 거기다가 커뮤니티에 가면 오픈 소스도 쉽게 구할 수 있습니다. 유튜브 인기 영상 중에 코딩을 기초부터 잘 가르쳐주는 채널이 꽤 많이 있습니다. 여섯 살짜리 꼬마도 할 수 있는 인공지능 프로그래밍이라는 방송이 있어 저도 한번 들어가 봤습니다. 구글에서 제공하는 티처블 머신(Teachable Machine)이라는 모듈을 활용하는 건데 그냥 따라 하기 수준입니다. 이걸 한다고 코딩 실력이 크게 늘 것 같지도 않습니다. 그런데 경험한 아이들은 달라집니다. 아이들은 자기가 만든 프로그램이 사진 속 과일을 인식해 사과인지 토마토인지 척척 맞추는 걸 보며 신기해합니다. 호기심과 상상력이 아이들을 새로운 세계로 데려갑니다. 진짜 코딩을 배워보고 싶은 마음이 강렬해집니다.

박길현이라는 대학생은 이 동영상을 보고 코딩을 따라 하며 아이디어를 발전시킵니다. '흠, 이건 좀 더 재밌는 곳에 쓸 수 있겠어.' 적용 분야를 찾아보다가 첫인상에 주목합니다. 많은 심리학자들이 3초 만에 첫인상이 결정된다는 이야기를 합니다. 그러니 사람들은 자기 첫인상이 궁금하기 마련입니다. 그점에 착안해서 재미 삼아 첫인상을 알려주는 AI 프로그램을 짜기 시작합니다. 사과와 토마토를 구별하는 프로그램과 같은 방식으로 다양한 얼굴 이미지를 학습시킵니다. 물론 과학적 근거는 없습니다. 대신 재미를 더하죠. 세상에 널린 게 사람들 사진이니까 많은 학습이 가능합니다. 인상을 패턴화하고 거기에 재미있는 이야기를 발굴해 연결합니다. 이렇게 해서 '3초 첫인상'이라는 프로그램을 완성했습니다. 순식간에 입소문을 타고 이 프로그램이 인기를 얻었습니다. 600만 명이 넘는 사람들이 이용하면서 광고 수입으로 수천만 원을 벌었습니다. 이후 3초연구소라는 이름으로 창업을 했습니다. 물론 성공할지 실패할지는 아무도 알 수가 없습니다. 그런데 이 청년이 앞으로 멋진 미래를 스스로 만들어갈 거라고는 확신할 수 있습니다. 이미 인공지능을 이용한 다양한 서비스를 선보이고 있습니다. 참, 제 첫인상은 '모솔이 확실한 순덩이'로 나오더군요. '거짓말 못 하는 인간 비타민'이라는 단어도 보이네요. 정확한지는 몰라도 재밌는 건 맞습니다.

신대륙에서 영토를 넓히는
제2, 제3의 슈퍼 사피엔스들

이것이 신인류가 자기 미래를 만들어가는 과정입니다. 어떤 사람들은 인터넷을 시간을 죽이는 데 사용합니다. 그러나 슬기로운 인류는 거기서 새로운 인생의 길을 찾습니다. 저는 이들을 슈퍼 사피엔스라고 부릅니다. 대표적인 인물이 이더리움(Ethereum)의 창시자 비탈릭 부테린(Vitalik Buterin)입니다. 부테린은 열다섯 살, 중학교 3학년 때 암호화폐와 관련한 첫 논문을 썼습니다. 원래는 수학과 코딩을 좋아하는 아이로 다른 아이들처럼 과학 올림피아드 출전을 준비하고 있었습니다. 거기서 잘하면 좋은 대학에 진학할 수 있었기 때문이죠. 그런데 어느 날 비트코인을 접하게 됩니다. 그러고는 블록체인의 세계에 푹 빠져버립니다. 비트코인 커뮤니티 사람들과 코딩에 관한 이야기를 나누면서 많은 논문도 쓰게 되고 당당하게 이 분야의 권위자가 됩니다. 수학을 좋아하던 아이의 특별한 재능이 집단지성과 유튜브를 만나며 놀라운 역량을 발휘해 성장하게 됩니다. 19세 나이에 캐나다 워털루 대학에 입학한 부테린은 1학년 때 이더리움을 출시하고, 불과 1년 만에 조 단위의 돈을 벌게 됩니다. 2학년 때 학교를 그만둔 부테린은 지금은 암호화폐계의 최고의 권위자로 활약 중입니다. 부테린은 1995년생입니다. 사실 이더리움 생태계를 만든 건 부테린 혼자가 아닙니다. 수천 명의 청년들이 커뮤니티에 모여 토론하고 새로운 이론을 시도하면서 형성한 것입니다. 이들이 새로운 디지털 금융 세계관을 만들어 갑니다.

부테린은 15세 때 아버지와 자기 미래에 대해 깊이 이야기를 나눴다고 합니다. 아직 꽃 피우지 않았던 블록체인의 세계를 따라갈지 아니면 대학 진학을 위해 올림피아드 준비를 해야 할지 상의하는 아이에게 아버지는 "비트코인을 통해 네가 되고 싶은 게 뭐냐?"고 묻습니다. 부테린은 "화폐 없이 만드는 디지털 금융의 세상이 너무 멋지고 환상적이라서 그런 새로운 세상을 만드는 데 뛰어들고 싶어요."라고 대답합니다. 그러자 아버지는 "비트코인의 세계로 마음껏 가라."고 이야기합니다. 어쩌면 이 선택이 꼭 옳은 결정이었다고 단정 지을 수는 없습니다. 성공과 실패의 기준은 사람마다 다 다를 테니까요. 그러나 한 가지 분명한 점은 러시아에서 캐나다로 열한 살 때 이민 온 한 소년이 인터넷을 통해 코딩을 배우고 거기서 실력과 인맥을 길러 세계 금융에 거대한 변화를 만드는 인물로 성장했다는 것입니다. 코로나가 터지자 인도의 코로나 확산을 돕기 위해 1조 원이 넘는 돈을 기부한 청년이기도 합니다. 스티브 잡스가 그랬듯, 마크 저커버그가 그랬듯, 래리 페이지가 그랬듯, 일론 머스크가 그랬듯 이렇게 어린 슈퍼 사피엔스들은 자신의 영웅들을 따라 하며, 세계 곳곳에서 세상을 바꾸는 일에 도전하며 인류 문명의 대전환을 이끌고 있습니다. 부테린은 그의 디지털 히어로들을 본받아 디지털 세상에서 엄청난 양의 지식을 빠르게 흡수하고, 그것을 많은 사람과 협력하며 편집해 새로운 크립토 세상을 창조해낸 것입니다. 암호화폐에 관한 단 한 번의 수업도 듣지 않았던 청년이 최고의 전문가가 될 수 있는 세상임을 그가 보여준 겁니다.

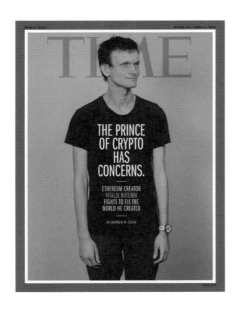

2022년 3월호 〈타임〉 표지를 장식한 27세 청년 비탈릭 부테린.

분명한 것은 부테린의 지식이 학교 교육만으로 습득된 것이 아니라는 점입니다. 비트코인 커뮤니티에 깊이 매료되었던 부테린은 그곳에서 많은 전문가와 소통하며 새로운 지식을 얻을 수 있었고, 다만 모자란 부분을 MIT와 스탠퍼드 대학교의 수학 강의를 들으며 채울 수 있었다고 고백합니다. 호기심과 즐거움을 쫓아 스스로 지식을 받아들인 겁니다. 이더리움 관련해서 대학의 정규수업을 들은 적도 없습니다. 당연한 말이지만 그때까지 비트코인에 관한 수업이 없었으니까요. 불현듯이 궁금해집니다. 대체 인간의 뇌는 어떻게 생겼기에 우리가 그토록 강조하는 '주입식 교육'의 혜택 없이 창조적인 결과물을 만들 수 있었을까요? 사실 뇌과학을 연구하고 창의성을 연구하는 분들이 이미 그 답을 내놓은 바 있습니다. 뇌는 지식을 흡수하고 그것을 다양한 방식으로 편집해 새로운 생각을 창조하는 역할을 합니다. 남다른 호기심으로 더 깊은 지식을 파고드는 인재를 정규수업만 받으며 지식을 축적하는 인재가 따라갈 수 없는 것은 너무도 분명합니다. 부테린은 15세부터 19세까지 4년 동안 디지털 신대륙에서 타인과 교류하며 지식을 흡수하고, 그걸 바탕으로 새로운 아이디어를 내어 다시 커뮤니티로부터 검증을 받는 과정을 반복한 끝에 이더리움을 만들 수 있었던 겁니다. 현재 이더리움의 자산가치는 무려 442조 원입니다. 부테린은 1995년생, 만 27세의 청년입니다. 한 소년이 디지털 신대륙에서 코딩을 시작한 지 불과 10여 년 만에 440조가 넘는 가치를 만들어낸 것입니다. 2022년 3월 부테린은 〈타임〉의 표지모델이 되었습니다. 그는 특집기사를 통해 탈중앙화된 디지털 문명의 미래에 대해 희망과

우려를 동시에 밝혔습니다. 이제 그의 한마디 한마디가 미래 디지털 금융, 아니 디지털 신대륙의 문명 표준을 결정하는 중요한 발언이 되고 있습니다. 이 같은 슈퍼 사피엔스가 우리 아이들의 롤모델이자 슈퍼 히어로가 되어야 합니다.

물론 우리나라에도 이런 슈퍼 사피엔스들이 속속 등장하고 있습니다. 최근 KT는 TV 광고를 통해 인공지능 예약 서비스를 소개하며 사람들의 관심을 끌었습니다. 인공지능이 전화를 받고 손님의 음성을 인식해서 예약을 받는 서비스는 제법 있습니다. 그중 KT가 선택한 서비스는 '테이블매니저'라는 시장점유율 1위 서비스입니다. 이 회사를 창업한 최훈민 대표(26세의 이 전도유망한 창업자는 제 페친이기도 합니다.)는 초등학교 6학년 때 코딩에 재미를 느껴 코딩 공부를 깊이 하기 위해 IT 특성화고에 진학합니다. 그런데 기대했던 코딩 수업을 듣고는 큰 실의에 빠져버립니다. 20년 전 코딩 기술을 가르치고 있었기 때문입니다. 제대로 코딩 수업을 받고 싶다고 하자 그건 대학 가서 배우라고 하고 과목 대부분을 수능 중심으로 진행합니다. IT 특성화고라면서 말이죠. 그래서 자퇴하게 됩니다. 이후 아예 대안학교를 만들어 인터넷으로 코딩 공부를 하고, 졸업과 함께 바로 창업을 합니다. 왜 이런 어려운 창업의 길을 가느냐는 질문에 "세상을 바꾸고 싶은 마음에 대안학교를 세웠는데 코딩을 하는 일은 세상을 바꾸는 일이라 계속하고 싶었다."라고 당당하게 이야기합니다. 그는 공부하고 싶었지만 학교가 원하는 공부를 못하게 가로막아서 그만둔 것입니다. 이제는 창업 6년 만에 2,200개 사업장에서 사용되는 인기 서비스가 되었고, 인공지능과 빅데이터 분석을 통해 더욱 매력적인 서비스로 진화 중입니다. 그 가능성을 인정받아 벤처캐피털로부터 유치한 투자금만 60억 원에 이릅니다. 이제 막 꿈을 펼치기 시작했지만 최 대표의 앞날은 매우 밝아 보입니다. 본인도 매우 행복해합니다. 최 대표의 롤모델도 모두 인터넷 문명의 히어로들입니다.

지금의 제도권 교육은 '변별력'이라는 명목하에 오직 암기하는 기계를 만드는 데 집중합니다. 스마트한 아이들은 디지털 신대륙에 새로운 길이 열렸음을 이미 알고 있는데 어른들의 생각은 완고합니다. 우리나라에 좋은 개발자가 부족하고 창의적인 인재가 부족한 것은 이러한 새로운 교육의 생태계 육성에 소홀하기 때문입니다. 인생을 살아가는 데 필요한 기본 지식을 주입하는 교육도 물론 중요한 일입니다. 그러나 더 중요한 것은 새로운 지식을 찾아 세상과 연결할 수 있는 자발적인 학습입니다. 과거와 달리 그 새로운 세상에 엄청난 가능성이 열렸기 때문입니다.

우리 아이들에게 새로운 롤모델이 필요합니다. 매년 신문을 장식하는 수능 만점자가 아니라, 학교 현수막에 걸린 '경축 서울대 입학생 XXX'가 아니라, 자기 인생을 새로운 대륙에서 마음껏 펼쳐가는 게임 체인저들의 영웅담이 필요합니다. 인터넷 문명을 만들어가는 사람들의 대체적인 공통점은 '세상을 바꾸는 일'을 하고 싶다는 것입니다. 그들은 디지털 신대륙의 가능성을 믿는 사람들입니다. 그들이 걸었던 길, 그들이 노력했던 방법, 그들이 바꾼 세상의 이야기를 알아야 아이들이 따라 할 수 있습니다. 우리 사회는 오랜 관습에 사로잡혀 서로 싸우느라 꿈꾸는 아이들의 미래를 소홀히 해왔습니다. 그러는 사이 디지털 문명의 부작용만 부각시켰을 뿐 디지털 문명의 혁신성과 가치에 대한 이야기를 아이들에게 들려주는 데는 소홀했습니다. 우리 아이들은 디지털 신대륙에 새로운 영웅들이 등장했다는 이야기를 듣지도 못한 채 여기저기 학원만 메뚜기처럼 뛰어다녀야 했습니다. 스마트폰을 보는 것은 절대 해서는 안 될 금기사항이었습니다. 우리 부모들이 기억하는 스티브 잡스가 남긴 가장 유명한 교훈은 '잡스도 아이들에게 스마트폰을 못 쓰게 했다.'라는 말입니다. 그가 만든 혁신을 주제로 공부하고 그런 걸 배워야 한다고 이야기하기보다 '이것 때문에 애들 다 망쳤다.'라고 얘기하는 게 훨씬 더 많은 사람의 공감을 얻으니까요. 그러나 그것은 진실에 가깝지 않습니다. 스티브 잡스뿐 아니라, 빌 게이츠, 마크 저커버그, 일론 머스크 같은 우리가 아는 위대한 혁신가들은 모두 우연히 접한 디지털 문명을 통해 세상에 대한 호기심을 가졌고, 세상을 바꿀 꿈을 키워갔습니다. 다만 스마트폰 중독에 대한 우려를 에둘러 표현한 것일 뿐입니다. 문제는 균형이라는 겁니다.

우리는 신문명의 놀라운 이면을 이야기하기 두려웠는지도 모릅니다. 마치 조선 사람들이 서양문화를 처음 접하고서 그들이 얼마나 야만스럽고 문제가 많은 문명인지 분석하고 비난하기 바빴던 것처럼 말이죠. 이상한 종교를 갖고 있고, 이상한 공부를 하고, 이상한 복장을 걸친, 그런데 강한 무력을 가진 집단이 나타난 겁니다. 500년간 조선에서 대를 물려가며 부와 권력을 독점하던 세력에겐 매우 큰 위협이었습니다. 그래서 대원군은 온 국민에게 쇄국의 길을 강요합니다. 그리고 그렇게 멸망의 길을 갔습니다.

지금 우리는 디지털 신문명의 잠재력을 제대로 이해하고, 또 열심히 공부하고 있는 것일까요? 세상의 모든 변화가 신문명으로의 대전환을 가리키고 있는데 우리 마음은, 우리 사회는 그 변화의 길을 향해 제대로 가고 있는 것일까요? 디지털 시대인 만큼 그 답은 데이터에 있습니다. 데이터를 보면 우리 사회는 여전히 대전환을 두려워하는 중입니다. 많은 분이 생각을 바꾸고 있는 현상은 그나마 다행이지만 법도, 제도도, 사회적 공감대도 아직은 오랜 관습을 버리지 못하고 있습니다. 나부터 내려놓아야 합니다. 신문명을 제대로 이해하려면 우선 마음에 가득한 생각을 비워야 합니다. 내 머릿속 세계관이 달라져야 합니다.

문명의 대전환기에 제대로 적응하려면 많은 희생과 노력이 필요합니다. 우선 열린 마음을 가져야 합니다. 왜 세상 사람들이 '없는 세상'에 열광하는지 상황을 정확히 파악해야 합니다. 다양한 데이터와 사실을 통해 지금 변화해가는 사회의 방향성을 잘 읽어내야 합니다. 변화의 속도가 빠른 만큼 대응도 빨라야 합니다. 부지런히 공부하고 새로운 세계를 탐구하며 업데이트해야 합니다. 세계 10대 기업 중 8곳이 디지털 플랫폼 기업이고, 그중 5곳은 메타버스에 대한 투자를 늘리고 있습니다. NFT 생태계 구축에도 엄청난 자금이 투입되고 있습니다. 새로운 기업, 새로운 일자리가 끊임없이 생겨나고 반대편에서는 또 사라집니다. 변화를 바라보는 시각은 냉정하고 합리적이어야 합니다. 우리는 지난 10여 년 동안의 혁명적 변화를 이미 경험했습니다. 기억하나요? 스마트폰이 성공할까? 유튜브가 성공할까? 페이스북이 성공할까? 아마존이 성공할까? 우버가 성공할까? 넷플릭스가 성공할까? 카카오가 성공할까? 네이버가 성공할까? 끝없는 의심 속에서 이들은 인류의 자발적 선택에 의해 거대한 성공을 거두며 문명의 대전환을 이끌었습니다. 메타버스, NFT, 인공지능 등 새로운 도전을 어떤 시각에서 봐야 할지 우리는 이미 많은 교훈을 얻었습니다.

생각의 대전환이 가장 중요합니다. 스스로 한번 점검해봅시다. 내가 알고 있는 디지털 문명의 히어로들은 누구인가요? 얼마나 많이 그들에 관해 관심을 두고 있고, 그들이 어떻게 성장했는지, 어떤 일들을 지금 하고 있는지 체크해보십시오. 디지털 신대륙에 상륙하는 첫 번째 작업은 그곳에서 배움을 시작하는 겁니다. 마음을 굳게 먹고 여러분의 마음을 신대륙, 신문명, 디지털의 영웅들에게 내어주십시오. 사랑해야 배울 수 있습니다.

디지털 문명의 창조자 M세대,
게임으로 만든 세계관

1980년대 이후 탄생한 세대를 우리는 M세대(Millennials)라고 부릅니다. 이들이 그 이전 세대와 특별히 다른 것은 어려서부터 인터넷 문명을 경험했기 때문입니다. 그래서 이 세대를 디지털 원주민(Digital Native)이라고 부릅니다. 물리적으로 다른 세상을 경험한 것은 세계관의 큰 차이를 만들어냅니다. 인간은 유희를 좋아합니다. 그래서 우리를 호모 루덴스(Homo ludens, 유희를 즐기는 인간)라고 부르기도 합니다. 즐거울 때 뇌에서 가장 기분 좋은 호르몬이 분비된다고 합니다. 특히 어린 시절에는 그 욕구가 더욱 강하죠. 그래서 인간은 어려서부터 다양한 게임을 즐깁니다. 게임을 통해 즐거움을 느끼고 동시에 인간관계도 배우며 사회생활도 익힙니다. 그렇게 세상에 관한 생각, 세계관을 만들어갑니다. 게임과 학교는 인간의 세계관 형성에 매우 중요한 역할을 합니다. 저를 비롯한 우리나라 대부분의 50~60대는 어려서 오징어 놀이, 딱지치기, 구슬치기 등을 하면서 놀았습니다. 지금 전 세계가 열광하는 그 게임들 맞습니다. 그래서 세상은 학교와 동네 골목이 전부였습니다. 사람을 만나도 관계를 맺어도 거기가 한계였습니다. 학교에서 많은 걸 배우기는 했지만, 세계관의 형성은 경험이 가장 중요한 역할을 합니다. 어려서부터 세계 여행을 하며 사람들을 사귀고 그들의 문화를 경험하는 건 거의 불가능한 일이었습니다. 그래서 우리 세대의 세계관은 학교와 동네에 머물러 있었습니다.

그렇다면 어려서 스타크래프트(StarCraft)를 하며 놀았던 M세대 청년들은 어떤 세계관을 갖게 되었을까요? 인터넷 게임의 특성은 세상 누구나 어디서든 만날 수 있다는 겁니다. 이들은 PC방에 가서 학교 친구들은 물론이고 전 세계 누구든 만나 게임을 할 수 있다는 걸 배웁니다. 세상의 크기가 다르고 만나는 친구의 폭이 다른 것이죠. 그뿐이 아닙니다. 동네에서는 내가 게임 좀 한다고 생각해도 국내 랭킹은 물론이고 세계 랭킹까지 생각해보면 갈 길이 까마득합니다. 그래서 그거 좀 올려보자고 밤을 꼬박 새우는 겁니다. 경쟁심이 강한 아이들일수록 그 순위를 높이고 싶은 욕구가 더 강렬합니다. 그러다 보니 세상을 보는 판이 애당초 달라집니다. 동네에서 딱지치기 1등 하는 것과는 비교할 수 없는 노력이 필요하죠. 여기서 그치지 않습니다. 내가 좋아하는 게임이 프로리그까지 생기더니 프로야구 선수보다 더 높은 연봉을 받는 선수가 나옵니다. 축구처럼 월드컵 경기가 생기고, 그 경기가 중계방송이 되어 전 세계 1억 명이 함께 열광하며 관전합니다. 그렇게 세상에 관한 생각이, 세계관이 형성됩니다. 그래 봐야 게임이라고 생각할지도 모릅니다. 그런데 세상에 관한 생각이 이렇게 정리됩니다. 인터넷이라는 곳에서는 세계 누구나 만날 수 있고, 함께 모여 놀 수도 있고, 이걸 통해 돈도 벌 수 있고, 국경도 문화적 경계도 중요하지 않다는 세계관을 갖게 된 것이죠. 그래서 M세대가 만드는 비즈니스들은 디지털 플랫폼에 세워집니다. 그 무한한 가능성을 한껏 활용하고 싶었던 것이죠. 실제로 많은 플랫폼 기업들이 게임의 요소를 잘 활용해 성공합니다.

스티브 잡스가 앱스토어를 만들었을 때 이를 확산시키는 데 가장 큰 역할을 한 것이 게임입니다. 게임 개발자들이 돈을 벌 수 있는 구조를 만들어주자 그들의 폭발적인 자발적 참여가 일어났고, 이것이 초기 아이폰의 인기를 만들어내는 데 강력한 힘을 발휘했습니다. 우버도 마찬가지입니다. 마치 게임을 하듯 택시를 부르고 친구를 만나 데려다주는 놀이를 하는 느낌으로 만들었고 큰 성공을 거둡니다. 그 경험이 퍼지면서 폭발적인 인기를 얻게 되었죠. 페이스북의 창시자 마크 저커버그도 학창시절 게임을 즐기던 학생이었습니다. 그 경험 속에서 게임 같은 데이팅 앱을 만들고자 시도했는데, 그것이 결국 페이스북으로 발전하게 됩니다. 우리나라 카카오의 김범수 의장이 대기업을 그만두고 처음 시작한 사업도 PC방이었습니다. PC방 관리 프로그램이 그의 첫 작품이었죠. 그리고 게임산업을 통해 첫 성공을 거둡니다.

그만큼 인터넷 문명의 발전은 게임과 깊은 관련이 있습니다. 아니 사실은 인류의 삶이 게임과 떼려야 뗄 수 없는 깊은 관계를 맺고 있습니다. 사피엔스는 본능적으로 노는 것을 좋아합니다. 특히 우리나라 사람들은 게임 없이는 못 사는 사람들이라고 할 만합니다. 오죽하면 설탕을 녹여 만드는 아이들 간식에 '뽑기'라는 이름을 붙였을까요? 어려서부터 무언가 먹을 때조차도 게임을 즐기면서 먹으려는 우리의 본능이 만든 결과물입니다. 술을 마셔도 게임 없으면 못 견뎌하고, 대학생들이 모여 오리엔테이션을 가도 종일 게임만 하다 오고, 어르신들도 셋 이상 모이면 고스톱을 즐기는 나라이니 게임의 본능이 꿈틀거리는 건 어쩔 수 없는 우리의 DNA가 아닐까 싶습니다.

긍정하든 부정하든 다수의 아이들은 게임을 통해 세상의 일부를 배웁니다. 못하게 할 것이 아니라 슬기롭게 즐기고 슬기롭게 배우도록 이끌어야 합니다. 게임은 예전에도 그랬지만 우리 삶의 한 부분을 차지하는 건전한 문화입니다. 아이들에게 게임에 대한 건강한 면역체계도 만들어주고 훌륭한 세계관을 만드는 길도 열어줘야 합니다. 그랬던 게임이 메타버스라는 새로운 세계로 향하고 있습니다. 그곳에서 아이들이 한껏 놀면서 생각하게 도와줘야 합니다. 메타버스는 인류 스스로가 창조하는 무한한 가능성을 품고 있는 또 하나의 신대륙입니다. 그 세계에 우리 아이들의 미래도 있습니다. 그 안에서 창조적 세계관을 키워줘야 합니다.

Z세대가 만드는
디지털 신세계의 확장판

───────── **어려서부터 스마트폰을 쓰기 시작한**

Z세대의 등장

M세대가 어릴 적 인터넷 세계관을 바탕으로 디지털 신대륙을 창조한 첫 세대라면 그 뒤를 이어 등장한 Z세대(1995년 이후 태생)는 진정한 디지털 네이티브라고 할 수 있습니다. 바로 스마트폰을 어려서부터 사용한 첫 세대이기 때문입니다. 우리나라의 경우 아이폰이 2009년에 등장했고 갤럭시S가 2010년부터 출시되었기 때문에 이때를 대중화의 원년으로 생각할 수 있습니다. Z세대는 중학생이던 10대에 처음 스마트폰을 사용하기 시작합니다. 물론 그 당시 스마트폰을 썼다면 호기심 강한 얼리어답터였다고 할 수 있겠네요. 그들은 역시 본능적으로 게임부터 즐기기 시작합니다. PC방에 가지 않더라도 스마트폰

으로 다양한 게임을 즐기면서 24시간 가상현실을 경험할 수 있게 됩니다. 스마트폰 등장 이후 가장 많은 사람이 즐겼던 것이 게임이었습니다. 당시 애니팡(Anipang) 같은 게임은 국민 게임이 되어 남녀노소 할 것 없이 모두가 열광했었죠. 그러고 보면 초기 스마트폰 확산의 가장 큰 공헌을 한 건 게임이 맞는 것 같습니다.

시간이 지나면서 게임의 종류도 굉장히 다양해집니다. 스마트폰을 기반으로 게임을 하므로 24시간 참여 가능합니다. 그래서 어떤 역할을 맡아 하거나 심지어는 자신이 직접 게임을 만들어 즐기는 방식도 등장합니다. 그러다 보니 실제 현실과 게임 속 가상현실이 섞이기 시작합니다. 게임을 오래 즐기다 보니 가상현실 속 자신의 아이덴티티가 현실 속의 자신만큼 중요한 존재로 인식되는 것이죠. SNS의 생활화도 이런 변화를 확산시킵니다. 일반적으로 SNS에서 나를 표현하는 건 실제보다 훨씬 멋져 보이거나 행복해 보이는 모습으로 연출합니다. 그래서 디지털 세계에서 정의되는 나와 실제의 나는 큰 차이를 보이는 경우가 많아집니다. 이런 습성이 Z세대의 기본 문화로 자리 잡게 되죠. 그런 환경 속에서 게임을 즐기고, SNS 활동을 하며 사람들을 사귀고 사회를 이해하며 세계관을 만들어가기 시작합니다. 가상현실이 익숙한 또 하나의 나의 생활공간이 되고, 그 안에 나를 대신하는 부캐(부 캐릭터)가 중요한 아이덴티티로 자리 잡기 시작합니다. 그것이 메타버스의 시작점입니다.

Z세대가 가장 사랑한 게임 중 하나가 바로 마인크래프트입니다. 사실 메타버스 기반의 게임 유행을 창조한 기업이라 할 수 있습니다. 2011년 스웨덴의 게임 기업 모장 스튜디오(Mojang Studios)가 출시한 이 게임은 아주 특이합니다. 일반적인 게임처럼 미션이 주어지면 그걸 수행하는 것이 아니고 캐릭터가 게임 자체를 만들어갑니다. 모든 것이 네모난 블록으로 이루어진 세계에서 혼자, 혹은 여럿이 생존하면서 건축, 사냥, 농사, 채집, 탐험 등 다양한 활동을 합니다. 사용자가 직접 게임을 만들기도 하면서 정해진 목표 없이 자유롭게 즐길 수 있는 방식입니다. 사용자의 창의성이 게임의 재미를 만드는 것입니다. 이런 형태의 게임을 샌드박스(Sandbox) 유형이라고 합니다. PC, 모바일 등 모든 플랫폼에서 2억 장 이상 팔렸고, 월 사용자 수 1억 2,000만 명을 넘는 세계 최고의 인기 게임입니다. 2021년 12월 15일에는 마인크래프트 관련 유튜브 채널 전체 조회 수가 세계 최초로 1조 뷰를 넘어서며 그 인기를 실감하게 했습니다. 2019년 5월 5일에는 어린이날을 맞아 마인크래프트 내에 청와대가 문을 열기도 했습니다. 어린이들에게 청와대를 구경시켜 주는 이벤트를 만든 것이죠. 실제로 초등학생들이 가장 좋아하는 게임으로 알려져 있습니다.

이 게임은 오픈 월드라는 광대한 세상에서 플레이가 이루어집니다. 그곳에서 만드는 자신만의 공간이 샌드박스입니다. 모래사장에서처럼 집을 짓기도 하고 게임을 만들기도 하고, 거의 모든 창작활동을 합니다. 플레이어는 자신을 대신하는 캐릭터, 아바타를 바탕으로 다양한 활동을 합니다. 게임 회사가 만들어 제공하는 방식에서 벗어나 사용자의 창의성을 최대한 보장하는 새로운 방식의 게임인데, 이것은 메타버스라는 새로운 세계의 가장 기본적인 개념을 잘 보여줍니다. 누구나 가상의 세계 안에 자기만의 공간을 만들 수 있고 그렇게 세상이 만들어집니다. 그리고 그곳에서 많은 사람이 자신을 대신하는 캐릭터로 만나고 대화하고 사회를 형성합니다. 더군다나 부가가치도 만들 수 있습니다. 나이키도, 아디다스도 자신만의 샌드박스를 만들어 벌써 소비자들에게 특별한 경험을 제공하고 있습니다.

페이스북이나 인스타그램을 통해 자신의 사는 모습을 공유하던 인류가 이제는 가상의 현실 공간에서 샌드박스라는 창조적 공간을 만들고, 아바타라는 캐릭터를 기반으로 새로운 소셜 라이프를 시작한 겁니다. 마인크래프트 이후 이런 방식의 게임과 소셜 플랫폼들이 대거 등장하면서 메타버스는 새로운 디지털 시대를 상징하는 단어가 됩니다. 데이터를 보면 SNS의 시대가 끝나고 메타버스의 시대가 오고 있는 것입니다. 그리고 그 주역은 바로 Z세대입니다.

Z세대가 창조하는 디지털 신대륙, 메타버스

메타버스는 초월이라는 의미의 메타(Meta)와 세계라는 의미의 유니버스(Universe)를 합쳐서 만든 단어로, 초월적인 세계, 또는 가상현실의 세계를 의미합니다. 1992년 닐 스티븐슨(Neal Stephenson)의 장편 소설 《스노 크래시(Snow Crash)》에서 처음 소개된 개념으로 알려져 있습니다. 사실 이 소설에서는 완벽한 가상현실을 경험할 때로 메타버스를 정의합니다. 영화 '레디 플레이어 원(Ready Player One)'이나 '아바타(Avatar)', '매트릭스(Matrix)' 등을 보면 완벽한 가상현실 상태가 무엇인지 잘 알 수 있습니다. 장비를 착용하면 완전히 다른 세계로 들어가게 되는 것이죠. 인간이 이 정도의 가상현실을 느끼려면 비전, 센서 등 해결해야 할 기술이 엄청나게 많습니다. 그래서 진정한 의미에서 메타버스라고 하면 아직 기술적으로 멀었다는 이야기를 많이 합니다. 그런 관점에서 보자면 아직 먼 게 분명합니다. 그런데 최근 화두가 되는 메타버스는 이 같은 영화 속 가상현실처럼 좁은 의미로만 국한되는 것은 아닙니다. 인류의 공감 아래 디지털 세계에 존재하는 모든 상상의 공간을 메타버스라고 이야기할 수 있습니다. 사실 메타버스는 갑자기 튀어나온 기술이 아닙니다. 이미 오랜 세월 동안 발전해온 분야입니다. 기술적으로는 증강현실(Augmented Reality; AR), 가상현실(Virtual Reality; VR) 일상기록(Life Logging; LL), 거울세계(Mirror World; MW) 등 4개의 분야로 분류하고 있습니다. 디지털 신대륙의 진화 측면에서 메타버스를 개괄하기 위해 먼저 이들 분야가 각각 무엇을 의미하는지 살펴보겠습니다.

증강현실 기술은 이미 게임이나 제조업에서 다양하게 활용되어 왔습니다. 대표적인 것이 요 몇 년 전 크게 유행했던 게임 포켓몬고

(Pokémon GO)입니다. 실제 세상에서는 아무것도 안 보이지만, 게임 앱을 켜고 특정 위치에 가면 아이템을 획득할 수 있는 방식입니다. 한때 많은 사람들이 좀비처럼 스마트폰을 들고 아이템 사냥을 다닌 탓에 그 엄청난 인기를 실감하게 됐었죠. 또 아주 복잡한 제품을 조립할 때도 이 기술을 활용합니다. 구글 글래스 같은 디스플레이 장치를 착용하고, 부품을 보고 있으면 하나씩 조립 순서가 디스플레이에 표시되는 방식입니다. 조립 과정에서 실수를 최소화할 수 있도록 도와주죠. 이처럼 발전된 기술들이 최근 들어 다양하게 확장되고 있습니다. 카메라로 얼굴을 찍으면 얼굴 대신에 캐릭터 모습이 합성되도록 하는 것도 대표적인 증강현실 기술입니다. 현실의 세계에 가상의 아이템을 대입시켜 활용하는 모든 기술을 증강현실 기술이라고 생각하면 됩니다.

가상현실 기술은 사실 그 역사가 더 깊습니다. 컴퓨터가 개발되고 나서부터 많은 사람들이 실제 건물을 컴퓨터로 디자인하는 데 집중해 왔습니다. 2차원 도면을 만들어주는 AutoCAD(Auto Computer Aided Design)라는 프로그램이 등장했는데, 이것이 발전하면서 다양한 3D CAD 프로그램이 개발되었습니다. 제조업에서는 실물을 3D로 디자인한 후 제조하는 게 이미 상식이 되었습니다. 이 같은 축적된 기술로 이제는 실물과 거의 완벽하게 비슷한 모델을 만들어 테스트하는 게 업계 표준입니다. 실제로 현대자동차도 신차 개발에 디지털 모형(Digital Model)을 적극적으로 활용하고 있습니다. 가상의 자동차 모델을 거의 완벽한 형태로 구현해놓고, VR기기를 착용한 전문가들이 모여 실제 상황을 시뮬레이션하는 동안, 디자인에 관한 토론을 하고 오류 수정도 합니다. 과거에는 클레이 모델로 만들던 것들을 지금은 가상현실 모델로 대체한 것입니다. 이뿐 아닙니다. 지금 우리가 보는 자동차 광고의 대부분이 실물보다 더 멋지게 만들어진 가상 모델(Virtual Model)이라고 생각하면 틀림없습니다. 사실 이 정도 기술이 되기까지 30년 이상의 시간이 걸렸습니다. 저는 20대 중반에 CAD 프로그램을 국산화하는 프로젝트에 개발자로 참여한 적이 있습니다. CAD 프로그램이 제조업에 막 도입되기 시작하던 초창기 시절이었죠. 정말 복잡했던 프로그램이었는데, 그 기능은 지금의 상업용 프로그램에 비하면 초라하기 그지없었습니다. 그 어렵고 비쌌던 CAD 소프트웨어가 이제 제조업 현장에서는 너무나 기본적인 프로그램이 되었습니다. 건축 분야에서도 가상현실 기술이 필수적으로 사용되고 있습니다. 실제 건축물처럼 가상현실로 모델링을 하면 공간에 대한 시뮬레이션은 물론이고, 건설 프로세스를 점검할 수 있고, 심지어는 건축 비용까지 계산해주는 소프트웨어도 등장했습니다. 이런 이유로 공공건물의 입찰에 가상현실 기반의 소프트웨어 사용을 강제하는 나라들도 늘어나고 있습니다. 표준의 디지털 전환이 관련 산업에서 빠르게 진행되는 것입니다.

이렇게 제조와 건설업에서 발전된 가상현실 기술이 늘 그렇듯 다양한 산업으로 확산하기 시작합니다. 우선 엄청난 수의 게임들이 가상현실을 기반으로 만들어지기 시작합니다. 게임 공간을 마치 실제 건물처럼 디자인해놓고, 그 안에서 서로 전투를 벌이도 하고, 자동차 경주를 하기도 합니다. 그러는 사이 인터넷이 크게 발전합니다. 빨라진 인터넷 환경은 게임을 즐기기에 더 매력적인 가상현실 경험을 제공합니다. 이를테면 스타크래프트처럼 비교적 단순한 형상의 가상현실을 기반으로 하던 게임들이 점점 더 현실감 있는 가상 공간을 만들어내기 시작합니다. LOL(League of Legend), 포트나이트(Fortnite), 배틀그라운드(Battlegrounds), 오버워치(Overwatch) 등 세계적인 인기를 끌고 있는 게임들과 수많은 팬덤을 만들고 있는 다양한 RPG(Role Playing Game)들도 이 같은 가상현실 기술을 기반으로 만들어진 것입니다. 이처럼 가상현실 기술은 우리가 생각하는 것보다 오랜 역사를 갖고 있습니다.

본격적으로 몰입형 가상현실을 구현하기 시작한 것은 2012년 창업한 스타트업 오큘러스가 원조라고 할 수 있습니다. 이 회사는 HMD(Head Mount Display)형 VR기기를 만들었는데, 이걸 착용한 순간 가상의 공간을 마치 현실처럼 느끼게 해주는 마법을 선보임으로써 엄청난 기대를 모았습니다. 더구나 2014년 페이스북이 이 회사를 인수하면서 충분한 개발비까지 확보함으로써 영화 같은 가상현실 체험이 조만간 가능해질 것이라는 예상이 많았습니다. 그렇지만 인간의 감각을 속여야(?) 하는 가상현실 체험 기술이 생각보다는 녹록지 않았습니다. 그만큼 인간이 예민하다는 뜻이기도 합니다. 2020년 출시된 오큘러스 퀘스트2는 1년 만에 1,000만 대 이상이 판매되며 많은 게임

마니아들에게 사랑을 받기는 했지만, 여전히 오래 착용하기에 무겁다든가, 어지럽다든가, 해상도가 기대치보다 높지 않다든가 하는 이유로 일반인들로부터는 매력적인 상품이라는 평가를 받지 못했습니다. 이 때문에 2021년 페이스북은 많은 적자를 기록했고, 주가 폭락의 한 원인으로 지목되기도 했습니다. VR기기에 대한 높은 관심 때문에 여전히 사람들은 가상현실 하면 안경 같은 HMD 기기를 쓰고, 가상현실을 체험하는 기술이라고 생각하는 경향이 있습니다. 그런 탓에 아직까지 스마트폰처럼 보편적인 제품으로 확산하기 어렵다는 평가도 많습니다. 그렇지만 하드웨어 기술 발전의 속도와 가상현실에 대한 소비자들의 관심 증가 속도를 고려할 때 몇 년 안에 상업성이 충분한 제품이 등장할 가능성이 큽니다.

마이크로소프트도 2015년부터 HMD형 VR기기 개발에 뛰어든 이후, 2017년 홀로렌즈1(HoloLens 1)에 이어 2019년 홀로렌즈2를 출시해 많은 관심을 끈 바 있습니다. 이것 역시 500만 원이 넘는 고가의 제품으로 기업 업무용으로 어느 정도 판매되는 데 그쳤고, 예정됐던 홀로렌즈3의 개발 계획이 취소되기도 했습니다. 대신에 마이크로소프트는 삼성전자와 손잡고 안경 형태의 차세대 AR기기를 개발하는 중이라고 발표해 기대를 모으고 있습니다. 지금까지의 상황을 놓고 봤을 때, 아직은 쉽지 않은 상황이지만 조만간 놀랄 만한 수준의 VR기기가 등장할 것만은 분명해 보입니다. 특히 우리나라는 반도체, 디스플레이, MEMS 등 필수 기술력의 진전을 고려할 때 가상현실 분야에서 강점을 보일 것으로 주목받고 있습니다. 삼성전자뿐 아니라 다수의 국내 기업들이 1억 대 이상 팔리는 멋진 VR기기를 만드는 시대가 왔으면 하는 기대를 해봅니다. 어쨌거나 가상현실 기술이 지금 수준으로 발전하는 데 30년 이상이 걸렸던 것을 생각하면 모든 인류가 만족할 만한 VR기기의 개발 또한 많은 세월이 필요할 수도 있습니다. 그러나 분명한 것은 언제인지가 문제일 뿐 그날이 오고야 말 것이라는 점이죠. 필요하다면 인류는 꼭 문제를 해결하니까요.

거울세계는 현실 세계에 있는 건물이나 환경, 기능 등을 가상현실로 똑같이 구현하는 기술을 의미합니다. 예를 들어 종합병원에 가서 진료를 받으려면 어떻게 해야 하는지 처음 방문하는 사람이라면 매우 답답하기 마련입니다. 그런데 만약 병원을 가상현실로 똑같이 꾸며놓고 내과, 외과, 건강검진 등 방문 목적에 따라 미리 등록 프로세스를 구현해놓는다면 방문자들이 훨씬 편리하겠죠. 어려운 텍스트로 안내한 절차를 가상현실로 구현해 아바타를 통해 실제 체험하게 해주는 겁니다. 접수 데스크에는 아바타 직원도 있고요. 그때그때 어떤 서류가 필요한지, 어떤 곳을 차례대로 방문해야 하는지 모두 실제 환경에 기반해서 경험할 수 있습니다. 이전과 비교할 수 없을 만큼 좋은 사전 경험을 제공할 수 있다는 것이죠.

상당수의 대학도 서둘러 가상현실 기반의 캠퍼스를 만들어 학생들에게 서비스를 제공하고 있습니다. 특히 코로나 이후 학생들이 학교를 방문할 수 없게 되면서 캠퍼스를 가상으로나마 체험하게 해주는 것이 신입생 유치의 아주 중요한 마케팅 수단이 되었습니다. 학생들이 재미 삼아 가상 캠퍼스를 구축하는 경우도 있습니다. 최근에는 쇼핑몰, 은행, 시청, 심지어는 도시 전체를 거울세계로 꾸며놓고, 다양한 서비스를 제공하는 시도도 늘고 있습니다. 그만큼 가상현실 세계를 익숙하게 활용하는 소비자가 크게 늘고 있다는 뜻이기도 합니다. 스마트홈, 스마트시티, 스마트쇼핑몰 등은 앞으로 확장성이 매우 높은 메타버스 분야라고 할 수 있습니다. 실제로 어스2(Earth2)라는 플랫폼이 등장했는데, 구글어스의 맵을 그대로 활용해 지구 위의 실질적인 땅을 가상현실에서 판매합니다. 예를 들어 명동의 땅을 직접 가상현실에서도 구매할 수 있다는 것이죠. 실제 땅의 소유자가 될 수는 없지만요. 그래도 현실에서와 같이 대도시의 땅값이 매우 높다고 합니다. 한 필지를 몇천 원에 샀다가 몇백만 원까지 올랐다고 하는 이야기가 퍼지면서, 한동안 크게 인기를 끌었던 플랫폼입니다. 어떻게 보면 그 땅을 도대체 왜 살까 싶으면서도 한편으로는 또 '강남빌딩, 나도 한번 사볼까?'라는 생각이 들기도 합니다. 아무튼, 이러한 방식으로 메타버스 세계의 활용성은 무궁무진합니다.

마지막으로, 일상기록은 말 그대로 내 일상의 모든 것을 스마트기기를 통해 디지털 플랫폼 위에 기록하는 서비스를 의미합니다. 인류가 점점 많은 시간을 디지털 공간에서 보내면서 자연스럽게 일어나는 현상이기도 합니다. 가장 보편적인 것이 페이스북이나 인스타그램, 트위터 같은 SNS입니다. 저도 인스타그램과 페이스북을 이용합니다. 페이스북을 보고 있노라면 지난 10년간 경험했던 다양한 일상과 기억할 만한 사건, 그 당시 제가 갖고 있던 생각들을 모두 되돌아볼 수 있습니다. 특히 2017년 이후로는 디지털 전환과 관련된 많은 기사에 저만의 생각을 담아 기록해두었습니다. 다른 사람들과 공유하기 위해서라기보다 제 생각을 정리하고, 다양한 내용을 종합해 디지털 대전환에 관한 저만의 생각을 편집하는 데 활용하는 게 목적이었습니다. 실제로 그 내용을 기반으로《포노 사피엔스》라는 책을 펴내기도 했습니다. 이같이 의도적으로 기록하는 것 외에도 개인의 일상은 알게 모르게 엄청나게 많은 데이터를 쏟아냅니다. 유튜브는 개인이 즐겨보는 영상을 인공지능으로 분석해 관심이 있을 만한 영상을 끊임없이 추천해주는 알고리즘으로 이미 유명합니다. 구글도 마찬가지입니다. 내 검색어를 주목하고 있다가 알고리즘을 기반으로 다양한 정보를 제공합니다. 예를 들어 제가 밴쿠버행 비행기 티켓을 구매하면, 그곳의 시차, 공항, 관광지 등에 대한 정보를 안내합니다. 어떤 경우에는 비행기 시간을 파악하고, 교통이 막히는 시간이므로 공항 가는 길을 서둘러야 한다는 정보를 보내주기도 하죠. 네이버도 마찬가지입니다. 내가 검색하는 것을 분석해서 다양한 광고 정보를 제공하기도 하고, 관련된 서비스를 안내하기도 합니다. 물론 이게 꼭 좋은 일만은 아닙니다. 내 일거수일투족을 다 알고 있다는 사실이 불안하기도 합니다. 그래서 개인 정보의 보안에 관한 관심도 함께 높아지고 있습니다.

요즘은 스마트워치의 기능도 다양해졌습니다. 운동량은 물론이고, 맥박을 재고, 심전도를 측정하고, 혈압까지 기록합니다. 그것도 자동

설정으로 말이죠. 그 모든 기록이 디지털 데이터로 남게 됩니다. 나라는 현실의 인간이 만든 거의 모든 데이터가 디지털이라는 가상의 공간에 기록되는 것이죠. 이것이 라이프 로깅의 진정한 의미라고 할 수 있습니다. 스마트폰이나 스마트기기를 통해 내가 움직이는 모든 정보, 나의 관심사에 대한 모든 정보, 나의 모든 생체나 건강정보 등이 이제는 자연스럽게 기록되는 시대입니다. 그동안 우리는 업무를 하거나, 쇼핑을 하거나, 게임을 즐길 때만 디지털 플랫폼을 활용한다고 생각했지만, 사실은 거의 모든 소소한 일상까지 디지털에 기록하는 중입니다. 결국, 포노 사피엔스라는 새로운 인류는 현실세계와 가상현실이 혼재된 세계에서 생활하고 있으며, 동시에 삶의 모든 기록을 데이터로 남기는 중입니다. 이것이 초월적인 세계, 메타버스의 진정한 의미라고 할 수 있습니다. 이미 우리 인류는 디지털과 현실세계를 하나의 공간으로 인지하고 살아가고 있으며, 나의 존재도 현실 속의 나와 가상현실 속의 나를 당연하게 다른 페르소나(persona, 인격적 실체)로 여기며 살고 있습니다. 말하자면 인류는 메타버스라는 새로운 대륙에서 과거와는 다른 삶의 방식을 영위하기 시작한 겁니다. 이 변화의 선상에서 미래를 예측하고 준비할 필요가 있습니다. 그래서 메타버스는 꼭 알아야 할 중요한 주제입니다.

간략하게나마 메타버스의 4개 전문 분야를 살펴봤습니다. 그러고 보면 메타버스라는 세계는 갑자기 등장한 기술이 아니라, 기존에 이미 존재했던 기술이라는 점을 알 수 있습니다. 그런데 왜 갑자기 이렇게 주목받게 된 걸까요? 답은 간단합니다. 과거에는 각 분야로 흩어져 전문적인 영역에서만 사용되던 메타버스의 분야별 기술들이 오늘날에 플랫폼을 중심으로 융합되면서 거대한 생태계를 형성하기 시작했기 때문입니다. 생태계가 형성되었다는 것은 사용자가 크게 늘었다는 것을 의미합니다. 데이터상 중요한 점은 현재 Z세대를 중심으로 메타버스라는 새로운 세계가 폭발적인 인기를 끌고 있으며, 또 세계 최고의 기업들도 향후 10년 이내에 지금의 페이스북, 인스타그램 등을 대체할 플랫폼으로 메타버스를 지목하고 있다는 것입니다. 따라서 메타버스의 열풍이 어떻게 시작되었고, 어떻게 발전하고 있으며, 어느 방향을 향해 나아가고 있는지 잘 알아두고, 또 직접 경험해보는 것은 중요한 의미를 가집니다. 향후 페이스북이나 인스타그램을 대체할 플랫폼이 만들어지고 있는 거라면, 이번에는 그 새로운 기회를 잘 활용해야 합니다. SNS라는 디지털 신대륙이 다시 메타버스라는 세계로 이동 중이라면 당연히 주목해야 합니다.

사실 메타버스라는 신대륙이 급부상한 데는 코로나가 큰 역할을 했습니다. 아이들은 세상과의 소통이 꼭 필요합니다. 학교에 가서 친구들을 만나고 대화를 나누며 사회를 배웁니다. 그런데 코로나가 그걸 막아버렸죠. 그러자 아이들은 새로운 형태로 만남을 시작합니다. 포트나이트는 원래 아바타를 기반으로 가상현실에서 전투를 즐기는 게임입니다. 3억 5,000만 명이 넘는 사용자가 즐기는 세계 최고 인기 게임 중 하나입니다. 특히 미국의 청소년들에게 압도적 인기를 누리는 게임입니다. 그런데 전투 게임만 하던 플랫폼에서 코로나로 힘들어하는 사람들을 위해 특별한 콘서트를 준비합니다. 트래비스 스콧(Travis Scott)이라는 유명 래퍼의 콘서트를 게임 플랫폼에서 진행한 겁니다. 특이한 점은 가수가 아바타로 나온다는 겁니다. 가수의 동작을 담은 아바타를 제작해 이를 바탕으로 10분짜리 공연 5개를 준비합니다. 재밌는 점은 관객도 아바타로 참여한다는 겁니다. 어차피 게임 속 캐릭터가 이미 존재하고 있으니까요. 라이브 콘서트를 하더라도 가수가 나와서 비대면 공연을 하고 관객은 그냥 바라보는 게 일반적인 콘서트였는데, 완전히 색다른 방식에 도전한 겁니다. 무대와 객석이 따로 없고 '부캐'로 등장한 관객들이 모두 가수와 함께 춤추고 뛰어놀며 공연을 즐기고 만들어갑니다. 이 독특한 방식의 콘서트에 무려 1,230만 명이 실시간으로 참여했고, 무려 220억 원의 수익을 올립니다. 그만큼 메타버스라는 새로운 방식의 소통에 열광하는 사람들이 많다는 걸 데이터로 입증한 겁니다. 이렇게 인기가 입증되자 BTS도 신곡 뮤직비디오를 포트나이트에서 발표합니다. 아바타로 등장한 관객들이 BTS의 춤을 따라 하며 뮤비를 즐기는 진풍경이 연출됩니다. 여기서도 BTS의 댄스를 아바타들이 그대로 따라 춤출 수 있는 아이템이 판매되어 큰 수익을 올립니다. 이 무렵부터 메타버스가 10~20세대, 즉 Z세대의 소셜 플랫폼으로서 각광받기 시작합니다. 게임을 넘어서 생활의 일부가 되기 시작한 겁니다.

우리나라에도 네이버Z가 운영하는 대표적인 메타버스 플랫폼 제페토(ZEPETO)가 있습니다. 2018년 시작한 제페토는 무려 2억 5,000만 명의 유저를 확보했는데 90퍼센트 이상이 해외 유저입니다. 앞으로 성장이 기대되는 대표적 메타버스 서비스입니다. 기술적으로도 아주 우수한 플랫폼이죠. 2020년 블랙핑크가 아바타로 등장해 제페토에서 팬 사인회를 가졌는데 무려 4,600만 명이 사인을 받아갑니다. 그리고 그걸 받아간 팬들이 메타버스 플랫폼은 물론이고 SNS에까지 도배를 해버렸죠. 엄청난 인기와 마케팅 효과를 데이터가 보여준 겁니다. 그러자 당연히 많은 기업이 제페토에 관심을 두고 투자하기 시작합니다. 특히 YG, SM 등 엔터 기업들은 Z세대가 주 고객인 만큼 깊은 관심과 함께 실제 많은 투자를 했습니다. 명품 기업들도 마찬가지입니다. 구찌, 나이키, 랄프로렌, DKNY 같은 브랜드들이 전부 제페토에 매장을 차립니다. 구찌 매장에 가면 누구나 옷을 입어볼 수 있고 원하는 상품을 살 수도 있습니다. 구찌를 입고 있는 자기 모습을 동영상으로 찍어주기도 합니다. 3,000원만 내면 티셔츠도 살 수 있습니다. 물론 실물은 아닙니다. 아바타를 위한 아이템이죠. 그래도 Z세대에게는 '플렉스(flex)'하기 좋은 방식입니다. 돈도 현금이 아닙니다. 젬(Gem)이라는 가상코인을 활용합니다. 코인은 현금화가 가능합니다. 제페토에서 아이템을 팔아 돈을 버는 크리에이터도 등장합니다. 렌지라는 이름의 크리에이터는 아이템을 디자인하고 팔아서 월 1,500만 원 정도의 수익을 올린다고 하니 메타버스에 기반한 새로운 직업이 생긴 셈입니다. 이런 방식으로 생태계가 계속 성장하고 확장됩니다. 기억해 둘 점은 메타버스와 가상화폐가 서로 뗄 수 없는 관계라는 겁니다. 새

로운 디지털 세상에는 새로운 디지털 화폐가 필요하다는 걸로 생각해
두시면 좋습니다.

최근 가장 주목받고 있는 메타버스 플랫폼은 단연 로블록스입니다.
로블록스는 마인크래프트와 유사한 방식으로 2006년 시작된 게임입
니다. 사용자가 게임을 만들어 직접 돈을 벌 수 있는 구조로 만든 것
이 특이합니다. 현재는 무려 700만 명의 개발자가 몰려 게임 만들기를
하고 있다고 합니다. 로블록스 플랫폼에서 제일브레이크(Jailbreak)라
는 게임을 만든 알렉스 발판츠(Alex Balfanz)는 1999년생으로, 고3 때
이 게임을 만들었는데 게임 하나로 수십억 원의 수입을 올렸다고 하
니 대단합니다. 이런 롤모델이 생기니까 따라 하고 싶은 많은 청년이
게임 개발에 뛰어듭니다. 무려 700만 명이 모여 로블록스 안에서 게임
을 만들고 또 만듭니다. 이렇게 만들어진 게임이 지금까지 5,000만 개
가 넘습니다. 이 게임 공간을 즐기러 또 다른 많은 사용자가 뛰어들면
서 로블록스는 월 사용자 수 1억 명을 넘는 인기 게임 플랫폼이 됩니
다. 누구나 게임을 만들어 돈을 벌 수 있다는 개념은 애플 앱스토어의
초기 방식과 비슷합니다. 이렇게 되니 생태계가 빠르게 성장합니다.
이미 미국 10대의 60퍼센트가 로블록스에 가입했고, 이들이 로블록
스에서 보내는 평균 시간은 유튜브에서 보내는 시간보다 훨씬 길다고
합니다. 2021년 나스닥에 상장한 로블록스의 시가총액은 70조 원까
지 올랐습니다. 차세대 플랫폼으로서의 가능성을 인정받은 것입니다.

메타버스와 함께 등장한
새로운 거래 시스템, NFT

이렇게 다양한 메타버스 플랫폼이 성장하면서 가상현실을 기반으로 하는 생태계에 다양성이 더해집니다. 각각의 플랫폼들은 개별적 코인을 사용하고 있는데, 이걸 통합해서 거래할 수 있는 코인 거래소가 형성됩니다. 메타버스라는 세계를 위한 금융시스템이 만들어지는 것이죠. 게임이라는 테두리 안에서 메타버스를 즐기던 사람들은 디지털 아이템을 거래할 수 있는 시스템을 고민하기 시작합니다. 시장 생태계를 확장하기 위한 당연한 변화죠. 문제는 디지털 아이템은 복사하면 똑같아서 누가 소유주인지, 크리에이터인지 구별할 수 없다는 것입니다. 그래서 디지털 아이템을 세상에 하나뿐인 물건으로 등록하기 위한 방법을 개발합니다. 그것이 바로 대체 불가능한 토큰, NFT(Non-Fungible Token)입니다.

NFT를 쉽게 이해하자면 아파트를 사고팔 때 등록하는 등기권리증과 비슷한 거로 보면 됩니다. 암호화폐를 만드는 데 활용했던 블록체인 기술을 이용해 복제나 해킹이 불가능한 등록 시스템을 만든 것입니다. 메타버스라는 공간은 중앙기관도 없고 등록기관도 존재할 수 없기 때문에 블록체인 기술을 활용하게 됩니다. NFT가 비트코인이나 알트코인(Alt-coin)과 다른 점은 같은 가치로 교환이 안 된다는 점입니다. 비트코인이나 알트코인은 어떤 거래소에서든 그때의 가격에 따라 교환 가능합니다. 이런 코인을 대체 가능한 토큰(Fungible Token)이라고 하고, 그 반대의 개념으로 NFT라는 이름을 붙인 겁니다. NFT는 세상에 오직 하나뿐입니다. 멋진 예술품이나 마치 사람처럼 말이죠. 블록체인 기술은 이미 비트코인이나 알트코인을 통해 검증된 기술인 만큼 NFT에도 잘 활용됩니다. 단, NFT에는 창작자가 누구인지, 지적 재산권이 어떻게 정의되는지, 누구에게 소유권이 이전되는지 등의 기록이 남게 됩니다. 물론 위변조는 불가능합니다.

 NFT가 만들어지자 자신의 작품을 판매하는 디지털 아티스트들이 등장합니다. 비플(Beeple)이라는 디지털 아티스트는 5,000일 동안 매일 그렸던 그림을 묶어 NFT에 등록하고, 이를 경매 시스템을 통해 판매했는데 무려 780억 원에 팔리게 됩니다. 그러자 많은 작가들이 이러한 방식으로 디지털 아트 시장에 문을 두드립니다. 거래 방식도 다양합니다. NFT를 활용하면 창작자의 지적 재산권을 등록할 수 있으며 이것은 영원히 남습니다. 이후 판매하면 소유권이 이전되는데 이것도 NFT를 통해 계속 기록됩니다. 작가는 소유권을 한 번에 다 판매할 수도 있지만 매번 거래 때마다 10퍼센트의 지적 재산권을 행사할 수도 있습니다. 계약조건을 NFT에 명시할 수 있기 때문이죠. 예를 들어 처음에는 100만 원에 작품을 팔았지만, 다음 거래에서 1,000만 원에 거래가 되면 기존 시스템에서는 작가에게 아무런 혜택이 없습니다. 그런데 NFT로 10퍼센트 지적 재산권을 명시해두면 1,000만 원 중 10퍼센트인 100만 원을 또 받을 수 있게 됩니다. 유명해지기 전에

싼값에 작품을 팔아, 정작 고가가 되었을 때 아티스트는 아무런 혜택을 못 받는 불합리한 방식을 개선할 수 있게 된 것이죠. 그뿐만이 아닙니다. 아티스트와 소비자가 직접 거래하면서 갤러리 운영자나 큐레이터의 개입이 줄어든 것이죠. 아티스트가 NFT 갤러리에 작품을 올리기만 하면 자신의 작품을 사줄 후원자를 쉽게 만날 수 있는 시대가 열린 것입니다. 디지털 아트의 거래가 활발해지자 예술품 거래의 대표 기업인 소더비(Sotheby's)와 크리스티(Christie's)가 메타버스 경매장을 오픈합니다. 모든 디지털 작품을 NFT로 등록하고 거래는 이더리움으로 한다고 공식 발표합니다. 소더비의 첫 디지털 경매 때는 거래 금액이 180억 원을 넘었습니다. 이제 디지털 아트의 생태계가 메타버스에 확실히 뿌리를 내렸습니다. 그러면서 다양한 가능성이 시작됩니다. NFT로 등록할 수 있는 무엇이든 판매할 수 있다는 걸 확인하면서 여러 가지 거래가 등장합니다.

스티브 잡스가 작성한 자필 입사지원서 NFT가 경매에서 2,700만 원에 팔리기도 하고, 트위터 최고 경영자 잭 도시(Jack Dorsey)가 처음 작성한 트윗이 32억 원에 낙찰되기도 합니다. 이세돌이 알파고에 승리한 유일한 대국도 2억 5,000만 원에 팔렸습니다. NFT의 특성을 이용한 다양한 프로젝트도 시작됩니다. 이더리움에서 시작한 이더록(EtheRock) 프로젝트가 그중에 하나입니다. 오직 100개의 아무런 쓸모 없는 가상의 돌을 NFT에 등록하고 판매합니다. 오직 희소성만 있는 이 돌이 팔려나가고 가격은 계속 올라갑니다. 2021년 12월 기준으로

약 42억 원까지 올라갔습니다. 크립토펑크(Cryptopunks)라는 프로젝트도 큰 인기를 끌었습니다. 라바랩스(Larva Labs)는 2017년 픽셀로 만든 아바타 캐릭터 1만 개를 만들어 NFT에 등록한 뒤 이 중 9,000개를 무료 배포했습니다. 남자, 여자, 좀비, 유인원, 외계인 등 5개의 기본 캐릭터를 갖고 있는데 이들이 점차 인기를 얻으면서 거래가격도 치솟기 시작합니다. 푸른색 얼굴에 마스크를 쓴 크립토펑크 코비드 에일리언은 2021년 경매에서 139억 원에 낙찰됩니다. 희귀성이 큰 캐릭터일수록 더욱 가격이 치솟게 됩니다. 결국 무료로 배포를 시작했지만 보유했던 1,000개의 가치가 엄청나게 올라가면서 큰돈을 벌게 됩니다.

이러한 NFT 프로젝트는 갈수록 다양한 형태로 시도됩니다. 디지털 아티스트가 1만 개의 그림을 그릴 것을 예고하고 선구매를 독려해서 완판시키기도 합니다. 그가 이렇게 선판매로 모금한 금액만도 무려 15억 원입니다. 메타버스에서는 아티스트가 성장하는 방식까지 기존과 완전히 달라진 것이죠. 이러한 프로젝트 기획을 민팅(minting)이라고 합니다. 많은 새로운 용어도 탄생합니다. 물론 가치가 떨어지는 경우에는 투자의 목적을 달성할 수 없습니다. 실제로 가격이 떨어지는 작품들도 벌써 많이 등장합니다. 경쟁이 치열해질수록 좋은 작품은 올라가지만 밋밋한 아이템은 가격이 추락하게 됩니다. 투자로 NFT 아이템을 구매할 때 주의해야 하는 이유입니다.

세계 10대 기업 중 절반이
메타버스에 뛰어든 이유

과연 메타버스의 생태계는 어디까지 성장할까요? 일단 세계 8대 플랫폼 기업 중 5곳이 대규모 투자를 예고하고 있습니다. 대표적인 회사가 페이스북입니다. 아예 회사 이름을 메타로 바꿨죠. 10년 후의 페이스북은 메타버스 방식으로 가겠다고 선언하고 그 준비를 시작한 겁니다. 이미 호라이즌(Horizon)이라는 메타버스 플랫폼을 선보였습니다. 사실 페이스북은 Z세대에게 이미 나이 든 사람들의 플랫폼으로 인식되는 상황이고, 그런 차원에서 미래 성장 가능성을 의심받아 왔습니다(실제로 최근 페이스북은 이용자 감소 이슈로 주가 폭락을 겪기도 했습니다). 그래서 새로운 길을 모색하는 것이죠. 10년 후 플랫폼은 메타버스 방식으로 아바타를 기반으로 도전하겠다는 것입니다. 이미 오큘러스라는 기기를 통해 가상현실 체험에 있어서 가장 앞서 있는 기업인 만큼 플랫폼 구축에도 유리한 위치를 선점한 것으로 보입니다. 마이크로소프트도 메타버스로의 대전환을 발표했습니다. 우선 재택근무 솔루션인 마이크로소프트 팀즈(Microsoft Teams)를 자신들이 보유한 메타버스 플랫폼 메시(Mesh)를 기반으로 전환하겠다고 합니다. 메타버스 방식으로 업무를 보는 것이 인지적으로 훨씬 효율적이라고 판단한 것이죠.

재택근무를 위한 메타버스 방식의 플랫폼도 등장합니다. 아주 단순한 그래픽을 활용해 메타버스 근무 공간을 창조한 게더타운(Gather.

town)이라는 플랫폼은 창업 1년 만에 2,000억 원 이상의 가치로 상승하면서 스타트업의 보금자리가 됩니다. 게더타운은 줌 방식 재택근무에 지친 사람들에게 색다른 근무환경을 제공합니다. 실제로 카메라로 감시하고 감시받는 방식보다 훨씬 효율적이고 협업에 적합한 환경이 메타버스로 구현 가능합니다. 그래서 마이크로소프트가 메타버스로의 전환을 선언한 것이죠. 이들뿐 아니라 애플과 구글도 메타버스 생태계 구축에 큰 투자를 하겠다고 발표했습니다. 또 세계 10대 기업으로 성장한 엔비디아는 아예 메타버스 대표 기업이라고 부를 만합니다. 엔비디아는 그래픽카드 제조 전문기업이었는데 블록체인을 기반으로 하는 메타버스 세계가 본격적으로 펼쳐진다면 최고의 수혜기업

기존의 비대면 화상회의의 단점을 보완하기 위해 메타버스 기술을 결합한 게더타운.

으로 평가받고 있습니다. 이외에도 메타버스 플랫폼 구축에 필요한 소프트웨어 측면에서도 많은 솔루션을 보유해 미래가 기대되는 기업입니다. 그런 이유로 시가총액 800조가 넘는 거대기업이 된 것이죠.

메타, 마이크로소프트, 알파벳, 애플은 세계적인 플랫폼인 동시에 엄청난 빅데이터를 보유한 기업들입니다. 이들은 소비자 빅데이터를 바탕으로 미래 전략을 수립하고 투자를 결정합니다. 이들이 메타버스에 대규모 투자를 했다는 것은 코로나 이후의 데이터를 통해 많은 소비자가 새로운 환경으로 이동했다는 것을 확인했다는 뜻이기도 합니다. 10년 전 페이스북이나 유튜브가 다수 인류의 자발적 선택으로 보편적 생활 플랫폼이 되었듯이 메타버스가 성공하려면 소비자(사용자)의 이동이 필수적입니다. 이들은 이미 빅데이터를 통해 그 가능성을 확인한 거죠. 실제로 그런 이유로 많은 전통적인 기업들까지 어떻게든 메타버스라는 신세계에 적응하기 위해 다양한 방식으로 투자를 늘려가고 있습니다. 전통적 명품 제조사 루이비통(Louis Vuitton) 그룹이 메타버스 게임을 만드는가 하면, 고가의 상품을 구매하면 NFT에 등록해줍니다. 소유자의 영구 등록이 가능해지므로 중고품 거래에서 가짜 상품이 나올 수 없게 됩니다. 또 중고거래를 하더라도 이전 소유자가 누구냐에 따라 상품의 가치가 달라지기도 합니다. 예를 들어 BTS의 지민이 들었던 루이비통의 여행 가방이라면 그 히스토리에 남아 가격이 달라질 겁니다. 루이비통은 새로운 세계관을 바탕으로 신세계로 접속하는 중입니다. 이렇게 오프라인 비즈니스들도 메타버스의 세계로 각자의 방식에 따라 상륙합니다. 관련한 많은 새로운 일자리가 생겨날 것입니다. 현재 가상 자산의 규모가 실제 자산 규모의 0.5퍼센트 정도라고 하니까 적어도 기존 일자리의 0.5퍼센트에 해당하는 신규 일자리가 생길 거라고 예상할 수 있습니다. 언뜻 작아 보이지만 실제 확장 가능성은 무궁무진합니다.

그러면 백문이 불여일견, 메타버스 세계를 직접 경험해보시죠. 가장 좋은 방법은 체험하는 것입니다. 생각해보면 초기 유튜브나 페이스북을 먼저 경험한 사람들이 SNS에 대해 더 잘 이해할 수 있었고, 시행착오를 겪으며 다양하게 활용하면서 자신만의 영역을 선점할 수 있었습니다. 메타버스라는 또 하나의 신세계가 열린다면 당연히 같은 방식으로 접근하는 것이 유리합니다. 경험해보지 않고서는 아무것도 제대로 이해할 수 없습니다. 가능하다면 이것저것 다 해보는 것이 좋습니다.

지금 당장 쉽게 접근할 수 있는 것은 제페토입니다. 우리나라 네이버에서 운영하는 글로벌 메타버스 플랫폼입니다. 여기에 들어가서 캐릭터를 디자인하고, 아바타를 꾸미면서 가상현실의 세계를 살펴볼 수 있습니다. 내 얼굴만 캐릭터로 바꾸는 가상현실 기술을 사용해서 녹화를 해보기도 합니다. 이프랜드(ifland)도 유사한 서비스를 제공합니다. 두 시스템 모두 회사가 제공한 '월드'에서 개인이 샌드박스를 만들고 다양한 활동을 즐기게 해줍니다. 약간의 차이가 있다면 워크숍이나 시상식 등 공식적인 행사를 하거나 모임을 하기에는 이프랜드가 더 용이하다는 점입니다. 제페토도 행사를 치를 수는 있지만 깐깐한 검열(?)을 거쳐야 합니다. 이미 3억 5,000만 명의 사용자를 보유한 플랫폼이니 규제도 엄격한 편입니다. 마케팅 효과나 아이템 판매 같은 광고 생태계는 당연히 사용자가 많은 제페토가 더 유리합니다. 게임을 좋아한다면 로블록스를 탐험해보는 것도 좋습니다. 로블록스는 게임 개발 툴을 워낙 잘 만들어놔서 코딩을 전혀 모르는 이용자도 게임을 만들 수 있는 환경을 제공합니다. 실제로 10대 아이들이 게임을 개발해 돈을 벌 수 있는 것도 이런 기능이 잘 갖춰져 있기 때문입니다. 플랫폼에 올라온 게임만도 5,000만 개가 넘습니다. 아이들이 로블록스를 좋아하는 것도 수준별로 취향별로 즐길 수 있는 게임들이 매우 다양하기 때문입니다. 즐기다 조금 아쉽다 싶으면 비슷하게 따라 만들기도 합니다. 아이들이 로블록스를 활용하고 있다면, 함께 게임을 즐겨보는 것도 좋은 방법입니다. 가족 간 소통 관계 형성에도 도움이 될 것입니다. 재택근무나 비대면 협업을 위한 플랫폼을 경험하고 싶다면 앞서 소개한 게더타운을 권장합니다. 제페토나 이프랜드에 비해 캐릭터를 꾸미는 것이나 그래픽의 퀄리티는 다소 떨어지지만, 사용성은 매우 뛰어납니다. 특히 업무를 하기에 매우 좋은 환경을 제공합니다. 식구들이나 친구들이 모여 모임을 하거나 이야기도 나눌 수 있습니다. 실제로 미국에서는 스타트업을 하려면 실리콘밸리가 아니라 게더타운에 가라고 이야기합니다. 코로나 이후 재택근무가 일반화되는 사회로 전환이 이루어지고 있는 만큼 익숙한 줌이나 웹엑스(Webex) 같은 솔루션만 고집할 것이 아니라, 새로운 메타버스 세계를 경험해보는 것이 꼭 필요합니다. 이미 다수 회사가 신입사원 연수나 다양한 행사를 메타버스 플랫폼에서 개최하고 있습니다. 자연스럽게 새로운 환경에 적응할 수 있도록 유도하는 것이죠.

직접 경험해야 아이디어가 나옵니다. 사실 메타버스 플랫폼을 경험한 어른들은 한결같이 "아이들이나 좋아하는 거지, 해보니까 어른들이 갈 만한 곳은 아닌 것 같다."라는 말씀을 하곤 합니다. 어찌 보면 그렇습니다. 대부분 사용자가 10~20대이고, 이들의 감성이 어른들과 다르니 불편하게 느껴질 수 있죠. 그런데 그들을 이해하려면 그들이 모여 있는 공간을 찾아야 합니다. 그곳에서 새로운 기회가 탄생하고 있으니 말이죠. 게더타운을 만든 친구들은 청년 대학생들이었습니다. 그들도 어린아이들이 즐기는 마인크래프트, 로블록스, 제페토 등을 체험하면서, 이 특성을 재택근무나 원격수업에 도입한다면 그럴듯한 플랫폼을 만들 수 있겠다는 직감을 얻었습니다. 그렇게 해서 불과 창업 1년 만에 2,000억 원짜리 기업으로 키워낼 수 있었던 겁니다. 게다가 아이들과 함께 메타버스의 신세계를 함께 경험하면서 좋은 아이디어를 더해, 생각의 폭을 넓혀주고 새로운 가능성을 열어준다면 그것 또한 좋은 교육이 될 수 있습니다. 새로운 디지털 신세계를 잘 모르는 어른들에게 아이들은 오히려 좋은 길라잡이가 되어줄 수도 있습니다. 교육에서 가장 중요한 요소 중 하나가 바로 공감과 인정입니다. 아이들은 항상 칭찬받기를 원하고, 또 부모에게 무언가를 알려줄 수 있다는 점에서 만족감과 동기부여를 얻을 수 있죠. 인정욕구가 큰 아이들일수록 성취욕도 강합니다. 이미 많은 아이들이 메타버스를 통해 게임을 즐기고, 세상 사람들을 만나며, 사회를 배우고 있습니다. 부모가 함께해주는 여정이라면 더욱 의미 있고, 또 많은 생각을 키울 수 있을 것입니다. 코로나 시대에 메타버스가 어쩌면 아이들에게 학원보다 더 중요한 공간일 수 있습니다. 그곳에서 사람에 관한 생각, 세상에 관한 생각, 사회에 관한 생각, 관계에 관한 생각, 즉 미래를 살아갈 세계관을 만들고 있다면 부모님과 선생님도 함께해보시는 것도 좋을 것입니다. 할머니 할아버지도 가능합니다. SNS를 잘 쓰고 있는 분이라면 별로 어렵지도 않습니다. 문제는 편견의 장벽을 허무는 일입니다. 다가올 세계의 표준 문명이라면 경험하는 게 맞습니다. 배움에는 허물도 없고 나이도 부끄러울 게 없습니다. 모르는 게 많아서 물어보는 것도 당연합니다.

제페토, 로블록스 탐험에서 얻을 수 있는 교훈

실제로 메타버스를 체험해보겠습니다. 제페토부터 시작합니다. 우선 지식창고 유튜브에 '제페토 만들기'를 입력하고 검색합니다. 첫 화면에 바로 '제페토 따라 하기' 동영상이 뜹니다. 가입하고 캐릭터를 만드는 과정이 따라 하기 쉽게 설명되어 있습니다. 아바타 캐릭터를 만들고, 다양한 공간을 돌아다니면서 친구들을 만나고 이것저것 게임을 즐기는 과정까지 쉽게 따라 하며 체험해볼 수 있습니다. 저는 저만의 공간인 샌드박스를 만드는 데 관심이 많습니다. 그래서 그다음 동영상 '제페토로 미술관을 만들었어요'를 클릭했습니다. 따라 하기 쉽게 친절하게 구성된 동영상이 시작됩니다. 제페토 스튜디오라는 프로그램이 있네요. 이걸 다운로드해서 컴퓨터에 설치합니다. 제페토에 관련된 모든 것을 만들 수 있는 스튜디오입니다. 자기만의 공간을 만드는 기능은 빌드 잇(build it)이라는 메뉴가 따로 있습니다. 그곳에 들어가면 건물을 디자인하는 도구가 나옵니다. 처음부터 건물 만드는 게 어려운 사람들을 위해 이미 잘 만들어놓은 다양한 템플릿이 있습니다. 그렇게 카페 건물을 선택해 활용합니다. 그곳을 개조해 내가 그린 그림을 전시하는 멋진 미술관을 만듭니다. 어렵지 않게 따라 할 수 있습니다. 비슷한 방법으로 가족들만의 카페나 미술 전시관을 만들어보면 어떨까요? 아이들이 그린 그림을 이런 방식으로 전시하고 함께 조금씩 더 나은 공간으로 꾸며보는 것도 좋습니다.

유튜브에 많은 동영상이 수준에 따라 다양하게 존재합니다. 바로 밑에 보니까 '제페토에서 부업으로 옷을 만들어 돈을 버는 방법'이라는 동영상도 있습니다. 호기심이 생기면 들어가 봅니다. 도대체 한 달에 1,000만 원씩 버는 크리에이터들은 어떻게 아이템들을 디자인하고 판매하는 걸까요? 이런 식으로 호기심이 지식의 영역으로 확장됩니다. 대부분의 메타버스 플랫폼들은 제페토처럼 캐릭터와 공간을 만들 수 있는 빌더(builder) 프로그램을 제공합니다. 생태계 확장에 필수적 요소들입니다. 모든 툴은 유사한 방식으로 개발되었기 때문에, 하나의 빌더에 익숙해지면 다른 플랫폼의 빌더도 쉽게 활용할 수 있습니다. 대부분의 메타버스 빌더는 산업계로부터 발전한 CAD 프로그램을 근간으로 작성된 것들입니다. 어려서부터 이런 프로그램들을 익혀두는 것이 어른이 되었을 때 디지털 문해력을 키우는 데 도움이 되는 이유입니다.

이번에는 미국에서 폭발적 인기를 얻고 있는 로블록스를 들어가봅니다. 로블록스에 로그인을 하고 캐릭터를 만들어 수천만 개의 게임을 즐기는 건 여느 게임 플랫폼에 접속해 즐기는 방식과 비슷합니다. 어렵게 느껴진다면 유튜브에서 '로블록스 플레이하기'로 검색해 쉽게 따라 할 수 있습니다. 이번에는 수준을 한 단계 높여 게임 만들기에 도전해봅니다. 게임을 만든 사람이 700만 명을 훌쩍 넘었다고 하니 우리도 할 수 있는 수준입니다. 유튜브 검색창에 '로블록스 게임 만들기'를 쳐넣고 검색합니다. 제일 먼저 '로블록스로 오징어 게임 10분 만에 만들기'가 뜹니다. 제목부터 확 끌립니다. 코딩을 안 한 지 30년이 지난 제가 제대로 따라갈 수 있을지 의문이지만, 일단 10분이라니까 믿고 들어가 봅니다. '니꼴라스'라는 인기 유튜버가 왜 로블록스가 인기가 많은지 간단하고 맛깔나게 설명을 해줍니다. 로블록스 스튜디오라는 빌더를 통해 쉽게 게임을 만들기만 하면, 수억 명의 사람들이 마음껏 접속하고 공유하며 게임을 즐길 수 있게 해준다고 합니다.

사실 클라우드 기반의 게임을 제작하다 보면 여러 사용자가 인터넷

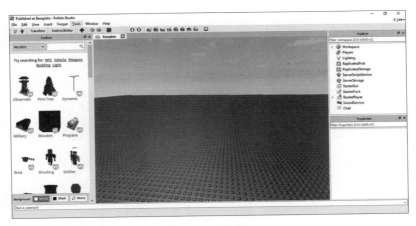

**로블록스 내에서 자신만의 공간뿐 아니라, 게임을 만들 수 있도록 도와주는
로블록스 스튜디오.**

을 통해 동시에 접속하고, 실시간으로 게임을 즐길 수 있게 해주는 기
반 프로그래밍 기술이 매우 중요합니다. 서버 관리, 사용자 관리, 보안
관리, 데이터 관리, 트래픽 관리 등등 실질적인 게임보다 기본적으로
해결해야 할 문제들이 훨씬 복잡하고 어렵습니다. 그래서 대형 게임
개발에 엄청나게 많은 전문 인력이 투입됩니다. 게임 개발에 관심 있
는 사람도 이런 문제 때문에 혼자서 게임을 만드는 게 꿈 같은 일이었
죠. 그런데 이 모든 걸 로블록스가 제공하는 겁니다. 개발자는 오직 게
임을 어떻게 재밌게 만들까만 고민하면 되는 겁니다. 쉽고 신나는 세
상이 펼쳐진 것이죠.

　앞서 언급했던 유튜버가 왜 '오징어 게임'을 선택했나 봤더니, 이미
그런 게임이 개발되어 있더군요. 세계적인 '오징어 게임' 열풍이 불자

누군가 빠르게 '오징어 게임'에 나온 게임들을 소재로 만든 겁니다. 이미 1억 3,000만 명이나 이 게임을 즐겼습니다. 개인이 만든 게임에 대한 인기가 정말 대단합니다. 실제로 이 유튜버를 따라 저도 게임 만들기에 도전해봅니다. 역시 로블록스도 제페토처럼 스튜디오라는 게임 제작 프로그램이 있습니다. 이걸 설치하고 열었더니 놀랍습니다. 제가 기계공학부에서 가르치고 있는 제조용 CAD 프로그램과 메뉴가 매우 유사합니다. 하기야 3차원 공간에 건물과 오브젝트를 설치하고, 캐릭터를 등장시켜 게임을 만드는 구조이니 당연히 비슷할 수밖에 없지요. 갑자기 눈이 번쩍 뜨였습니다. 초중학교 시절 로블록스에서 게임을 제작해본 친구들이라면 건축이나 기계 또는 디자인 분야에서 전문 설계 소프트웨어를 사용할 때 쉽게 쓸 수 있겠구나 하는 생각이 들었습니다. 공간창조 능력이나 창의적인 아이디어를 만들어내는 문제해결 능력도 뛰어날 게 분명합니다. 아이들에게 좋은 교육자료라는 생각이 들었습니다. 계속 따라가 봅니다. 저는 포트란(Fortran) 같은 선사시대(?) 코딩 언어만 배운 세대인데, 로블록스는 루아(Lua)라는 전용 코딩 언어를 사용합니다. 이 유튜버 설명대로면 파이썬(Python)이나 자바(Java)에 비하면 거의 거저먹는 쉬운 코딩 언어겠네요. 그럴 만도 합니다. 초등학생이 따라 하려면 그만큼 쉬워야겠지요. 언어 자체는 몰라도 됩니다. 친절하게 소스 코드가 자세히 나와 있으니 일단 무작정 따라 해보면 됩니다. 이 모든 것이 영상으로 아주 쉽게 소개되어 있습니다.

무작정 따라 하다 보니 깨닫는 게 있습니다. 코딩은 기계가 인식하는 언어입니다. 그러니까 코딩을 배우는 것은 새로운 외국어를 배우는 것이죠. 그래서 단어도 많이 알아야 하고 문법도 배워야 합니다. 그런데 생각해보면 누구나 동시통역사가 될 필요는 없습니다. 네이티브 스피커처럼 능수능란할 필요도 없습니다. 그걸 직업으로 선택할 게 아니라면 말이죠. 적당히 알아듣고 기본적인 의사소통 정도만 할 수 있어도 충분하죠. 또한, 조금씩 반복하다 보면 말을 배우는 것처럼 조금씩 늘게 되어 있습니다. 처음에는 유튜버가 말하는 대로 무조건 따라만 했습니다. 무슨 뜻인지도 잘 모른 채 말이죠. 그런데 영상을 보면 한줄한줄이 어떤 동작을 만들어내는지 확인할 수 있어서, 바로 그 뜻을 이해할 수 있습니다. 저는 '무궁화 꽃이 피었습니다' 게임을 따라 하면서 완성할 수 있었습니다. 거기에 등장하는 인형이나 캐릭터 모형들은 이미 다른 개발자들이 이미 만들어서 공유할 수 있도록 라이브러리에 넣어두었더군요. 물론 썸네일처럼 10분은 아니었고, 약 1시간에 걸쳐 아주 간단한, 그렇지만 재밌는 게임 하나를 완성할 수 있었습니다.

곰곰이 생각해봤습니다. 이 게임은 다른 사람 것을 모방해서 만든 게임이니 정확히 내가 만든 게임은 아닙니다. 그렇지만 이걸 조금 더 응용해서 창의적으로 바꾸면 어떨까요? 이 게임만 있는 건 아닙니다. 또 다른 게임도 이 방식을 활용해 만들 수 있겠다는 생각이 들더군요. 아니나 다를까, '로블록스 게임 만들기'로 유튜브에서 검색하니 학교 게임, 스포츠 게임, 슈팅 게임 등 정말 다양한 게임 만드는 법 영상들이 쏟아져 나옵니다. 자, 이제 여러 아이디어를 조합해 내가 만들고 싶었던 게임을 기획하고, 하나하나 만들어가기 시작합니다. 각 단계별로 영상을 검색해 학습하고, 정말 안 풀리는 문제는 '로블록스 게임 만들기' 커뮤니티를 찾아 전문가의 도움을 받을 수 있습니다. 이 같은 방법으로 게임을 완성해 로블록스 플랫폼에 올리고 주변 친구들에게 초대합니다. 코딩도 배우고, 게임도 만들고. 인터넷에 기반한 지식학습 능력과 지식 검색 역량까지 키워갑니다. 그러는 사이에 자신도 모르게 3차원 공간창조 능력과 제조나 건축 분야, 또 다양한 디자인 분야에서 사용되는 전문 소프트웨어 활용 역량까지 키우게 되는 겁니다.

저는 이번 학기 학교 수업에서 '메타버스 무작정 따라 하기' 실습을 진행했습니다. 저도 하는데 학생들이 못할 리 없다고 판단한 겁니다. 예상대로 Z세대 학생들의 학습 속도와 구현 능력은 상상을 초월합니다. Z세대에게는 슈퍼 사피엔스로 성장할 잠재력이 숨어 있다는 뜻입니다. 특히 어려서부터 게임을 좋아하고 컴퓨터로 노는 걸 좋아했던 학생들이 두각을 나타냅니다. 이제 이번 학기에 만들어진 로블록스 게임들은 수강생들의 커리어 포트폴리오에 멋지게 담기게 됩니다. 시험은 게임 개발 과정과 결과물에 대해 10분짜리 동영상으로 준비해 발표하는 것으로 대체했습니다. 동영상 편집 정도는 이제 Z세대의 상식입니다. 서로 발표하는 걸 보면서 학생들은 서로에게 배우기도 합니다. 아주 중요한 학습이 일어나는 것이죠. 이렇게 발표하고 공유하면서 실력이 늡니다.

구인 사이트인 '사람인'에는 메타버스 분야 전문가를 뽑는다는 구인광고가 이미 1,500개를 넘었습니다. 제페토로 맵을 꾸며도 보고, 로블록스로 게임도 제작해본 친구들이라면 자기 전공을 이러한 신세계와 연결하는 것 또한 어렵지 않게 도전할 수 있습니다. 세계적인 기업들은 새로운 사원을 뽑을 때 보통 9번 이상의 면접을 수개월에 걸쳐 수행하는 것으로 알려져 있습니다. 연봉이 워낙 높으니 그럴 만도 합니다. 실제 어떤 프로젝트를 했으며, 어떤 역할을 수행했는지, 또 조직 생활이나 융합은 잘할 수 있는지 아주 다면적으로 검토합니다. 학교에서 어떤 프로젝트를 했는지, 어떤 조별 활동을 했으며, 또 어떤 경험을 했는지가 중요한 이유는 새삼 언급할 필요도 없습니다. 어린 시절부터 스스로 탐구하고 호기심을 펼쳐 새로운 일에 도전하며, 문제 해결 능력을 키운 인재들이라면 당연히 더 유리할 수밖에 없습니다. 창조적 아이디어는 지식의 편집을 통해 만들어집니다. 역사가 입증하듯 스스로 많은 지식을 흡수하고 성취하는 사피엔스에게 더 많은 기회가 찾아옵니다. 지금 메타버스라는 디지털 신대륙에도 같은 법칙이 작동하고 있다는 것을 명심해야 합니다.

NFT

3

메타버스와 함께 확장하는
NFT 세상

본격적인 탈중앙화 시장을 성장시키는

NFT 마켓

메타버스와 함께 크게 각광받고 성장하는 시장이 NFT 시장입니다. 블록체인을 기반으로 성장한 시장은 사실 암호화폐입니다. 비트코인의 성장 이후 많은 알트코인이 등장했고, 사람들이 투자대상으로 생각하면서 코인의 생태계가 자연스럽게 형성되었습니다. 이후 코인 거래소가 활성화됩니다. 각종 코인을 실제 현금화할 수 있는 거래소입니다. 그동안 이 코인에 대해 참 말도 많고 탈도 많았습니다. 기존의 금융기관들이나 금융 관련 주요 인사들이 코인이 투자 자산이라는 데 대해 인정하지 않는 분위기가 있었고, 이로 인해 등락을 거듭합니다. 그 와중에도 많은 기업이 ICO(Initial Coin Offerings)라는 새로운 방식을 통해 코인을 발행하고 투자 자금을 모금하기도 했습니다. 비즈니스 모델이 명확한 몇몇 코인들이 시장에 성공적으로 정착하는 동안 또 다른 몇몇 코인들은 사기로 밝혀져 많은 피해자가 발생하기도 했습니다. 그래서 우리나라를 비롯한 많은 나라에서 ICO 자체를 불법화하고 있기도 합니다. 하지만 지금은 어느 정도 자리를 잡았습니다.

2012년 창업한 코인 거래소 코인베이스(coinbase)는 2021년 4월 나스닥에 상장했고, 2022년 1월 현재 시가총액 500억 달러(약 60조 원)를 기록하면서 기존 금융시장에 잘 녹아들고 있는 상황입니다. 우리나라에서도 두나무가 2017년 업비트(UPbit) 거래소를 열면서 코인 거래가 활성화되기 시작했습니다. 여기에 더해 현재 국내에는 빗썸(bithumb), 코인원(coinone), 코빗(korbit) 등의 거래소가 활발하게 운영되고 있습니다. 암호화폐 시장은 1년 365일 24시간 운영되는 특징을 갖고 있고 또 변동성이 매우 심한 시장입니다. 하이 리스크, 하이 리턴의 전형적인 고위험 투자수단으로 분류되고 있습니다. 여전히 코인 투자는 거품도 많고 폐지될 위험도 안고 있지만, 다른 한편으로는 메이저 코인을 중심으로 안정적인 투자대상이라는 평가도 많이 나오고 있습니다. 2022년부터 우리나라 핵심 금융기관들이 가상 자산에 대한 투자를 진지하게 고려하고 있다고 발표하는 것도 같은 이유입니다. 특히 NFT 생태계가 활성화되면서 이더리움 기반의 코인 생태계의 성장에 대한 기대가 커지고 있습니다.

NFT가 뜨는 이유,
마켓에서 작품 거래하는 법

그렇다면 NFT 거래가 어떻게 이루어지는지, 얼마나 복잡한 프로세스인지 한번 살펴보겠습니다. 우선 NFT 플랫폼에 나의 상품을 등록하거나 상품을 구입하려면 코인이 필요합니다. 보편적으로 가장 많이 사용하는 코인이 이더리움입니다. 물론 마켓별로 다른 코인을 받기도 합니다. 여기서는 이더리움을 구입해보겠습니다. 코인 거래소에서는 카드 구매도, 페이먼트 구매도 안 됩니다. 이더리움을 구입하려면 코인 거래소에 계좌를 열어야 합니다. 방법은 여러 가지입니다. 다양한 방법이 유튜브에 상세히 소개되어 있습니다. 동영상 두어 개만 보면 금방 배울 수 있습니다. 저도 그걸 따라가 봅니다.

유튜브에서 '코인 거래소 계좌 열기'를 검색하고 조회 수가 높은 걸 고릅니다. 이 영상을 참고해서 코인 거래소에 계좌를 개설합니다. 저는 업비트에 계좌를 열었습니다. 계좌를 열고 나면 은행 계좌를 연결해 돈을 입금해야 합니다. 처음 하는 거면 20만 원 정도로 시작하는 게 좋습니다. 코인 거래소는 은행으로 인정받고 있지 못하기 때문에 일반 은행에서 바로 송금할 수 없습니다. 반드시 코인 거래소와 약정된 은행에 계좌를 갖고 있어야 합니다. 업비트의 경우 케이뱅크와 제휴가 되어 있습니다. 은행별로 거래소가 연결되어 있는데, 신한은행은 코빗, NH농협은 빗썸과 코인원에 연결되어 있습니다. 해당 은행에 계좌가 있어야만 거래소로 송금이 가능합니다. 케이뱅크에서는 업비트 송금만 가능합니다. 조금 복잡하긴 합니다. 저는 일단 케이뱅크에 가서 계좌부터 개설하고 돈을 20만 원 채웠습니다.

자, 이제 업비트 앱으로 다시 갑니다. 업비트 앱은 매우 직관적으로 되어 있어 사용이 편리합니다. 입출금 메뉴로 가서 원화를 선택하고 다시 입금하기를 누르고 20만 원을 요청합니다. 그럼 연결되어 있는 케이뱅크에서 인증을 요청하고, 인증이 끝나고 나면 입금이 완료됩니다. 약간의 타임 딜레이가 있기는 합니다. 이제 내 자산에 원화 20만 원이 표시됩니다. 이 돈으로 여러 가지 코인을 살 수 있습니다. NFT 등록에는 이더리움이나 클레이튼(Klaytn)이 일반적으로 사용됩니다. 코인 거래소에 가면 엄청나게 많은 코인이 있는데, 가장 대표적 코인인 비트코인을 제외한 모든 코인을 알트코인이라고 부릅니다. 알트코인 중에서 가장 각광받고 있는 것이 이더리움으로, 비트코인의 형식을 수정해 계약조건을 저장할 수 있도록 한 특징을 갖고 있습니다. 그래서 NFT 거래에는 이더리움이 적합합니다. 이외에 많은 알트코인이 어떤 목적을 갖고 만들어지거나 또는 재미 삼아 만들어졌습니다. 일론 머스크 덕분에 유명해진 도지코인도 사실은 코인의 열풍을 풍자해서 장난삼아 만든 것인데, 인기가 급상승하면서 더는 장난이 아닌 코인이 된 경우입니다. 알트코인 중 많은 종류가 별다른 의도 없이 만들어졌거나 심지어는 투자유치를 위한 사기도 있으므로 코인을 구입하시려면 해당 코인에 대해 자세히 학습하고 도전하는 것이 필수적입니다.

여기까지만 따라 하면 일단 코인을 살 수 있고, 코인 투자도 할 수 있습니다. 한 가지 기억할 것은 업비트와 같은 코인 거래소는 블록체인으로 운영하는 것이 아니라 은행과 같은 중앙관리 시스템이라는 점입니다. 그래서 해킹도 가능합니다. 가끔 코인 거래소가 해킹당했다는 뉴스가 나는 게 바로 이런 이유입니다. 북한도 이런 약점을 노려 코인을 해킹하는 부대를 따로 두고 있다는 얘기도 있죠. 코인이 과연 실제 의미가 있는 투자수단이냐 아니면 실체 없는 도박이냐에 대해서는 아직도 논란이 많습니다. 그러나 적어도 메타버스 세계에서 코인은 필수적인 구성요소입니다. 그래서 실체와 거품에 대한 꾸준한 학습이 필요합니다. 코인 거래소는 증권거래소와 달리 24시간 연중무휴로 거래가 진행됩니다. 등락 폭도 워낙 커서 큰 손실을 볼 수 있으니 투자에 주의해야 합니다. 코인으로 수억, 수십억씩 벌었다는 사람들 때문에 현혹되기 쉽습니다만, 번 사람들이 있으면 잃은 사람들은 그 수십, 수백 배 이상 많다는 걸 명심해야 합니다. 코인 시장의 향후 발전 가능성과 별개로 묻지마 투자는 매우 위험하니, NFT를 학습하는 구성요소로 시작하기를 권합니다. NFT 결제를 위한 이더리움이나 클레이튼 구입은 간단합니다. 이더리움의 경우, 1이더(이더리움의 단위)가 대략 350~450만 원 사이에서 거래됩니다. 1이더가 400만 원이라고 하면, 20만 원으로 0.05이더를 구매할 수 있습니다. 클레이튼의 경우에는 1클레이(클레이튼의 단위)가 1,000원에서 2,000원 사이에서 거래됩니다. 1클레이가 2,000원이라고 하면, 20만 원으로 100클레이를 구매할 수 있습니다. 여기서는 이더리움을 활용해보겠습니다.

이번에는 NFT 아이템을 사러 NFT 마켓으로 갑니다. 세계에서 제일 크고 유명한 사이트가 오픈씨(OpenSea)입니다. 구글에서 오픈씨를 검색하면 바로 접속할 수 있습니다. 코인 거래와 마찬가지로 유튜브에 다양한 방법으로 NFT에 등록하는 절차를 소개하는 동영상이 많이 있습니다. 꼭 공부하고 시작하시기를 권유합니다. 여기서는 가장 잘 알려진 방법으로 소개해보도록 하겠습니다.

오픈씨에서는 나의 작품을 등록해서 팔 수도 있고, 다른 사람의 작품을 살 수도 있습니다. 거래를 하려면 돈이 필요하겠죠. NFT 거래는 코인으로 합니다. 미리 구입해뒀던 이더리움을 사용하는 겁니다. 이제 코인 거래소에서 구입한 이더리움을 활용할 차례입니다. 그런데 NFT 마켓에서 거래하려면 업비트의 계좌를 직접 사용할 수 없습니다. NFT 거래는 P2P(개인 간 거래) 방식이기 때문에 코인을 주고받으려면 개인적으로 코인을 넣어두는 지갑, 즉 월렛(wallet)이라고 부르는 개인 계좌가 별도로 필요합니다. 조금 복잡하다는 생각이 들죠. 그래도 포기하지 말고 따라가 보시죠. 오픈씨에서 사용되는 대표적인 월렛이 메타마스크(MetaMask)입니다. 메타마스크를 만들려면 반드시 크롬 브라우저를 사용해야 합니다. 크롬 브라우저에서 메타마스크를 검색하고 앱을 설치하면 크롬 브라우저를 기반으로 하는 월렛 계좌를 만들 수 있습니다. 자세한 절차는 관련 문서나 동영상을 검색하시면 쉽게 따라 할 수 있습니다.

여기까지 하면 나의 월렛이 만들어집니다. 진정한 의미의 블록체인 거래를 위한 나의 계좌입니다. 어떤 은행과도, 거래소와도 상관없는 나만의 개인 월렛이 만들어진 것이죠. 이 월렛에는 오직 블록체인 기반의 코인만 채울 수 있습니다. 물론 NFT도 여기에 보관합니다. NFT도 블록체인 기반의 토큰이니까요. 이 월렛은 세상 누구도 모르고, 오직 나만 아는 계좌입니다. 그래서 비밀번호를 잘 보관하고 관리해야 합니다. 비트코인이 폭발적으로 상승하는 가운데, 이 월렛 비밀번호를 잃어버려 수백억을 날렸다는 기사도 있었습니다. 일반적인 은행과 달리 월렛의 비밀번호를 잃어버리는 순간, 계좌의 자산을 절대 다시 찾을 수 없습니다. 코인 거래소에 있는 계좌는 은행처럼 관리를 해주지만, 월렛 관리의 모든 책임은 나에게 있습니다. 비밀번호를 다시 한번 잘 저장해두십시오.

아직은 빈 월렛이니 코인을 채워야겠죠. 코인 거래소에 있는 내 계좌로 가서 월렛으로 이더리움을 보낼 차례입니다. 코인 거래소의 내 계좌로 가면 입출금 메뉴가 있고, 이더리움을 선택하면 출금하기를 할 수 있습니다. 미리 사둔 이더리움을 내 메타마스크 계좌로 송금합니다. 일반 은행 송금보다 계좌 주소가 조금 복잡합니다. 하지만 계좌 복사하기 메뉴를 활용하면 간단합니다. 업비트는 최소 송금 단위가 0.02이더이고, 수수료가 0.018이더입니다. 수수료가 아직 비쌉니다. 배보다 배꼽이 더 크죠. 0.03이더를 송금하고 나면 거의 다 쓴 셈입니다. 두나무가 왜 수익성이 좋은지 바로 알 수 있습니다. 메타마스크에 이더리움을 채우고 나면, NFT 등록이 가능합니다. 이때부터는 프로세스가 매우 직관적입니다. 준비한 그림이나 동영상 파일을 업로드하는 과정은 간단한데 돈이 제법 듭니다. 우선 오픈씨에 내 숍을 만들어야 합니다. 첫 이미지를 등록할 때 가스비(Gas Price)라고 부르는 수수료가 발생합니다. 시간에 따라 다르긴 한데 대략 7만 원에서 10만 원 정도라고 생각하면 됩니다. 꽤 비싸죠. 이런 문제를 해결하기 위해 이더리움도 업데이트를 준비하고 있다고 합니다. 클레이튼 같은 코인을 이용해 싸게 등록하는 방법도 있습니다. 경쟁이 치열해지면 점점 싼 가격에 등록할 수 있는 방법이 많아질 것으로 기대합니다. 여기서는 가장 일반적인 방법을 소개하고 있으나, 검색해서 더 나은 방법이 있으면 확인하고 시도해보시기 바랍니다.

NFT 생태계,
복잡하지만 꼭 경험해봐야 할 새로운 세계

모든 과정을 끝내면 나만의 숍을 오픈씨에 열게 되고, 등록된 상품을 판매할 수 있게 됩니다. 비로소 NFT 생태계에 접속하게 된 것입니다. 아이들이 그린 그림이나 재밌는 사진 혹은 동영상을 올려보는 것도 재밌는 경험이 됩니다. 어릴 때 해본 경험은 매우 오랫동안 각인되므로 학습의 효과도 좋습니다. 작품을 등록하면 나의 디지털 자산이 NFT로 생성되는 민팅이 완료됩니다. 민팅 시 가격을 정해서 올릴 수도 있고, 경매에 부칠 수도 있습니다. 이때부터 매우 창의적인 아이디

**미술, 음악, 사진 등 모든 디지털 자산이 거래되는
세계 최대 규모의 NFT 마켓플레이스 오픈씨.**

어가 필요합니다. 어떤 작가는 마치 판화처럼 유사한 시리즈를 100개 정도 올려서 판매하기도 하고, 어떤 작가는 판매의 조건을 다르게 해서 NFT에 기록하기도 합니다. 결코 변조할 수 없는 계약조건을 기록할 수 있으니까 창작물이 첫 판매될 때부터 소유자가 바뀌는 모든 히스토리가 발생할 때마다 작가는 일정의 저작권료도 챙길 수 있습니다. 모두 자신이 정할 수 있습니다. 이미 세상에는 많은 NFT 아트 컬렉터들이 있습니다. 모은 작품으로 경매도 이루어집니다. 2021년 소더비가 주최한 첫 번째 NFT 경매에서는 거래 금액이 무려 182억 원에 달했습니다. 이러한 사례에서 확인할 수 있듯이 앞으로가 더욱 기대되는 시장입니다. 메타버스라는 신세계가 NFT를 만나 진정한 의미의 시장 생태계로 차근차근 성장하고 있는 것입니다.

오픈씨와 같은 유명 NFT 갤러리에 접속해 어떤 작품들이 고가에 거래되는지 감상하고 확인하는 것도 좋습니다. 이미 세계 10대 NFT 아티스트 같은 리스트가 존재하는데, 가서 작품을 보면 정말 창의적인 새로운 트렌드가 많습니다. 3차원 모델로 멋진 조각품을 판매하는 아티스트도 있습니다. 어떤 아이템을 구매해야 돈이 되는지 하는 투자의 감을 키우자는 것이 아니라, NFT 생태계에서 어떤 작품들이 인기가 있고, 최근 디지털 예술의 트렌드가 어떻게 흘러가고 있는지, 감을 익혀보자는 겁니다. 예술은 직접 체험해야 좋은 안목이 생겨납니다. NFT 아트도 직접 체험하고 경험해야 가치를 알 수 있습니다. 요즘에는 아이들의 그림도 큰 인기를 얻어 수천만 원은 물론 수십억 원에 거래되는 경우가 제법 있습니다. 뛰어난 어린 재능들을 대중이 먼저 인지하는 것이죠. 어떤 작품이 팬덤을 만드는지 알아두는 것도 중요합니다. 마치 위대한 예술가들의 작품을 실제로 감상하면서 감을 키우는 것과 비슷합니다. 새로운 문명을 체험하는 건 말로 설명할 수 없는 감, 즉 '느낌적인 느낌'을 키우기 위한 좋은 경험이 됩니다.

메타버스라는 신대륙은 여전히 많은 것이 완성되지 않은 미지의 신세계입니다. 엄청난 투자가 이루어지고 있지만, 과거 IT 버블을 연상시킬 만큼 과열된 양상을 보이는 것도 사실입니다. 오르는 듯하다가 폭락하는 경우도 많습니다. 그런데 분명한 것은 확실히 다가오는 미래라는 것입니다. 지금 잘나가고 있는 많은 기업과 가상화폐 중 상당수가 사라지겠지만, 동시에 많은 기업이 성공하며 새로운 문명의 표준으로 자리 잡을 것입니다. 오늘날 전성기를 누리는 디지털 플랫폼들이 성장했던 것처럼 말이죠. 코인이 돈을 많이 번다고 무턱대고 투자하거나, 막연하게 들은 얘기를 바탕으로 '코인은 전부 사기다.'라고 단정하는 것 모두 바람직하지 않습니다. 지금 형성되고 있는 메타버스와 NFT 생태계는 장점이 많습니다. 물론 단점이나 부작용도 있지요. 명심해야 할 점은 새로운 지식을 접해봐야 새로운 부가가치를 만들어낼 수 있다는 사실입니다.

아티스트는 내가 키운다!
NFT 생태계

메타버스와 NFT 생태계가 성장하려면 기존의 시스템보다 사람들이 좋아할 생태계적 특성이 필요합니다. 그런 면에서 메타버스와 NFT 생태계는 성장 가능성이 큽니다. 어린 아티스트가 성장하려면 많은 후원이 필요합니다. 그래서 부모의 능력이 중요하다고 이야기합니다. 재능은 있지만 기회를 갖지 못하는 천재들도 많습니다. 어려서 그림을 잘 그리는 재능을 발견했다고 해도 좋은 학교에 진학을 시켜야 하고, 미술계에서 이미 인정받은 사람들로부터 가르침을 받아야 평탄한 길을 따라 성장할 수 있습니다. 그래서 과거의 많은 천재들은 가난한 채로 생을 마감하고, 사후에야 그 천재성을 인정받는 경우가 많았습니다. 그런데 메타버스 문명에서는 굳이 사후까지 갈 필요가 없습니다. 단단한 시스템에 진입하기 위해 많은 돈을 들이거나 화려한 인맥을 동원하지 않더라도 누구나 자기 그림을 세계적 무대에 올릴 수 있습니다. 그리고 많은 사람의 사랑을 받는다면 그 재능을 살려 얼마든지 멋진 아티스트로 성장할 수 있습니다. 실제로 이미 그런 성장을 만들어낸 아티스트들이 많습니다.

비플이라는 닉네임의 디지털 아티스트는 그의 작품을 780억 원에 팔아 세상을 놀래켰을 뿐 아니라, 이미 현존하는 세계 3대 작가의 반열에 올랐습니다. 디지털 아트만으로 말이죠. 이런 수준의 작가가 되는 일이 꼭 나이가 들어야 가능한 건 아닙니다. 미국의 초현실주의 작가로 퓨오시우스(FEWOCiOUS)라는 닉네임의 NFT 아티스트는 그녀의 열여덟 번째 생일에 이미 37만 달러의 수익을 올렸습니다. 고등학생이 세계 톱 아티스트가 될 수 있는 세상이 시작된 것입니다. 그녀의 작품을 보고 있자면 놀라운 천재성에 감탄하지 않을 수가 없습니다. 그 감성이 세계인의 마음을 산 것이죠. 이미 최근 작품은 수백만 달러에 그림이 거래되고 있습니다. 호세 델보(José Delbo)라는 아티스트도 있습니다. 그는 1970년대 유행하던 마블 코믹스의 작품들을 기반으로 디지털 아트에 입문해 세계 10대 NFT 아티스트가 되었습니다. 2022년 그의 나이는 이미 88세인데 그의 작품은 수백만 달러에 팔리는 중입니다. 나이에 아무런 제한이 없다는 것이죠.

영국의 12세 소년 벤야민 아메드는 2022년 3월 NFT 프로젝트를 통해 500만 달러(약 61억 원)의 수익을 올려 세상을 놀라게 했습니다. 이 소년은 이미 2021년 '이상한 고래들'이라는 작품으로 민팅했는데, 무려 5억 원에 가까운 수익을 기록해 주목받기 시작했습니다. 이후 보어링 바나나(Boring Bananas)라는 NFT 전문기업과 협업을 통해 총 8,888개의 NFT를 발행했는데, 이것이 대박을 터트린 것이죠. 아메드는 다섯 살 때 웹 개발자인 아버지로부터 처음 코딩을 배우면서 디지털 신세계에 매료되었다고 합니다. 어려서부터 몸에 익힌 디지털 문해력이 얼마나 중요한지를 보여주는 사례입니다. 그는 옥스퍼드 대학교에서 마련한 NFT 초청 강연에서 "앞으로 더 창의적이고 재밌는 NFT 개발에 도전하겠다."라고 밝혀 사람들을 흐뭇하게 만들었습니다. 물론, 우리나라에도 있습니다. 2021년 아트띠프(Arthief)라는 닉네임의 중학생 박하선 군입니다. 이 학생도 자신의 그림을 NFT 마켓에 올려, 1,200만 원의 수익을 내며 화제가 된 바 있습니다. 아쉬운 점은 우리 사회가 이런 새로운 시장의 탄생에 대해 너무 수비적이고, 두려워만 한다는 것이죠. 보수적이라고 하는 영국에서도 이런 소년을 발굴해 옥스퍼드 대학에 불러 강연을 열어줍니다. 많은 젊은이가 함께 꿈꾸라는 것이죠. 이것이 선진국의 생태계입니다.

NFT로 어린 소년 소녀들이 활약할 수 있는 것은 메타버스라는 세상이 넓고 나를 이해하는 컬렉터도 많기 때문에 가능한 일입니다. 어려서부터 그림 그리기를 좋아했고, 디지털 세계에 대해 관심이 많았던 아메드나 박하선 군은 NFT라는 새로운 세상이 열리자 바로 도전을 시작한 겁니다. 앞으로 어떤 미래가 펼쳐질지 확신할 수는 없지만, 적어도 무엇을 해야 할지는 분명해진 겁니다. 내가 성공하는 데 부모님의 배경이나 엄청난 자본이 필요한 게 아니라는 것도 깨달았습니다. 진정한 실력으로 도전할 수 있는 공정하고 매력적인 성장의 생태계가 펼쳐진 것이죠. 메타버스는 그래서 매력적입니다.

개인뿐 아니라 이제 글로벌 제조기업들도 NFT에 기반한 새로운 비즈니스 모델들을 속속 만들어내고 있습니다. 대표적인 기업이 나이키와 아디다스입니다. 이들이 창조하는 신박한 메타버스와 NFT의 신세계를 한번 들여다보시죠.

───────

'스마트 팩토리'와의 만남, 메타버스와 NFT의 신세계

나이키는 2021년 아티팩트(RTFKT)라는 메타버스 전문 스타트업을 인수했습니다. 아티팩트는 가상패션 NFT 스튜디오입니다. 사업모델이 아주 특이한 기업입니다. 원래 메타버스 환경에서 패션 아이템이나 신발을 디자인해서 NFT에 등록하고 판매하던 회사입니다. 물론 실제로 입을 수는 없습니다. 이 회사가 유명세를 탄 건 2020년 일론 머스크의 한 사진 때문이었습니다. 그 사진에서 머스크가 신고 나온 사이버 스니커즈가 너무나 멋있었기 때문이죠. 그 멋진 신발에 꽂힌 네티즌들

NFT 마켓에서 1만 5,000달러에 팔린 아티팩트의 사이버 스니커즈.

이 엄청난 가격을 제시하며 제발 팔아달라고 아우성을 친 겁니다. 그런데 사실 그 사진은 아티팩트가 합성한 가상 신발이었습니다. 실물이 아니라 페이크였죠. 놀랍게도 이 가상 신발이 무려 1만 5,000달러에 팔렸습니다. 오직 가상에서만 신을 수 있는데 말이죠. 그럼 이 신발은 어떻게 신어볼 수 있을까요? 바로 증강현실 기술을 이용해서 착용하는 겁니다. 요즘 제페토와 같은 메타버스 플랫폼에 가면 내가 디자인한 캐릭터 얼굴을 실제 내 얼굴에 매치시켜 동영상을 찍어주는 기능이 있습니다. 이 회사는 신발 구매자에게 증강현실 필터(AR filter)를 보내줍니다. 그 필터를 적용해 스마트폰 카메라로 내 신발을 찍으면, 사이버 스니커즈가 마치 발에 신겨 있는 것처럼 사진이나 동영상에 찍히는 겁니다. 이걸 인스타나 트위터를 통해 자랑할 수 있습니다. 또 샌드박스 안에서 나의 메타버스 캐릭터에도 입힐 수가 있습니다. 아티팩트는 이런 방식으로 다양한 신발을 개발해 NFT에 등록하고, 이걸 경매를 통해 판매하는 비즈니스를 시작한 겁니다. 앞서 언급한 NFT 디지털 아티스트 퓨오시우스와 협업을 통해 한정판 신발과 증강현실 필터도 출시해서 큰 화제가 됐었죠. 2021년 이 회사는 총 630종의 신발을 디자인해 팔았는데 순식간에 매진되면서 무려 37억 원의 수익을 올렸습니다. 심지어 구매자가 원할 때면 디지털 신발을 실제 실물로 제작해서 보내주는 서비스까지 시작했습니다. 이 회사를 나이키가 인수한 겁니다.

나이키는 포트나이트 플랫폼에서 나이키 신발 아이템을 팔기도 하고, 로블록스에 나이키랜드(NIKELAND)라는 샌드박스를 꾸며 마케팅에 활용하는 등 메타버스 진출에 깊은 관심을 보이고 있었습니다. 10대 고객이 많은 이들 플랫폼에 진출하는 건 당연한 일이죠. 그런데 신발을 비롯한 패션 아이템의 디자인에 최고 실력을 갖춘 아티팩트를 만났으니 이제 날개를 단 겁니다. 기억나시는지요? 2022년 1월 나이키의 조던 운동화가 발매되자 그걸 구매하려고 맹추위 속에서 밤을 꼬박 새운 열혈 팬들이 있었습니다. 지금도 나이키 한정판 신발에 대한 팬덤은 어마어마합니다. 그 팬덤에 NFT까지 더해지면 정말 대박이 나는 겁니다. 지금까지는 20만 원짜리에 팬덤이 형성된 거지만 이 팬덤의 크기가 신발당 2,000만 원까지 올라갈 수 있게 되었다는 겁니다. 나이키의 신발 재판매 마켓도 큰 관심거리입니다. 나이키 한정판 신발들은 재판매 마켓에서 엄청난 인기를 모으고 있습니다. 그래서 오픈런(밤새 줄서 있다가 백화점이 문 열자마자 뛰어가서 선착순으로 구매하는 현상)도 있는 거죠. 지금까지는 인기 있는 나이키의 한정판 신발들이 재판매되면서 가격이 10배가 오르더라도 나이키에 수익이 전혀 없었습니다. 그런데 NFT를 활용하면 거래마다 일정 로열티를 받을 수 있습니다. 새로운 수익원이 생기는 겁니다. 그뿐 아닙니다. 중고거래 시장에서 가짜 상품을 원천 봉쇄할 수 있습니다. 그러면 많은 스포츠 셀럽과의 진정한 한정판 협업도 가능해집니다.

나이키가 특허를 낸 정말 황당한 비즈니스 모델도 있습니다. NFT 사업 중에 크립토키티(CryptoKitties)라는 모델이 있습니다. 디지털 고양이를 판매하는데 이 고양이는 교배가 가능합니다. 구매한 사람들끼리 커뮤니티에 모여서 교배를 하고, 탄생한 새끼 고양이가 희귀 아이템이 나올 때면 아주 비싼 가격에 팔리기도 합니다. 복권 같은 개념이 도입된 거죠. 2017년 출시한 이 게임 기반의 NFT 비즈니스는 사업 초기 큰 인기를 얻었지만, 지금은 시들해진 아이템입니다. NFT 실패 사례 중 하나죠. 그런데 나이키가 이 개념을 신발에 도입해 디지털 신발을 판매할 때 교배할 수 있는 기능을 부여합니다. 그럼 신발 구매자들이 커뮤니티에서 서로 만나 교배를 시키고 새끼 신발을 낳습니다. 그렇게 새로 탄생한 신발은 경매를 통해 판매할 수 있습니다. 물론 나이키는 일정 비율의 로열티를 챙기게 되죠. 이걸 특허로 등록했습니다. 물론 사업화에 성공할지는 두고 볼 일입니다. 어떤가요? 정말 모든 것이 아이디어 싸움이 되는 시대입니다. 그래서 자꾸 신문명을 배우고 새로운 생각에 도전해야 한다는 겁니다.

아디다스도 빠르게 메타버스 시장에 진입합니다. 우선 2021년 샌드박스에 독자 구획을 20억 원에 구매하고 '아디버스(adiVerse)'라는 이름을 붙였습니다. 나이키랜드와 비슷한 기획을 시작한 거죠. 그리고 NFT 시장 진출을 위해 암호화폐 거래소인 코인베이스와 협약을 체결합니다. 플랫폼이 마련되었으니 프로젝트를 시작해야죠. 2021년 12월 본격적으로 메타버스 시장에 진출합니다. 인투 더 메타버스(Into the Metaverse)라는 NFT 프로젝트를 발표하면서 인터넷 세계의 셀럽으로 유명한 보어드 에이프 요트 클럽(BAYC, Bored Ape Yacht Club), 지머니(G-money) 펑크스 코믹(Punks comic)과의 협업을 선언합니다. 곧바로 대단한 인기를 끌게 됩니다. 인기가 확인되자 아디다스는 3만 개의 캐릭터를 만들어 NFT에 등록하고 0.2이더씩에 판매하는 민팅을 실시합니다. 순식간에 매진된 이 프로젝트를 통해 아디다스가 벌어들인 돈은 275억 원에 달합니다. 이 캐릭터를 사들인 구매자에게 아디다스는 총 4개의 실물 아이템을 제공했습니다. 거기에는 NFT 코드가 찍혀 있습니다. 세계에서 하나뿐인 상품을 받게 된 것이죠.

패션 기업이 NFT를 비즈니스화하는 데 유리한 점 중 하나가 바로 실제 상품을 제작할 수 있다는 겁니다. 과거 아디다스는 신발을 완전 자동화 설비로 생산하는 스마트 팩토리에 도전했다가 실패한 바가 있습니다. 자동화는 성공했지만 신발이 안 팔렸기 때문입니다. 사람들이 좋아하는 다양한 디자인을 만들기에는 기술에 한계가 있었던 것이죠. 그런데 디지털 아이템으로 미리 판매를 하고 나서 실물 하나를 제작하는 건 기술적으로 훨씬 쉬운 일이 됩니다. 3D 프린팅과 로봇 기술을 잘 활용하면 충분히 다양한 상품을 다양한 욕구에 맞춰 찍어낼 수 있습니다. 스마트 팩토리와 NFT 생태계의 만남, 실패했던 시장에 또 다른 가능성이 열리는 겁니다. 이렇게 NFT 시장의 아이디어는 무궁무진합니다.

최근 저는 학생들과 모 프로야구단을 위한 NFT 민팅을 준비하고 있습니다. 1만 개의 NFT를 발행하고, 그 수익금의 전부를 공익사업을 위해서 사용합니다. 야구에 재능은 뛰어나지만, 집안 형편이 어려운 어린 선수를 돕거나 해당 구단 연고지의 불우한 이웃을 돕는 일 등에 쓰기로 정해놓고 만드는 겁니다. 당연히 해당 구단을 사랑하는 팬들이 구매합니다. 특히 MZ세대들이 열광하죠. 프로야구단 최초의 NFT니까요. 만약 1만 명이 30만 원에 구매한다면, 30억 원의 공익사업비가 만들어집니다. 대신에 구단은 이분들에게 NFT뿐 아니라 다양한 혜택을 제공합니다. 입장권 할인, 선수들의 사인볼이나 유니폼, 다양한 기념품 등 팬들이 마음에 들어 할 선물을 준비하는 거죠. 이 모든 과정은 투표로 진행합니다. 원래 NFT 민팅을 하고 나면, 그걸 소유한 사람들을 위해 메타버스 플랫폼 안에 커뮤니티 공간을 만들어줍니다. 그들만의 혜택을 제공하는 것이죠. 또 이들이 편하게 소통할 수 있도록 트위터나 디스코드 등을 통해 대화의 창구를 만들어줍니다. 거기서는 다양한 의견을 제시할 수 있고, 또 투표를 통해 어떤 이벤트를 할지 결정하게 됩니다. 이러한 커뮤니티 조직을 DAO(탈중앙화된 자율 조직, Decentralized Autonomous Organization)라고 합니다. 예를 들어, 갖고 싶은 선수의 기념품도 DAO를 활용해 투표로 결정하고, 도와줄 불우한 선수나 이웃도 투표로 결정합니다. 어떤 의미에서는 더 강력한 직접 민주주의를 실천하는 것이죠. 이것이 웹 3.0입니다. 자신이 참여하고 투표로 결정한 이벤트들이니까 더 사랑하고 홍보하게 됩니다. 구단의 관점에서는 1만 명의 강력한 마케터가 생겨나는 것이죠. 기업들에 이러한 팬덤은 매우 중요합니다. 요즘은 네티즌의 의견과 댓글이 가장 중요한 시대니까요. 이 프로젝트에 참여한 학생들도 매우 즐거워합니다. 자신들의 메타버스 세계가 프로야구와 만나는 걸 디자인한다는 게 신난다고 합니다. 아이디어도 무궁무진합니다. 기존 산업이 MZ세대를 사로잡기 위해 메타버스를 만나야 하는 이유 중 하나를 엿볼 수 있습니다.

저는 메타버스와 NFT가 결합한 생태계가 훨씬 더 강력하게 성장할 것이라고 예상합니다. 건강하고 공정한 생태계가 보장되기 때문이죠. 실제로 디지털 생태계는 인류가 보편적으로 더 건강하다고 생각하는 방향으로 진화하고 있습니다. 세계 경제를 살펴보면 메타버스와 NFT가 만나 이루는 신경제의 생태계가 조금씩, 그러나 무럭무럭 성장하는 중입니다. 아직은 극초기의 산업상태라 어떤 사람은 거액을 벌기도 하고 어떤 사람은 사기를 당하기도 합니다. 투자는 엄청나게 이루어지고 있지만, 거품도 많은 상태라고 할 수 있죠. 문제는 우리의 태도입니다. 도전하는 이들에게 문이 열립니다. 10년 후의 미래를 단정할 수 있습니다. 디지털 경제에 익숙하지 않은 많은 인구가 줄어들 것이며, 반대로 디지털 경제에 너무나 익숙한 인구가 대폭 늘어날 것이라는 점이죠. 그 미래를 준비하는 관점에서 메타버스, NFT, 크립토 마켓을 바라봐야 합니다. 경험과 지식이 축적되어야 새로운 창조가 일어날 수 있습니다. 메타버스라는 디지털 신대륙에서 열심히 경험하면서 미래의 새로운 길을 찾아보시기 바랍니다.

Digital Mutants

4

다윈의 진화론,
크리에이터 생태계의 변종들

권력보다 대중, 디지털 대륙에서 사랑받는 법

디지털 신대륙에서의 성공법칙을 한번 볼까요? 무조건 소비자의 선택을 받아야 합니다. 파워 유튜버가 되려면 소비자들의 '구독'과 '좋아요'가 필수입니다. 웹툰 작가의 성공도 조회 수와 댓글이 결정합니다. 배달 플랫폼도 소비자의 선택이 성패를 결정하고, 심지어 골목식당의 성공도 별점 평가에 따라 결정됩니다. 옷 하나를 팔아도 댓글이 몇 개나에 따라 판매량이 결정됩니다. NFT 마켓도, 메타버스 플랫폼도 예외는 없습니다. 모든 결정권이 소비자의 선택에 달려 있습니다. 소비자가 진정한 권력자가 된 것이죠. 생태계의 생존 법칙이 바뀐 겁니다.

과거에는 방송인이 되거나 만화가가 되려면 전통적인 권력 시스템에 잘 보여야 하고 인정받아야 했습니다. 물건 하나를 팔려면 강력한 오프라인 유통망에 잘 보여야 성공할 수 있었습니다. 그래서 수십 년 간 구축된 시스템은 강력한 권력이 되었고, 그걸 잘 이용할 수 있는 능력이 있어야 성공할 수 있다고 했습니다. 그래서 자본이, 방송 권력이, 대기업이, 인맥이 세상의 모든 걸 지배한다고 해도 틀린 말이 아니었습니다. 그런데 디지털 문명으로 전환하면서 그 모든 권력이 빠르게 소비자에게로 이동하고 있습니다. 누구나 진짜 실력만 있다면 방송인도, 웹툰 작가도, 아티스트도, 디자이너도, 패션모델도, 장사꾼도 다 될 수 있는 사회로 전환되고 있습니다. 이 전환에 부작용은 있어도 생태계 전체의 관점으로 본다면 훨씬 건강한 시스템으로의 진화라는 걸 우리는 알고 있습니다. 권력을 독점한 자본이나 기관에 선택받는 것보다 일반 대중에게 선택받아야 생존 가능성이 크다는 것은 다윈의 자연선택론에 비추어 봤을 때 다양성이 커지는 더 나은 사회로의 진화를 의미합니다.

진화론과 함께 가는 디지털 문명 생태계

디지털 문명이 정착하면서, 중앙시스템에 집중되었던 권력이 소비자 대중으로 분산되고 탈중앙화가 확산하는 건 생태계 진화의 특성을 고려하면 당연한 현상입니다. 찰스 다윈은 200년 전 《종의 기원》이라는 위대한 텍스트를 통해 자연선택에 의한 진화론을 세상에 내놓았습니다. 그는 자연에 존재하는 수많은 생명체를 탐구하며 자연에 잘 적응하는 개체가 생존하며 진화를 이어가고 있음을 과학적으로 증명해냈습니다. 똑같이 시작된 생물들도 주변 환경에 적응하기 위해 달라지는 것을 관찰해서 얻은 결론입니다.

진화론을 설명하는 유명한 갈라파고스(Galápagos Islands)의 핀치새가 있습니다. 남미 대륙에서 살다 폭풍에 밀려 한참 떨어져 있는 갈라파고스 제도에 도착한 핀치새는 섬의 환경, 먹이의 종류에 따라 다른 종으로 진화했습니다. 비글호를 타고 세상을 돌던 다윈은 갈라파고스 제도에 머물며 지역 10여 개의 섬을 다니면서 핀치새를 채집합니다. 그 채집을 통해 남미 대륙에서 날아온 같은 종류의 새가 갈라파고스에 도착한 후 각기 다른 환경에 적응하기 위해 전혀 다른 종으로 변화했다는 것을 발견합니다. 그리고 그 관찰이 출발점이 되어 유명한 저서 《종의 기원》에서 언급한 '자연선택론'이 탄생합니다. 핀치새는 먹이가 되는 씨앗의 크기에 따라 부리의 길이와 폭이 달라진 겁니다. 심지어 다른 핀치새와의 먹이 경쟁에서 밀릴 경우에도 적응을 위한 부리 변화가 관찰됩니다. 지구 생명체에 존재하는 DNA가 생존을 위해 일으키는 변화가 그만큼 강렬하다는 겁니다. 다윈의 발견은 인류가 온 우주의 중심이라는 이전까지의 생각을 모두 깨트리고, 우리도 지구에 살아남은 자연의 일부라는 사실을 인식하게 만들었습니다. 그의 저서 《종의 기원》은 인류의 세계관을 가장 획기적으로 바꾼 위험한 도전이었다고 평가받습니다. 그 당시로서는 인간이 침팬지와 같은 격의 존재라는 걸 입 밖에 꺼낸다는 것이 자살 행위와 다를 바 없었으니까요. 물론 지금은 그의 생각이 표준 세계관이 되었습니다. 인류 대부분이 다윈의 진화론을 배우고 또 신뢰하고 있습니다. 그리고 그 자연선택이라는 절대 법칙의 연속 선상에서 디지털 문명도 진화하고 있는 것이죠.

인간도 지구 환경에 적응하기 위해 끊임없이 변이를 만들어냈고, 매우 운이 좋게도 지적 능력을 개발하게 되었습니다. 그리고 수만 년 동안 다른 생물체가 갖지 못한 지적 능력을 발전시켜 자연에서의 생존력을 극대화함으로써 지금의 번성을 누리고 있습니다. 지적 능력을 기반으로 사회도 형성하고, 도시도 만들고, 무기도 만들고, 전쟁도 끊임없이 치르면서 꼭 이름처럼 슬기롭다고만은 할 수 없는 역사를 만들어왔습니다. 그러나 분명한 것은 그 경험을 기반으로 조금씩 더 나은 사회, 보편적 인류가 더 행복할 수 있는 사회로 변화해왔다는 것입니다. 수많았던 호모 종족이 다 멸종했는데도, 그만큼 험난한 환경의 변화였는데도, 어찌 되었든 우리 사피엔스는 살아남아 번성했습니다. 그 DNA가 우리를 지금 디지털 문명으로 이끌고 있습니다.

디지털 문명에서는 모든 대중이 선택권을 갖고 있습니다. 그래서 대중을 통제할 수 없습니다. 그런데 대중은 근본적으로 매우 다양합니다. 누구도 같은 DNA가 없는 것처럼 모두 참 다릅니다. 정해진 TV를 보는 것보다 각자가 좋아하는 방송을 검색해볼 수 있는 유튜브를 자연스레 선호하게 되는 겁니다. 결국 TV보다 유튜브가 환경 적응에 유리한 거죠. 이런 자연선택의 원리에 따라 사회 중앙 권력이던 방송이 그 힘을 파워 유튜버에게 넘겨주게 된 겁니다. 파워 유튜버를 만드는 건 '구독'과 '좋아요'를 누르는 대중입니다. 결국 권력의 근원은 대중이 갖고 있는 겁니다. 이게 생존을 결정하는 환경인 거죠.

생존을 위한 기준이 현격하게 달라집니다. 지금까지는 경쟁을 통해 기존 권력 시스템에 선택받아야 했던 시대였다면, 디지털 시대에는 각자의 능력을 살려 소비자 대중에게 선택받아야 하는 시대가 되었다는 겁니다. 당연하지만 자본이 만드는 기준보다 일반 대중이 만드는 기준이 인류의 보편적 가치에 가깝다는 뜻이고, 이는 보편적으로 더 바람직한 사회로의 진화라고 할 수 있습니다. 사회적 진화의 방향으로 보더라도 권력을 독점한 시스템으로부터 선택을 받는 것보다 절대 다수의 선택을 받아야 하는 기준이 등장했다면, 인류 전체 상생의 생존 가능성을 높여주는 변화라고 볼 수 있습니다. 최근 환경문제(Environment), 기업의 사회적 기여(Social Responsibility), 투명한 기업운영(Governance) 등 ESG 경영이 크게 중요시되는 것도 이런 진화의 방향이 만드는 변화입니다. 소비자가 왕이 되고, 많은 소비자의 마음을 살 수 있는 것이 생존의 조건이 되는 사회로의 진화, 그것이 디지털 문명 생태계가 나아가는 방향입니다. 그래서 디지털 대전환을 막을 수 없다고 이야기하는 것입니다.

환경 보호, 이익 공유, 착한 기업에 '돈쭐' 낸다

그걸 확인해주는 게 에어비앤비와 우버의 성공입니다. 두 기업은 유난히 기존 기업들과의 갈등이 많았던 비즈니스인데, 결국은 대중의 선택을 받아 크게 성공한 기업이 되었습니다. 그 원인을 살펴보겠습니다. 기존 시스템보다 간단하고 편리하고 가격이 싸다는 건 너무 당연해서 설명을 생략하겠습니다. 환경과 이익 공유의 관점에서 살펴보겠습니다.

인간은 유난히 여행과 탐험을 좋아합니다. 그런 습성 때문에 오래 전부터 호텔 산업이 크게 발전한 것입니다. 그런데 호텔 하나 없이 누구나 자기 집을 공유하도록 하는 아이디어 하나로 문명의 표준을 바꾼 게 에어비앤비입니다. 이미 에어비앤비의 시가총액은 세계 3대 호텔 기업인 메리어트, 하얏트, 힐튼의 시총 합계를 넘어섰습니다. 왜 선택하게 됐을까요? 우선 에어비앤비가 환경에 더 이롭습니다. 모든 인류가 여행을 즐기려면 앞으로도 엄청나게 많은 호텔을 건설해야 하는데 비수기에는 공실률이 50퍼센트가 족히 됩니다. 호텔을 계속 짓는다면 엄청나게 많은 자원과 에너지를 낭비하게 되는 겁니다. 탄소 배출도 훨씬 많아집니다. 반면 기존의 주택을 이용하면 환경 파괴를 막는 데에도 도움이 되고 탄소 배출도 줄일 수 있습니다. 이익의 공유도 살펴볼까요? 자본과 토지를 독점한 호텔이 대대손손 그 부를 누리는 것보다는 호텔 이용자가 직접 작은 주택의 소유자에게 이익을 공유하는 게 공동체 사회 상생의 관점에서 더 바람직해 보이지 않나요? 이미 많은 미국의 노년층이 에어비앤비를 통해 소소한 수입을 올리며 생활에 도움을 받고 있습니다. 우버도 비슷합니다. 우리는 러시아워가 끝나면 공회전하며 탄소를 뿜어내는 많은 택시를 발견할 수 있습니다. 차를 공유하는 우버를 이용하면 확실히 탄소 배출을 줄일 수 있습니다. 분명 기존의 택시 시스템은 우버와 비교할 때 환경에도 해롭고 이익의 분배에도 독점을 가져오는 방식입니다. 택시회사를 운영하는 것도 부동산 소유부터 복잡한 운영 방식까지 우버 방식과 비교해 비효율적입니다. 요금이 오르면 그 이익은 또 사장님 몫이 됩니다. 택시업체가 어렵다고 하지만 운수업은 대대손손 대물림이 가장 많은 사업 중 하나입니다. 돈이 되니 물려주는 겁니다. 물론 이런 생각에 동의하지 않는 분들도 계실 겁니다. 그런데 우버와 택시가 공정하게 경쟁을 했더니 우버가 결국 세계인의 선택을 받았다는 걸 기억해야 합니다. 대중의 선택을 받아야 하는 생존의 법칙에서 우버가 선택을 받은 겁니다. 물론 에어비앤비와 우버가 크게 성장했다고 해도 앞으로 호텔과 택시도 여전히 공존하며 생태계를 잘 유지할 것입니다. 인류는 다양함을 좋아하니까요. 그러나 표준은 바뀌는 겁니다.

디지털 문명이 발전할 수밖에 없는 또 하나의 특징이 다양성입니다. 세계적인 사회생물학자 최재천 교수는 건강한 생태계의 가장 중요한 조건으로 '다양성'을 꼽습니다. 그래서 우리나라 사회도 인종, 성별, 종교 등 다양한 사람들이 잘 섞여 지낼 수 있어야 건강한 사회가 된다고 강조합니다. 인류 역사에서도 가장 위험하고 불행했던 사회가 획일적이고 엄격한 규제로 통제된 사회였습니다. 디지털 문명에서는 일반 대중의 선택을 받는 것이 성공의 기준인 만큼 성공의 방법도 엄청나게 다양해졌습니다. 인류 자체가 같은 사람이 하나도 없는 매우 다양한 특성을 가진 존재이기 때문입니다. 디지털 플랫폼을 이용한 새로운 직업도 크게 늘었죠. 인류가 선택할 수 있는 서비스도 훨씬 더 다양해졌고, 동시에 성공한 사례들도 과거와는 비교할 수 없을 만큼 다양해졌습니다. 사람들의 생각도, 습관도 물론 다양해졌습니다. 그 다양성이 우리 사회에 보편적 특성으로 자리 잡고 있습니다. 다양성이 인정되는 사회로의 변화는 건강한 사회로의 변화를 의미합니다. 되돌리기 어렵다는 겁니다.

지금은 과도기인 만큼 기존의 시스템인 전통적인 숙박업도 택시도 법적으로 어느 정도는 보호해야 할 시기가 맞습니다. 그렇지만 언제까지 문명의 변화에 대해 모르는 척할 수는 없습니다. 새로운 시스템의 근본적 우월함을 이미 알아챈 포노 사피엔스들에게 어른들이 자신의 이익을 지속시키기 위해 우격다짐 논리만으로 계속 대응할 수는 없기 때문입니다. 디지털 신인류가 만드는 생태계의 진화는 포노 사피엔스라는 새로운 권력자에게 더 이로운 방향으로 전개됩니다. 어른들에게는 속상한 일이지만, 미래 세대에게는 환경을 보호하고, 상생에 도움이 되며, 다양성이 보장되기에 적합한 문명으로 전환하는 것이 이미 정해진 운명입니다. 이제는 다가올 미래를 준비하면서, 그곳에서 필연적으로 발생하게 될 부작용을 최소화하는 데 노력을 기울이는 편이 훨씬 슬기로운 일입니다.

메타버스나 NFT 생태계가 발전하리라고 전망하는 건, 마치 자연선택처럼 포노 사피엔스가 선택했던 디지털 플랫폼이 항상 번성했기 때문입니다. 기존 사회와의 갈등 속에서 부작용이 노출되겠지만, 문제는 포노 사피엔스들이 선택할 수밖에 없는 장점이 너무 많다는 것입니다. 더구나 메타버스를 선택한 그들은 디지털 문명에 너무나 익숙한 '디지털 원주민'들입니다. 물론 지금 일어나고 있는 NFT 비즈니스의 80퍼센트는 망할 가능성이 있다는 점도 동시에 명심해야 합니다. IT 버블이 꺼질 때에도 같은 현상이 있었습니다. 사실 이것도 자연에서 일어나는 과밀경쟁 현상과 유사합니다. 이 중 치열한 경쟁을 뚫고 살아남는 진정한 승자들이 페이스북, 구글, 인스타그램 등 기존의 SNS를 능가하는 새로운 타이탄으로 성장하게 될 겁니다. 과거에도 그랬듯이 말이죠.

코로나가 우리 인류에게 남긴 메시지

안 그래도 디지털 전환이 세상을 빠르게 변화시키던 와중에 갑자기 인류를 찾아온 불청객이 코로나입니다. 아이러니하게 코로나는 디지털 혁명을 엄청난 속도로 진전시킵니다. 코로나가 남긴 메시지는 명확합니다. 무조건 빨리 어떤 형태로든 디지털 문명으로 대전환을 하라는 것이죠. 급격한 환경 변화에 빠르게 적응하라는 다윈의 메시지이기도 합니다.

교육의 혁명은 필연적입니다. 코로나로 인해 우리는 강제적인 온라인 교육을 경험했습니다. 그리고 어느새 햇수로 3년이 지났습니다. 이제는 새로운 표준이라고 해도 어색하지 않습니다. 비대면은 익숙해졌습니다. 그렇다면 교수의 방법, 교육 내용의 변화는 필요 없을까요? 많은 학생이 이미 새로운 방식의 교육을 경험했습니다. 그리고 더 나은 콘텐츠를 학습하면 더 좋은 교육 효과가 있다는 걸 깨닫고 있습니다. 무려 70퍼센트 이상의 학생들이 코로나 이후에도 온라인 수업을 계속해야 한다고 대답한 건 바로 새로운 교육 방식의 좋은 점을 알아차렸기 때문입니다. 1.5배속으로 볼 수도 있고, 모르겠으면 다시 볼 수 있고, 알바를 끝내고서든 친구와 헤어지고 나서든 언제든 수업을 들을 수 있으니 매력이 넘칩니다. 물론 오프라인 수업도 필요하죠. 그렇지만 순전히 지식 습득 중심의 수업이라면 온라인도 나쁠 것이 하나도 없습니다. 거기다 궁금한 게 있으면 검색하면서 얼마든지 지식의 범위를 빠르게 확장할 수 있습니다. 사실 학습의 영역은 스스로 공부해야 채워집니다. 과거처럼 일정 범위를 달달 외우고, 시험 쳐서 학점을 따는 것만으로는 사회가 요구하는 까다로운 조건을 만족시킬 수 없습니다. 코딩도 배워야 하고 메타버스, NFT와 같은 새로운 정보도 끊임없이 수용해야 합니다. 디지털 문해력을 키워야 합니다. 예를 들면, 온라인 수업에서는 지식 습득 중심의 학습, 오프라인 수업에서는 토론과 교류 중심의 학습 체제로 전환하는 것도 하나의 방법입니다. 중고등학교에서도 마찬가지입니다. 선생님들이 수업하는 부담을 온라인 교육으로 많이 줄여야 합니다. 그리고 남은 시간에 각 아이마다의 관심과 재능을 살릴 수 있도록 개인적인 보살핌의 시간을 늘려야 합니다. 우리가 고민하는 창의적 아이디어를 만드는 교육, 독서와 토론으로 생각하게 하는 교육, 여럿이 협력해서 하나의 결과를 만드는 교육 등 진정한 교육에 학교와 교사가 헌신할 수 있도록 더 많은 시간을 내주어야 합니다.

교육이 달라져야 하는 이유는 실제 사회에서 필요로 하는 인력이 과거와 달리 매우 다양해지고 있기 때문입니다. 이제는 각자 하고 싶은 일을 하면서도 충분히 일자리를 만들어갈 수 있습니다. 크리에이터 이코노미만으로도 새로운 일자리가 20퍼센트가량 증가할 수 있다는 얘기도 나옵니다. 1퍼센트의 뛰어난 크리에이터들이 20배 정도의 일자리를 더 만들어낼 수 있기 때문입니다. 전 세계가 열광하는 우리나라 콘텐츠 산업만 봐도 충분히 그 가능성을 알 수 있습니다. 과거 우리나라 만화계에서는 작은 시장 규모 탓에 소수 스타 작가를 제외하면 대부분의 만화가들이 궁핍한 삶을 살아야 했습니다. 이른바 만화에 대한 열정으로 버텨야 했죠. 그런데 웹툰 시장은 다릅니다. 2021년 웹툰 시장 규모는 1조 원을 훌쩍 넘었고, 작가들의 평균 연봉도 8,000만 원을 훌쩍 넘었습니다. 2020년 네이버웹툰 최고 작가의 연 수입은 120억을 넘었습니다. 이것도 웹툰 플랫폼에서 발생한 수입만으로 계산한 겁니다. 원작을 이용한 드라마나 영화 제작으로 받게되는 저작권 수입은 그 규모가 어마어마합니다. 당연히 일자리가 크게 늘어났습니다. 이제 작가는 개인 작업이 아니라 팀을 만들어 움직입니다. 스토리 작가, 캐릭터 작가, 밑그림 작가부터 모든 계약과 프로세스 관리를 위한 전문가, 해외영업 및 마케팅 전문가에 소비자 반응분석을 위한 빅데이터 전문가까지 새로운 일자리가 형성됩니다. 웹툰으로 시작해 넷플릭스 드라마 원작 판매까지 200억 프로젝트로 가려면 높은 연봉의 프로페셔널들이 필요합니다. 이렇게 청년을 위한 좋은 일자리가 늘어납니다.

BTS, 블랙핑크 같은 K-팝 스타들이 만든 일자리도 어마어마합니다. 현대경제연구원에서는 BTS의 경제 유발효과를 1년에 5조 원 이상이라 평가하기도 했습니다. 유튜브 조회 수 100억 뷰를 눈앞에 둔 '아기상어(baby shark)'가 만든 일자리도 정말 많습니다. 무려 2,500개의 회사와 로열티 계약을 맺었을 정도니까요. 앞으로는 NFT 크리에이터도 각광받을 새로운 직업입니다. 과거에는 크리에이터가 유튜브에서 활동하며 조회 수가 많더라도 수입은 얼마 안 되었는데, 이제 자기 실력으로 팬덤을 만들 수만 있다면 NFT라는 생태계를 통해 그 수입을 직접 자기 것으로 만들 수 있기 때문입니다. 그래서 자기가 원하는 길을 찾는 게 중요합니다. 시험 점수라는 하나의 잣대로 아이들을 판단하는 시대가 지났습니다. 이제는 다양한 기준들이 필요합니다. 암기하는 공부에 재주가 없더라도 다른 능력을 찾으면 됩니다. 그 여정은 길고 험난할 수도 있습니다. 학교는 그 길을 찾는 길잡이가 되어주어야 합니다. 선생님은 새로운 길을 찾는 데 도움을 주는 따뜻한 개별적 교육을 해야 합니다. 학교의 역할도, 부모님이 해야 하는 역할도 그렇게 달라져야 합니다. 아이들이 행복한 사회가 되어야 창의적인 인재들이 많이 탄생할 수 있습니다. 그것이 개발도상국 생태계에서 선진국 생태계로 변화하는 방법입니다.

자영업자, 영세사업자의 생사도 '디지털'에 답 있다

디지털 전환이 구조적으로 어려웠던 영세사업자, 소상공인, 식당 들이 큰 피해를 입게 된 것은 전형적인 디지털 양극화 현상입니다. 이들 중에서도 온라인 쇼핑으로 판로를 확보하고 자사 쇼핑몰을 구축하고 배달서비스까지 준비한 사업자들은 그래도 형편이 나았습니다. 디지털 전환을 잘했던 기업들에는 오히려 폭발적인 매출 증가가 일어나며 코로나가 엄청난 기회가 되기도 했습니다. 이제 누구도 예외는 없습니다. '디지털은 내가 할 일은 아니야.'라는 생각을 바꿔야 합니다.

소상공인이나 식당으로 창업하려면 어떤 방식이 표준이 되어야 할까요? 우리나라는 요식업 창업이 정말 많습니다. 가장 손쉬운 창업이라고 생각하기 때문입니다. 그래서 경쟁이 엄청나게 치열하고 성공하기도 쉽지 않습니다. 2018년 통계청 발표에 따르면 100개의 식당이 창업하고 5년이 지났을 때 사업자를 유지하고 있는 가게가 8곳에 불과하다고 합니다. 생존 자체가 정말 어렵다는 말입니다. 그 어려운 조건에서 창업하는데 돈은 정말 많이 들어갑니다. 일단 가게를 얻어야합니다. 몫이 좋은 곳이라면 임대료도 보증금도 엄청납니다. 임대를하고 나면 수천만 원을 들여 인테리어를 합니다. 주방 장비부터 보관 창고까지 설비에 엄청나게 돈이 많이 들어갑니다. 홀을 꾸미는 데도 돈이 제법 많이 듭니다. 적게 잡아도 5,000만 원에서 1억은 써야 번듯한 가게 하나를 차릴 수 있습니다. 실패할 거라고 생각하고 시작하는 사람은 아무도 없습니다. 그런데 5년 이내 실패 확률이 무려 92퍼센트입니다. 그런데도 도전합니다. 어려워도 그것이 '표준'이라고 생각하기 때문입니다.

디지털 커머스는 어떨까요? 우선 크라우드 펀딩을 알아봅니다. 와디즈(Wadiz)라는 사이트에서 미리 아이디어를 내고 선구매 고객을 모집합니다. 이런 방식을 통해 내가 하려는 사업의 성공 가능성을 미리 점검해볼 수 있습니다. 와디즈에서 1억 원 이상의 모금을 실현한 스타트업도 이미 많습니다. 작은 식당을 내는 방식도 달라질 수 있습니다. 무턱대고 가게 임대부터 하는 게 아니라 공유주방을 찾아봅니다. 제가 수원에서 알아보니 월세 30만 원이면 구할 수 있었습니다. 일단 주방장비나 인테리어에 돈 들일 필요가 없습니다. 홀이 없으니 가구도, 식기도 필요 없죠. 배달전문점을 차리는 겁니다. 번듯한 가게가 없으니 섭섭할 만도 합니다. 배달로 음식을 만들려니 한계도 분명합니다. 그런데 실패할 확률을 따져 보면 결코 나쁜 선택이 아닙니다. 창업 비용이 500만~1,000만 원 정도면 가능하니까요. 특히 처음 요식업에 도전하는 경우라면 말할 것도 없습니다. 한 번의 실패로 1억을 잃게 되면 누구나 다시 일어나기 쉽지 않습니다. 그러나 500만~1,000만 원 정도라면 다시 일어나는 게 그리 어렵지는 않습니다. 요식업의 성공은 음식의 맛이 결정합니다. 특히 요즘은 소비자가 주는 별점이 식당의 성패를 결정하는 시대입니다. 백종원의 '골목식당' 프로그램만 봐도 식당의 성공이 얼마나 어려운지를 실감할 수 있습니다. 그래서 생존 확률이 높은 쪽을 선택하라는 겁니다. 슬기롭게 말이죠.

디지털 플랫폼에 배달전문점을 내려면 공부를 많이 해야 합니다. 반찬가게를 할지, 찜닭전문점을 할지, 피자집을 할지 검색하고 또 검색해서 최근의 트렌드를 잘 읽어내야 합니다. 맛있다는 배달점은 이것저것 시켜서 먹어보고 포장은 어떻게 하는지 인기의 비결은 뭔지 철저하게 탐색합니다. 요리는 물론 기본입니다. 짧은 조리시간도 매우 중요합니다. 고객의 경험에 불편함이 없도록 조금의 디테일도 놓치면 안 됩니다. 배달 시스템도 잘 구축해야 합니다. 플랫폼과 배달업체도 꼼꼼히 리뷰하고 선택합니다. 요즘 배달의민족 같은 플랫폼 기업들은 창업자들을 위한 아카데미를 운영합니다. 이런 교육도 꼬박꼬박 챙겨 듣습니다. 플랫폼 기업만큼 디지털 커머스의 생태계를 잘 알고 있는 기업이 없습니다. 산지식을 얻을 좋은 기회입니다. 가게 쇼핑몰도 구축합니다. 플랫폼에 광고를 해야 장사가 되는 건 당연합니다. 단골이 생기면 우리 가게로 직접 주문을 넣게 하고, 그만큼 혜택을 준다면 더욱 좋겠죠. 그래서 쇼핑몰이 중요합니다. 조리 장면을 동영상으로 찍어 쇼핑몰에도 올려둡니다. 청결한 조리 장소와 과정은 고객 신뢰를 더할 수 있습니다. 소셜 네트워크를 활용한 광고도 도전해봅니다. 인스타그램이나 페이스북은 물론이고 지역서비스로 운영되는 당근마켓도 적극 활용합니다. 무료 시식권이나 할인권을 당근마켓에서 판매한다면 좋은 마케팅 전략이 될 수 있습니다. 가장 중요한 건별점 관리입니다. 고객은 경험을 기반으로 리뷰를 해줍니다. 그래서 세심한 서비스의 검토가 매우 중요합니다. 메뉴를 내놨는데 반응이별로 좋지 않을 경우 다른 메뉴로의 전환도 훨씬 수월합니다. 생존 여부는 소비자가 결정합니다.

갈라파고스의 핀치새를 기억해야 하는 이유

우리에게 가장 중요한 것은 생존입니다. 그래서 생존의 확률이 높은 쪽으로 계속 변화해야 합니다. 갈라파고스의 핀치새를 기억해야 합니다. 인류가 디지털 플랫폼을 선택한 이유는 생존의 확률을 높이기 때문입니다. 디지털 커머스로 개인적 표준을 정하고 도전을 시작하면 적은 창업 비용으로 성공을 탐색할 수 있고, 배달로 성공하게 되면 그때 좀 더 큰 규모의 오프라인 식당에 도전할 수도 있습니다. 실패의 확률을 줄일 수 있습니다. 그래서 표준을 바꿔야 합니다. 사회의 표준을 바꾸는 것은 개인만 바꿔서 될 일이 아닙니다. 창업을 지원하는 프로세스도, 금융 지원을 하는 기준도, 창업을 위한 교육과정도 모두 새롭게 정의되어야 하는 일입니다. 초기에는 좀 엉성했던 디지털 커머스의 생태계가 갈수록 진화하며 꾸준하게 시장의 표준으로 자리를 잡고 있습니다. 다른 모든 시스템도 이에 맞춰 변화해야 합니다. 오프라인과 온라인은 대결의 구도가 아니라 상호 협력하고 보완하는 관계입니다. 인류의 변화에 맞춰 새로운 표준 방식, 뉴노멀을 우리가 슬기롭게 만들어나가야 합니다.

저는 슬기로운 슈퍼 사피엔스의 성장을 직접 경험하고 있습니다. 제게는 1993년생 박사과정 제자가 있습니다. 이 친구는 기계공학을 전공하면서도 코딩을 좋아합니다. 유튜브와 인터넷 자료를 활용해 부지런히 코딩을 배웠습니다. 학부 시절에도 유난히 컴퓨터를 좋아했던 이 친구는 기계공학 관련 컴퓨터 시뮬레이션에 심취합니다. 그러고는 그걸 활용해 원자력발전소 지진 안전성 평가에 관한 논문을 작성합니다. 사실 매우 어렵고 복잡한 전문적인 영역입니다. 그런데 이 어려운 걸 잘 해내더니 여기에 인공지능을 적용해보고 싶다고 합니다. 지도교수가 모르는데 가능하겠냐고 하니 '지도교수는 몰라도 된다.'고 합니다. 기계공학과에서 인공지능 수업을 여는 게 없는데 괜찮겠냐고 하니까 원래 수업 듣고 하는 거 아니라고 합니다. 이미 많은 사람들이 알파고의 소스 코드를 활용해 다양한 분야에 인공 지능을 적용하고 있고, 자기도 그런 방식을 적용하면 가능할 것 같 다고 합니다. 그렇게 1년 반 동안 고생은 많이 했지만 결국 성공했습 니다. 사실 학습에 필요한 데이터를 구하는 데만 1년 이상 걸렸습니 다. 코딩은 그만큼 수월했다는 것이죠. 이 학생이 지금은 의과대학 선 생님들과 함께 엑스레이 이미지를 보고 폐기종을 진단하는 프로그램, 심전도 검사 데이터를 보고 심근경색의 위험도를 평가하는 프로그램 을 개발하고 있습니다. 한번 해본 것이니 그리 어려울 게 없는 겁니 다. 재미 삼아 비트코인의 가격을 예측하는 프로그램도 운영 중입니 다. 저는 이런 학생을 보면서 교육에 새로운 표준, 새로운 세계관이 필 요하다고 이야기합니다. 어쩌면 디지털 신대륙에서 지식을 쌓고, 새 로운 걸 창조하는 과정은 이제 완전히 달라져야 할지도 모릅니다. 어 른들이 생각지도 못한 세계로 슈퍼 사피엔스들이 이미 달려가고 있습 니다. 이들이 우리의 미래입니다.

답은 명확합니다. 세계관을 디지털 신대륙으로 옮겨야 합니다. 세 상을 바라보는 표준도 디지털 생태계를 기반으로 봐야 하고, 지식의 학습과 자기 계발도 디지털 플랫폼을 활용할 줄 알아야 합니다. 메타 버스, NFT, 블록체인 등 세상을 바꾸는 새로운 문명의 등장도 적극적 으로 학습해야 합니다. 내가 바라보는 세계만큼, 내가 생각하는 세계 만큼 나의 미래의 크기가 결정됩니다.

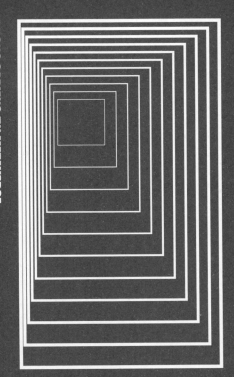

IV

PHONO SAPIENS IN METAVERSE

'열광하는 대상'이
곧 법이고 규칙이다

가장 '나'다운 것

새로운 팬덤은 디지털 플랫폼을 활용하지만, 사람의 마음을 사로잡아야 한다는 본질은 같습니다. 팬덤을 만드는 가장 중요한 요소는 좋은 경험입니다. '오징어 게임'이 보여주었듯 좋은 경험은 소비자를 자발적 마케터로, 또 세일즈맨으로 만드는 힘이 있습니다. 디지털 문명에서 이것보다 강력한 동인은 없습니다. 어떤 광고로도 대체할 수 없는 절대 권력이죠. 당연한 얘기지만 좋은 경험을 만들려면 실력이 뛰어나야 합니다. 제조업이든, 서비스업이든, 금융업이든 사람들을 감동시키는 힘이 있어야 합니다. 즉 업의 본질에 충실해야 하는 것입니다.

'내'가 혁명의 중심이자 목적,
소비 혁명

───────── **탈중앙화와 디지털 혁명,**

그 상징 BTS와 ARMY

디지털 문명의 특징을 탈중앙화라고 합니다. 기관이나 기업에 집중되었던 생태계로부터 권력이 탈출하고 있다는 말이죠. 그렇다면 그 권력은 어디로 옮겨 가는 걸까요? 디지털 플랫폼을 거쳐 소비자에게로 향하고 있습니다. 디지털 문명에서 소비자는 피라미드의 가장 윗자리를 차지합니다. 더는 '소비자는 왕'처럼 단순히 내뱉는 말뿐인 왕이 아닙니다. 그들은 디지털 플랫폼을 통해 적극적으로 발언하고, 움직임으로써 기업을 살리거나 죽이거나, 주거나 빼앗을 수 있는 힘을 가지게 되었습니다. 그래서 그들의 선택을 받으면 새로운 권력을 가질 수 있고, 성공의 문을 열 수 있습니다.

소비자의 선택으로 세계 최고의 자리에 우뚝 선 아티스트가 바로 BTS입니다. 이들을 세계 최고의 자리에 올려놓은 것은 바로 팬클럽 'ARMY(아미)'입니다. 저는 앞선 두 권의 책에서도 BTS가 디지털 혁명의 상징이라고 입에 침이 마르도록 언급을 했는데, 해가 갈수록 이들의 위용이 빛을 더 발하고 있습니다. 2013년 데뷔한 BTS는 비교적 신생 기획사였던 빅히트 엔터테인먼트(지금은 하이브로 사명 변경) 소속이었습니다. 이미 시장에는 SM, YG, JYP 등 쟁쟁한 기획사들이 강력한 권력 체계를 구축하고 있었고, 그래서 신생 기획사의 신인 가수가 그 체제 내에서 성공하기란 정말 어려운 일이었습니다. BTS도 여느 신인 그룹이 그랬던 것처럼 방송 노출에 의지하며 인기를 얻기 위해 노력했지만, 3대 기획사의 신인들과 비교해 지원을 받기 어려웠습니다. 더군다나 소속사의 위상이 높지 않으니 데뷔 후 방송 출연마저 점차 줄어들게 됩니다. 그래서 아예 방송을 포기합니다. 그리고 다른 전략을 세웁니다. 바로 소셜 네트워크를 활용해 팬들과 접촉 면을 늘려가기로 결정한 것이지요. 그렇게 시작한 것이 '방탄TV'입니다. 네이버TV, 유튜브 등을 활용해 팬들에게 방송에서 보일 수 없었던 날것 그대로의 모습을 보여주기 시작합니다. 소셜 네트워크에 멋진 장면을 편집해 보여주는 것이 아니라 일상 구석구석을 아예 통째로 꾸밈없이 보여줍니다. 멤버들도 이러한 SNS 문화에 익숙해 있던 터라 초창기부터 다양한 채널을 통해 팬들과 소통하는 것에 진심이었습니다. 그리고 방송 홍보 같은 것에 에너지를 쏟기보다 가장 중요한 음악에 집중했습니다. 실력을 키우기 위해 피땀 어린 노력이 계속 됐고, 그 과정이

고스란히 SNS를 통해 팬들과 공유되었습니다. 그러자 팬들의 반응은 폭발적이었습니다.

방시혁 대표는 BTS의 멤버를 선발하면서 어디 출신이냐, 어느 국적이냐를 따지기보다 진짜 훌륭한 실력을 갖고 있는지, 아티스트로서 음악에 대한 열정이 얼마나 강렬한지, 또 많은 사람의 마음을 살 수 있는 인성을 지니고 있는지를 기준으로 삼았습니다. 그때까지 다른 영향력 있는 기획사들은 철저히 시장을 중심으로 멤버를 구성했습니다. 국가별로 멤버를 뽑고, 글로벌 소통 능력을 중시했습니다. 그런데 BTS는 철저히 음악 내적 실력만으로 선발했습니다. 그러다 보니 순수한 토종 한국인 보이그룹이 탄생한 겁니다. 그리고 그 잠재력이 노력과 열정으로 폭발하기 시작한 것입니다. SNS를 타고 전 세계인들의 공감을 만들기 시작합니다. 결국 그 공감이 만든 팬덤이 거대한 권력이 되어 이들을 세계 최고의 가수로 만든 겁니다.

디지털 세계에서 팬덤은 할 수 있는 일이 많습니다. 강력한 마케터가 되기도 하고 열정적인 세일즈맨이 되기도 합니다. 실제로 많은 팬들의 실질적인 온라인 마케팅 활동으로 이들은 데뷔 4년 만에 미국 최고의 음악제인 빌보드 뮤직 어워드(Billboard Music Awards)에서 소셜 아티스트 부문 1위를 차지합니다. 그리고 그 후로는 더욱 강력한 팬덤 'ARMY'가 결성되어 BTS를 비틀즈에 버금가는 세계적인 아티스트로 성장시킵니다. 2020년 BTS의 '다이너마이트(Dynamite)'가 빌보드 싱글 차트 1위를 기록한 건 역사적인 사건입니다. 앨범 1위는 많이 했었지만 싱글 차트는 쉽지 않습니다. 싸이의 '강남 스타일'도 2위에서 더 올라가지 못했죠. 미국에서 라디오 방송 횟수와 음원 다운로드 수를 올리는 건 쉬운 일이 아닙니다. 방송 권력과 자본 권력에 의해서 좌우되기 때문입니다. 싱글 차트 1위를 하려면 이 숫자를 올려야 하는데 미국 거대 자본을 무기로 하는 기획사들이 자기 소속사 가수들의 음원을 사들이고, 방송국에서는 그런 가수들의 음악을 틀어주는 게 관례이기 때문이죠. 그래서 10대의 강력한 팬덤으로도 해외 소속사의 가수들이 1등을 하기는 어려웠던 겁니다. 그런데 ARMY가 자본과 방송 권력이라는 음악 시장의 절대 반지를 깨트려버린 것이죠. 거기서 멈춘 것이 아니라 ARMY의 팬덤 파워는 2021년까지 이어집니다. BTS는 무려 12주 동안이나 빌보드 싱글 차트 1위를 차지합니다. '다이너마이트' 이후 6곡의 신곡을 발표했는데 모두 1위를 차지했습니다. 이 기록은 비틀즈가 1960년대 기록한 이후 최초의 일이라고 합니다. 팬덤의 위력이 얼마나 강력한지를 보여주는 대표적 사례입니다.

BTS에 열광하는 팬덤은 MZ세대가 주도합니다. 그들에게는 디지털 세계에서의 네트워킹과 협업이 너무나 자연스럽습니다. 때로는 국가별로 조직적으로 움직이고, 때로는 개별적으로 커뮤니티를 구성해 활동하기도 합니다. 국가별로 강력한 연맹이 존재하면서도 자율성이 보장되고, 환경을 지키는 일이나 인종혐오에 대한 반대 등 휴머니티에 입각한 사회운동도 활발하게 추진합니다. 이들이 BTS를 중심으로 만든 커뮤니티는 인구가 1억 명이 넘는 거대한 국가에 가깝습니다.

BTS의 노래 속에 담아내는 메시지는 이 커뮤니티의 철학을 담고 있습니다. 갈등하고 방황하는 청소년들의 내면을 그려내기도 하고, 코로나로 인해 상처받고 있는 사람들의 마음을 위로하기도 합니다. 때로는 ARMY의 뜻을 담아 UN 총회에서 연설을 하기도 합니다. BTS와 ARMY가 만들어가는 커뮤니티는 디지털 세계의 한 단면을 잘 보여줍니다. 무분별한 열광과 팬덤에 취하는 것이 아니라, 새로운 세계관을 바탕으로 희망적인 미래를 꿈꾸며 누구에게나 행복한 세상으로 조금씩 나아가는 것이죠. 소비자가 권력이 되는 것은 그래서 더 나은 미래를 만드는 좋은 요건이 됩니다. 하나의 커뮤니티가 큰 공감대를 얻으려면 모든 사람이 공감할 수 있는 휴머니티가 기본적인 철학이 되어야 하니까요. BTS와 ARMY는 그래서 디지털 혁명의 상징입니다. 코로나 이후에도 이들의 세상은 멈출 줄을 모릅니다.

과거에도 팬덤은 대단했습니다. HOT나 동방신기의 팬덤은 어마어마했죠. 누군가 이런 질문을 했습니다. 그때도 팬덤은 있었는데 ARMY는 무엇이 다르냐고요. 저는 권력의 관계가 바뀌었다고 생각합니다. 과거에는 팬들이 엄청난 선물을 보내고, 아티스트를 우상처럼 섬겼죠. 이른바 '조공 문화'라는 것도 강력했습니다. 그래서 가수가 권력이었습니다. 사생활도 비밀스러웠고, 사생팬은 일상이었습니다. 그런데 지금은 팬덤이 권력입니다. BTS는 ARMY를 정말 소중히 여깁니다. 세계 최고의 음악제에 가서 시상식이 끝나고 엄청난 월드 스타들이 함께 파티하러 가자고 하는데도 마다하고 호텔로 돌아옵니다.

숙소로 돌아와 케이크에 촛불을 켜고 방탄 TV를 통해 ARMY와 함께 자축 파티를 즐깁니다. 사생팬이 등장하면 팬들이 직접 제재합니다. 애초에 SNS를 통해 일상을 보여주며 소통해왔던 사이니까 신비주의나 우상의 개념도 없습니다. 소속사도 그런 얘길 합니다. 이제는 팬을 섬기는 시대라고요. 어떤 큰 상을 받든 UN에서 연설을 하든 오직 그 대상은 ARMY입니다. 기부도 많이 하고 선물도 많이 씁니다. 디지털 시대를 살아가는 MZ세대는 공감할 수 있는 영웅, 디지털로 소통하는 영웅, 나와 함께한 시대를 살아가는 영웅을 원하지 조공하고 섬기는 우상을 원하지 않습니다. 필요한 것이 있다면 당당하게 요구하기도 합니다. 그들은 이 시대의 진정한 권력자가 되었다는 것을 인식하고 또 그에 걸맞게 행동합니다.

방송의 '탈권력'이 우리에게
말하고 있는 것

프랑스의 미래학자 자크 아탈리(Jacques Attali)는 "음악 소비 변화를 보면 미래 시장 변화를 예측할 수 있다."라고 말했습니다. 음악 시장의 혁명을 BTS가 증명했다면, 이 변화는 모든 시장으로 확산할 거라고 예상할 수 있습니다. 실제로 모든 시장에서 소비자가 권력이 되는 혁명이 빠르게 진행되고 있습니다. 먼저 방송산업과 영화산업이 달라졌습니다. 기성세대에게 익숙한 TV가 더는 '표준' 방송이 아닙니다. 이제 인류의 표준 방송은 OTT(Over The Top) 플랫폼이라고 해야 맞습니다. 우리나라의 70퍼센트 이상 국민이 저녁 7시 이후 스마트폰으로 방송을 본다고 답변했으니까요. 동시에 지상파 방송의 권력이 무너지고 있습니다. 과거 KBS, MBC, SBS 같은 지상파 방송사들은 후발 방송사들이 절대 쫓아오지 못할 절대 권위를 누렸습니다. 그런데 지금은 최고 시청률을 내는 방송도 종편이나 케이블 방송이 곧잘 만들어냅니다. 지상파의 가장 큰 어려움은 공영방송을 표방하는 만큼 방송통신위원회의 기준을 철저히 지켜야 한다는 겁니다. 권력의 중심에 특정한 소수의 의견이 존재한다는 것이죠. 또 하나는 방송의 내용을 조직의 수장들이 좌우할 수 있다는 것입니다. 이것이 중앙 권력에 의해 결정되는 방송사의 특징입니다. 문제는 이 중앙 권력이 항상 정당하기도 어렵고 대중의 뜻과 잘 맞을 수도 없다는 겁니다. 이것이 유일한 방송인 시절에는 절대 권력으로 작동해왔습니다. 그래서 방송을 잡으면 정치 권력을 잡을 수 있다는 말까지 있었죠. 하지만 이 권력이 유튜브 때문에 무너지고 있는 것입니다.

유튜브를 지금의 위치로 만든 것은 수많은 파워 유튜버 덕분입니다. 물론 파워 유튜버를 키워준 건 '구독'과 '좋아요'입니다. 결국 소비자들의 선택으로 새로운 권력이 만들어진 것입니다. 통제하길 좋아하는 권력자의 시선으로 보자면 유튜브는 난장판입니다. 가짜 방송이 난무하고 거친 표현이 쏟아집니다. 이런 것까지 방송 콘텐츠가 될 수 있는 것인지 의심이 들기도 합니다. 도무지 방송이라고 말할 수 없을 것 같습니다. 그런데 사람들은 그 세계를 신기해하면서도 좋아합니다. 다양성이 특징인 인류의 관점에서 보면 오히려 자연스러운 현상입니다.

2005년 탄생한 유튜브는 누구나 방송을 올릴 수 있습니다. 그래서 성공하려면 양질의 콘텐츠를 꾸준히 올리는 게 생명입니다. 잠시 자극적인 콘텐츠로 인기를 끌던 내용 없는 채널들은 이미 많이 사라졌습니다. 유튜브도 하나의 생태계인 만큼 새로운 기준들이 생겼고, 엄격한 규칙도 자리를 잡았습니다. 정치적 영향력에 좌우되는 방통위의 결정이 아니라 참여자들의 합의를 통해 만들어진 규칙이라는 게 중요합니다. 통제된 시스템에 익숙한 많은 분들이 유튜브의 가짜 방송이 가져오는 폐해를 이야기합니다. 당연한 얘기입니다. 그런데 우리는 지상파 방송이 가져왔던 극심한 폐해에 대해서도 잘 알고 있습니다. 정치 권력의 요구에 따라, 방송 제작진의 이념에 따라 진실과는 거리가 먼 방송을 제작하고 그걸 국민에게 강요했던 시절이 그리 멀지 않은 과거입니다. 아니 현재도 정치 권력으로부터 자유롭다고 말하기 어려울 것 같습니다. 권력을 얻거나 유지하기 위한 수단으로서 방송을 바라본다면 그것보다 위험하고 폐해가 큰 것은 없습니다. 양쪽 다 부작용이 있다고 한다면 저는 오히려 보편적 인류가 공감하는 기준 편에 서고 싶습니다. 유튜브가 크게 성공한 것은 바로 이런 이유 때문이라고 생각합니다.

유튜브는 원래 사람들의 생각을 날 것 그대로 담아내는 공간입니다. 그래서 기대치도 딱 그만큼이고 구독자들도 스스로 필터링해서 방송을 선택합니다. 지나치다 싶을 만큼의 방송이 다양하게 올라오는 것도 어찌 보면 우리 인간사회의 자화상이라고 할 수 있습니다. 서로 다른 생각과 서로 다른 의견을 가진 사람들이 한목소리를 내는 것은 현실적으로 어렵습니다. 기존의 권력은 그게 가능하다고 생각하죠. 그래서 기득권 권력은 방송을 손에 쥐려고 하고 자신들에게 유리한 단일한 메시지를 만들려고 합니다. 정부와 방송사 사장의 성향에 따라서 방송 성향도 따라가죠. 문제는 이러한 중앙 권력에 의존하는 방송 시스템에 다양성을 기대하기 어렵다는 것입니다. 반면에 유튜브는 공존의 길을 탐색합니다. 서로 치열하게 논쟁하고 다투지만 어디까지나 기준은 다양성입니다. 논쟁 속에서 서로 간의 의견을 어느 정도 이해하게 됩니다. 관련된 많은 지식도 검색하고 탐구합니다. 한쪽 편을 강요하기 위해 권력이나 폭력을 사용하는 것이 아니라 다양한 생각, 다양한 종교, 다양한 철학의 공존을 모색하기 좋은 방법입니다. 아직까지는 댓글도 폭력적이고 오가는 대화가 몹시 험악하기도 합니다. 실체 없는 비방으로 상대에게 큰 피해를 주기도 합니다. 그런데 조금씩이지만 고쳐지고 있습니다. 근거 없는 악플을 다는 사람들은 법적인 처벌을 받기도 하고, 무조건 우기기만 하는 게 아니라 과학적 증거들을 기반으로 생각이 고쳐지기도 합니다.

어느 방식이 인류 사회에 더 적합할까요? 저는 방송통신위원회의 선택에 권력을 부여하기보다는 소비자의 선택에 권력을 부여하는 게 더 나은 사회로 가는 길이라고 믿습니다. 그리고 지금까지의 변화 방향을 본다면 틀리지 않았습니다. 비밀스러운 권력의 부패는 막을 수 없지만, 최소한 누구도 쉽게 부패한 행동을 할 수 없습니다. 모두가 다 지켜보고 있기 때문이죠. 그래서 힘들더라도 디지털 신문명으로 이동해야 합니다. 방송의 권력이 시청자로 옮겨가면서 생태계도 큰 변화가 시작되었습니다.

사라진 보람튜브와
3,000억 회사가 된 라이언

2019년 7월, 여섯 살짜리 꼬마 유튜버 보람이가 부모의 강압에 따라 유튜브 방송에 출연하고 있다는 충격적인 소식이 들려왔습니다. 더군다나 그사이에 보람이 부모는 엄청난 수익을 올리며 청담동에 100억짜리 빌딩을 샀다는 소문도 함께 들려왔습니다. 그러자 분노한 대중들이 유튜브 방송을 중단시키라는 청와대 청원을 올리는 한편, 방송사들도 앞다퉈 '아이를 팔아 돈을 버는' 유튜브 방송에 대한 탐사 보도를 송출했습니다. 그러다 보니 보람튜브 채널에는 엄청난 '싫어요'가 쏟아졌죠. 한편에서는 '쟤가 100억을 벌었다는데 우리 애는 왜 이럴까, 혹시 우리 애도 놀라운 재능이 있지 않을까?' 싶어 키즈 방송을 시도해보는 부모들도 많았습니다. 어쨌든 결국 얼마 지나지 않아 보람이는 방송을 중단했습니다. 두려울 만큼의 폭력적인 여론이 있었으니까요. 그럼에도 구독자 수와 조회 수는 꾸준히 늘어났습니다. 지금은 구독자 수를 가려놓았지만 2021년 초에 이미 2,730만 명을 기록했습니다. 현재까지 누적 조회 수는 128억 회에 달합니다. 세계 1위 유튜브 키즈방송의 주인공은 미국의 라이언(Ryan)인데, 2021년 초 같은 시기에 구독자 수 2,740만 명으로, 보람튜브와 구독자 수가 불과 10만 명 차이였습니다.

저는 그때 보람이가 참 대단하다고 생각했습니다. 라이언은 유튜브의 키즈방송 규제가 강화된 뒤에도 꾸준히 방송을 이어갔고 미국 사회는 당연하게 발전하는 키즈방송의 하나로 받아들였습니다. 늘 새로운 도전에 익숙한 사회니까요. 2022년 1월, 〈뉴욕타임즈〉에 라이언에 관한 특집 기사가 나왔습니다. 2년간 유튜버 수입 1위였던 라이언이 1위 자리를 내놓긴 했지만, 더 놀라운 성과를 만들었습니다. 라이언의 부모님이 열 살 아이의 방송을 브랜드화하면서 광고, 로열티 등의 수입을 확대하고, 자신의 브랜드로 완구 제조까지 확장하면서 연 매출 2억 5,000만 달러(약 3,000억 원)에 달하는 기업으로 육성한 것입니다. 팬덤이 만들어내는 부와 권력은 이렇게 엄청납니다. 그 성장 속도도 어마어마합니다. 스토리는 더 감동적입니다. 라이언의 아빠는 일본인이고 어머니는 베트남 난민 출신입니다. 두 사람은 공대에서 만나 결혼하게 되었고, 직장생활을 막 시작했던 가난했던 신혼부부는 아이와 놀아줄 방법을 찾다가 유튜브를 시작하게 되었다고 합니다. 그리고 불과 10여 년 만에 큰 성공을 거두게 된 겁니다. 디지털 신대륙에서 일어난 또 다른 버전의 아메리칸 드림 스토리입니다. 제가 안타까운 건 디지털 신대륙의 이런 멋진 스토리를 방송에서 다루지 않는다는 것입니다. 가난한 대학생이 어떻게 지상파 방송국 사장님이 되었나가 더 일반적이죠. 또 가난한 재수생이 어떻게 수능 만점을 받았나가 더 관심사죠. 이것이 우리 사회가 가지고 있는 고정 관념입니다.

KBS의 키즈방송 'TV유치원'과 보람튜브를 데이터로 풀어서 비교해보겠습니다. 'TV유치원'의 시청률은 0.1~0.4퍼센트 정도 됩니다. 보통 방송 폐지 기준 시청률이 2퍼센트 언저리라고 하니까, 아예 아이들이 안 본다고 봐야 할 수준이 되었습니다. 하긴 요즘 아이들이 골라볼 영상이 어디 좀 많겠습니까. 당연히 광고 가격이 낮아지겠죠. 광고 수입이 줄어드니까 KBS의 경영이 어려워지고 국회에 시청료 인상을 요구하게 되는 것이죠. 그렇다면 미래 방송국 일자리는 어떻게 될까요? 이 자리를 지키려면 결국 세금밖에는 없습니다. 아이들이 보든 안 보든 KBS는 프로그램을 만들 겁니다. 인류의 변화에 적응하려는 것이 아니라 자신의 방송 기득권을 유지하는 것이 목적이니까요. 제가 아쉬운 건 사라진 청년의 미래 일자리입니다. 보람튜브 브이로그의 구독자는 2,700만 명을 넘었고 평균 조회 수는 2,900만 회였습니다. 매일 아침 2,700만 명이 넘는 해외 곳곳의 아이들이 '오늘은 보람이가 뭘 하고 놀까?' '오늘은 보람이가 뭘 먹고 놀까?' '오늘은 보람이가 어떤 옷을 입고 나올까?' '오늘은 보람이가 한국의 어떤 곳을 보여줄까?'라며 유튜브 채널로 모여들었던 겁니다. 실제로 보람튜브에는 조회 수 5억을 넘는 동영상도 두 개나 됩니다. 데이터가 있으면 당연히 새로운 사업의 기회가 생깁니다. 광고사업은 당연하고 인기를 활용해서 글로벌 유통의 플랫폼으로도 키울 수 있습니다. 아무나 2,700만의 구독자를 만들 수는 없으니까요. 보람이는 이미 팬덤을 만들 수 있는 실력을 데이터로 입증했던 겁니다. 연 3,000억 원의 수입을 올리는 보람이의 라이벌 라이언을 보고 있으면 더 분명합니다. 실제로 라이언의 누적 조회 수는 500억 회에 접근했다고 하지만, 보람이도 128억 회니까 충분히 해볼 만했던 겁니다. 그래서 아쉽습니다.

우리나라에서 매년 태어나는 아기가 30만 명이 채 안 됩니다. 그 상황 속에서도 보람이의 시청 대상자는 아무리 적게 잡아도 100만 명 정도 됩니다. 그런데 'TV유치원'의 시청률은 기껏해야 0.4퍼센트 미만입니다. 엄밀하게 말하면 수천 명 보는 방송을 만들려고 엄청난 인건비와 제작비를 들이는 건 시대착오적입니다. 소비자는 권력이고 그들의 선택을 못 받는다면 그들이 이상하다고 탓할 게 아니라 실력이 없는 거라고 인정해야 합니다. 유튜브로 '아기상어'를 보고, 디즈니 방송을 언제나 볼 수 있는 아이들에게서 2,700만 명을 데려왔다면 대단한 실력이라고 인정해야 합니다. 그런데 우리는 반대로 갔습니다. 아이들 팔아서 돈 번다고, 유튜브는 이상한 동네라고, 방송의 품격이 떨어진다고, 모든 어른이 합심해서 '싫어요'를 눌렀습니다. 그래서 우리는 잘 성장하던 키즈 방송 플랫폼을 잃어버렸습니다. 청년들의 미래 일자리도 잃어버렸습니다. 게다가 학대의 결정적 증거는 없었습니다. 우리도 3,000억짜리 키즈방송 브랜드를 가질 수 있었는데 말이죠. KBS의 1년 광고 매출은 3,500억 원 정도 됩니다. 대원군의 망령이 다시 살아나서 문명의 대전환을 막아서고 있는 것입니다. 아무도 보지 않는 방송의 유지를 위해 우리의 국회의원들은 또 시청료를 올려줄 것입니다. 권력자들은 권력자들끼리 서로 도와가며 시스템을 유지하기 원합니다. 이 디지털 시대에 일고 있는 시민 혁명에 권력을 빼앗아 갈까 봐 두려운 겁니다.

차라리 그 돈을 될성부른 실력 있는 크리에이터들에게 투자해 청년의 미래 일자리를 만들어가는 데 집중하는 편이 낫습니다. 공영방송은 큰 비용에 의존하는 프로그램 제작을 줄이고, 공공성을 기준으로 하되 작은 미디어가 접근하지 못하는 다양한 콘텐츠에 집중해야 합니다. 판에 박힌 방송을 만들어놓고 시청률이 안 나오면 국민이 잘못되었다고 매도하는 건 시대착오적입니다. 좋은 방송인데 국민이 안 본다, 시청률이 모든 기준이 되어서는 안 된다는 식의 소리도 접어야 합니다. 방송으로 계몽해야 할 국민은 어디에도 없습니다. 방송의 본질에 충실하면서 국민이 좋아할 방송을 만들면 그들은 선택합니다. 우리는 이제 선진국이 되었고, 이미 스스로 선택할 줄 아는 디지털 문명에 익숙해져 있습니다. 매일 매일 지식의 흡수량도 어마어마합니다. 표준 인류가 달라졌다는 걸 명심해야 합니다. 우리의 생각도 여기에 비추어봐야 합니다. 저물어가는 권력의 편에 서 있는지, 미래를 향한 선택의 편에 서 있는지 바라봐야 합니다. 대원군의 편에 서 있는지, 우리 청년들의 미래 편에 서 있는지 생각의 중심을 냉정하게 바라보아야 합니다. 다른 사람의 이야기를 하는 것은 쉽습니다. 그러나 자신을 냉정하게 판정하는 것은 어렵습니다. 생각에도 모멘텀(momentum)이 있습니다. 한 방향으로 움직이기 시작하면 계속 그쪽으로 움직이려는 물리학의 법칙은 생각에도 적용됩니다. 혁명은 다시 시작하라는 세상의 명령입니다. 다 내려놓아야, 다 비워놓아야 새로운 생각을 담을 수 있습니다. 지금의 혁명은 우리에게 그 정도의 각오를 요구하고 있습니다.

이미 많은 데이터가 혁명의 실체를 입증하고 있습니다. 최근 통계에 따르면 TV, 신문, 라디오, 잡지의 광고비 규모는 지속적으로 감소하고 있습니다. 반면 모바일과 PC 기반의 광고는 급속하게 증가 중입니다. 새로운 일자리는 여기서 생깁니다. 모바일 광고의 가장 핫한 트렌드는 메타버스 광고입니다. MZ세대를 타깃으로 하기 때문입니다. 라이브 커머스(Live Commerce)도 각광받는 분야입니다. TV 홈쇼핑을 대체할 비즈니스 모델로 자리 잡는 중입니다. 구인 광고를 보면 메타버스, 라이브 커머스, SNS 마케팅, 빅데이터 분석, 인공지능 등 새로운 분야 모집으로 꽉 차 있습니다. 대기업들도 더는 공채로 시험을 통해 직원을 뽑지 않습니다. 이미 우리나라 10대 대기업 중 공채를 시행하는 회사는 삼성전자 달랑 하나 남았습니다. 모두 수시 채용으로 전환했습니다. 기업들은 대부분 경력 채용을 선호합니다. 그리고 대부분이 디지털 전환과 관련된 인재를 원하고 있습니다. 반면 우리는 청년들에게 제대로 된 교육을 못하고 있습니다. 아직도 '수능 제일주의' 덫에 갇혀 있고 새로운 인재를 길러낼 교육과정 개발도 지지부진합니다. 지금의 아이들이 자라 새로운 일자리를 갖게 될 때쯤이면 갖춰야 할 능력이 달라질 걸 뻔히 알면서도 쉽게 바꾸지 못합니다. 그뿐이 아닙니다. 새로운 방식으로 회사가 만들어지고 일자리가 만들어지면 규제부터 생각합니다. 혹시 내 일자리는 문제 없을까요? 그만큼 혁명적 변화는 두려운 일입니다. 그래서 용기가 필요합니다. 데이터를 보면 디지털 대전환이 너무나 명확합니다. 오늘 우리 사회에, 우리 회사에 꼭 필요한 인재상을 생각해보면 너무나 분명합니다. 새로운 사회, 새로운 기준으로 바꿔야 합니다. 우리 아이들의 미래를 위해 디지털 신대륙으로 함께 옮겨가야 합니다.

IV '열광하는 대상'이 곧 법이고 규칙이다

'팬덤 경제'가
모든 산업을 휩쓴다

무명의 '덕후' 인생에도

드디어 볕이 들다

디지털 신대륙에는 파워 유튜버처럼 팬덤으로 성공한 기업가들도 크게 늘었습니다. 스타일난다(Stylenanda)를 창업한 김소희 대표는 MZ세대의 대표적인 CEO이자 팬덤 크리에이터입니다. 2005년 22세의 나이에 동대문에 옷가게를 열고 스타일난다를 시작합니다. 생산은 동대문이었지만 판매는 오직 디지털 신대륙에만 집중했습니다. 소셜 커머스를 시작한 것이죠. 그리고 그 팬덤은 오히려 국내보다 국경을 넘어 아시아에서 터졌습니다. 팬덤에 힘입어 화장품까지 진출합니다. 좋은 품질과 스타일로 팬덤은 더욱 확대되었고, 매출은 2018년 1,600억을 넘어갑니다. 그리고 지분 100퍼센트를 글로벌 넘버원 화장품 기업

로레알에 6,000억 원을 받고 넘깁니다. 나이 35세에 현금 6,000억 원을 받은 그녀는 그 이후로도 회사 일을 맡아 하다가 2021년 은퇴했습니다. 이것이 팬덤의 가치이자 디지털 신대륙의 가능성입니다. 6,000억 원은 얼마나 큰 걸까요? 최근 여러 가지 갑질 문제로 시끄럽던 유제품 대기업이 사모펀드에 회사를 매각했는데, 그 가격이 3,100억 원이었습니다. 이처럼 거대 제조 대기업의 두 배 가치를 15년 안에 만들 수 있는 것이 오늘입니다. 이것이 디지털 신대륙의 매력이고 팬덤의 힘입니다.

화장품 제조를 하던 중소기업이 거대기업으로 성장한 경우도 있습니다. 카버코리아(브랜드명 AHC)는 마스크팩을 만들던 기업이었는데 중국에서의 소셜 커머스 성장에 집중하기 시작합니다. 좋은 제품과 적극적인 마케팅 전략으로 브랜딩에 도전합니다. 중소기업이 화장품 시장에서 브랜딩을 하는 건 미친 짓이라고 했는데 말입니다. 중국의 왕홍(網紅, 중국의 인플루언서)과 광군제 마켓을 바탕으로 소셜 커머스에서 큰 성공을 거두고, 세계 2위의 화장품 업체 유니레버에 3조 4,000억 원에 매각합니다. 이 정도면 당시 대우중공업의 시가총액과 맞먹습니다. 창업자 이상록 회장은 이때 매각자금으로 1조 원 정도를 마련했고, 그 돈으로 엔젤 투자기업을 설립해서 지금은 활발한 투자 활동을 하고 있습니다. 최근 투자한 회사는 메타버스 전문기업 VA코퍼레이션으로 이미 기업 가치 1조가 넘는 것으로 알려져 있습니다. 1974년생인 이상록 회장은 디지털 신대륙에서 번 자금을 바탕으로 메타버스라는 신세계로 다시 탐험을 떠난 것입니다. 이런 도전이 계속 새로운 일자리를 만들어갑니다. 청년들에게 더 나은 미래를 위한 길을 열어줍니다.

소셜 커머스를 기반으로 성장한 또 하나의 대표 기업이 있습니다. 바로 지피클럽(GP Club)입니다. 1973년생인 김정웅 대표는 특이한 이력의 소유자입니다. 장사에 관심이 많아 대학 진학도 포기하고 용산 전자상가에 가서 유통을 배웁니다. 그리고 중국의 소셜 커머스가 성장하는 데 주목하고 우리나라 화장품을 중국으로 수출합니다. 왕홍, 광군제 등 새로운 방식의 디지털 유통을 적극적으로 활용하던 김 대표는 그 가능성을 확인하고 자체 브랜드인 JM솔루션을 만듭니다. 그리고 거대한 팬덤을 일으키며 매출 6,000억 원을 넘깁니다. 기업 가치가 1조 5,000억 원까지 이르게 되고 김 대표는 2019년 포브스가 선정한 대한민국 부자 30위에 이름을 올립니다. 디지털 신대륙에는 개척을 통해 인생을 바꾸는 쾌감이 가득합니다. 이제 어느 누구도 삼성, 현대 같은 새로운 기업을 만들기 어렵고, 부자가 되는 사다리도 끊겼다는 이야기를 할 수 없습니다. 더는 과거 방식으로 낡은 땅에 머물러서는 어렵습니다.

또 하나의 신화를 만든 사람이 닥터자르트+(Dr. Jart+)라는 브랜드의 창업자 이진욱 대표입니다. 그는 대학에서 건축을 전공하고 건축 분야에서 일하던 늦깎이 창업자입니다. 비비크림을 사용하다가 우리나라 화장품의 매력에 빠져 브랜드를 만들고 미국에 진출해서 거대한 팬덤을 일으켜 성공하게 됩니다. 이름처럼 화장품과 피부치료의 개념을 잘 융합해 브랜딩에 성공한 것이죠. 세계 3대 브랜드인 에스티로더(Estée Lauder)는 닥터자르트의 지분을 1조 3,000억 원에 인수하고, 회사의 아시아 진출을 위한 대표 브랜드로 활용하고 있습니다. 닥터자르트는 2021년 광군제에서도 전년 대비 41퍼센트의 매출 신장을 보이며 코로나 위기에도 선전하는 중입니다. 1976년생인 이진욱 대표는 M세대 비즈니스의 성공전략을 제대로 실천하며 성공한 창업가입니다.

지금 청년들에게 가장 부러움을 사고 있는 창업가 중 한 명이 무신사의 조만호 대표입니다. 1983년생인 조 대표는 경남 통영고등학교 3학년 때 프리챌에 동호회 사이트 무신사를 만듭니다. 그 뜻은 '무진장 신발 사진이 많은 곳'입니다. 신발을 좋아하는 '덕후'들이 모여 정보를 교환하고 서로 팬덤을 키워나가던 커뮤니티입니다. 대학에 진학해서도 이 채널을 더욱 키워가던 조 대표는 2012년 커뮤니티의 팬덤을 바탕으로 스트리트 캐주얼 브랜드들을 입점시켜 유통기업으로 변신을 시도합니다. 그 이후 승승장구하면서 소셜 커머스의 대표 플랫폼으로 자리매김하면서 2조 5,000억 원 가치의 기업으로 성장시킵니다. 잘나가던 조 대표는 2021년 무신사가 남녀 차별 문제에 대한 갈등을 일으킨 책임을 지고 대표이사에서 사퇴해 지금은 의장직을 수행하고 있습니다. 거대 플랫폼이 되면서 오히려 대기업들의 견제를 받기도 하고, 높은 수수료율로 인해 작은 브랜드들에게 원성을 사기도 하지만, 분명한 점은 거대한 팬덤을 만드는 데 성공했다는 것입니다. 앞으로 그 팬덤을 어떻게 유지하고 또 해외시장을 향해 키울 것이냐는 문제가 남아 있지만, 플랫폼의 다양성 측면에서 경쟁사들보다 생존에 유리한 상황으로 보입니다. 거기다 팬덤 창조에 훈련된 인재가 다른 어떤 경쟁 기업보다 많다는 것도 장점입니다. 메타버스, 인공지능, 빅데이터, NFT 등 신기술에 대한 도전도 매우 자유롭습니다. 그래서 미래가 기대되는 기업입니다. 최근에는 우리 청년들이 가장 취업하고 싶은 기업 중 하나로 뽑히기도 했습니다.

이들은 모두 디지털 신대륙에서 새로운 법칙에 따라 거대한 팬덤을 만들고 큰 성공을 만들어낸 사람들입니다. 과거 카카오, 네이버, 넥슨 등 뛰어난 엔지니어들이 코딩 능력을 바탕으로 프로그램을 잘 만들어서 성공한 사람들과는 결이 다릅니다. 우리 사회는 오랜 시간 동안 아이들에게 "성공하려면 공부를 잘해야 한다."라고 말해왔습니다. 요즘에는 거기에 "코딩도 잘해야 성공할 수 있다."라고 말하고 있죠. 물론 공부를 잘하는 것도, 코딩을 잘하는 것도 생존을 위해 좋은 일입니다. 그런데 공부를 잘해야만 성공하는 시대가 먼저 저물기 시작했고, 코딩을 잘해야만 성공하는 시대도 서서히 막을 내리고 있습니다. 오히려 공부를 조금 못해도, 코딩을 조금 못 다뤄도, 자신이 좋아하는 일을 하며 그 분야에서 팬덤을 만들어내는 것이 절대적인 성공의 조건이 되는 시대가 오고 있습니다.

팬덤으로 성공한 창업자들은 학교 공부를 잘한 사람들도 아니고 코딩을 잘한 사람들도 아닙니다. 자기가 진짜 하고 싶은 일, 잘하는 일을 선택해 도전한 사람들입니다. 이들 외에도 최근 디지털 시장에서 성공한 사람들은 엄청나게 많습니다. 부모로부터 큰돈을 물려받지 못했더라도, 좋은 대학을 나온 스펙이 없더라도, 좋은 공부 머리를 타고나지 못했더라도 디지털 신대륙에서는 성공할 수 있는 길이 다양하게 열려 있습니다. 우리 아이들에게 알려줘야 합니다. 공부를 못한다고, 코딩이 어렵다고, 가난하다고 좌절하거나 꿈을 포기할 것이 아니라 따라 하고 싶은 훌륭한 롤모델을 마음에 담고, 그들을 따라 배우며 성장할 수 있도록 이끌어줘야 합니다.

이들이 달랐던 것은 기존의 관습을 부정하고 표준을 바꾼 것입니다. 오프라인 중심의 비즈니스가 아니라 디지털 신대륙에 기회가 있다고 믿고 도전한 것입니다. 그래서 오직 신대륙의 전문가들과 함께 일하고, 오직 신대륙의 성공 방식만을 공부합니다. 특히 디지털 문명을 일찍 발전시킨 중국과 동남아에서 새로운 기회를 발견했습니다. 소셜 커머스, SNS 마케팅, 라이브 커머스, 인플루언서 경제 등 새로운 시대의 상징적 환경에서 배우고 도전했습니다. 치열한 경쟁을 뚫어야 했지만, 기존의 화장품이나 패션 분야 대기업들과 자본이나 광고로 경쟁하는 것과는 비교가 안 될 만큼 신나고 공정한 게임이었습니다. 엄청나게 많은 수의 대리점을 확보하거나 엄청난 숫자의 방문판매원을 고용하거나 수백억의 TV 광고비를 뿌려야 이길 수 있는 그런 게임이 아니라, 디지털 플랫폼을 활용해 오직 사람들의 팬덤만 만들면 성공할 수 있었으니까요. 이렇게 패션과 화장품의 새로운 생태계가 형성되었습니다. 음악과 방송을 넘어 소비자가 지배하는 또 하나의 시장이 완성된 것입니다. 물론 기존의 시장도 아직 견고합니다만 약한 부분부터 이미 무너지기 시작했습니다. 거대 기업들은 몸집을 줄이기 시작했고, 방문판매나 오프라인 판매는 큰 위기에 봉착해 있습니다. 기존의 대리점 방식에 고착되어 있던 기업들은 한결같이 시장을 잃고 있고, 거기에 플랫폼 기업들이 속속 자리를 잡기 시작합니다. 문명의 대전환은 이렇게 매일 매일 시장 곳곳에서 현실이 되고 있습니다.

그러나 '기술' 없는 팬덤은 없다

우리나라 화장품이 세계 시장에서 성공한 가장 큰 이유는 값싸고 품질 좋은 화장품을 만들 수 있는 제조 기술이 있었기 때문입니다. 또 한국 화장품이 글로벌한 인기를 끌 수 있었던 것은 한류가 시작점이었습니다. 우리나라 배우들이 보여주는 신비한 매력으로 인해 세계 소비자들이 한류 스타처럼 화장하기를 원했고, 그것이 팬덤의 출발점이 됩니다. 만약 그때 '화장품의 질이 별로다.'라는 댓글이 달렸더라면, 지금의 팬덤 수준으로 확장하지 못했을 겁니다. 거대한 팬덤의 형성은 먼저 사용해본 경험자들이 SNS를 통해 퍼뜨렸기 때문에 가능했습니다. 좋은 경험은 좋은 품질에서 나옵니다. 그걸 만들어낸 대표 기업이 바로 코스맥스(COSMAX)와 한국콜마(Kolmar Korea)입니다.

코스맥스의 창업자 이경수 회장은 1994년 잘 다니고 있던 제약회사 임원 자리를 내던지고 47세에 창업의 길을 걷기 시작합니다. 처음에는 일본 회사의 기술을 가져와 대신 생산하는 방식으로 시작했지만 곧 독자적인 ODM 기업으로 사업을 전환합니다. 2004년에는 중국에 진출하면서 중국 시장 확대에 잘 대응했고, 2019년 매출 2조 원을 넘어설 정도로 고속 성장했습니다. 화장품 기술은 화학기술만 중요한 게 아니라 사람의 마음을 살 수 있는 요소가 반드시 필요합니다. 그뿐 아니라 용기부터 포장까지 디테일이 뛰어나야 합니다. 특히 ODM은 제품을 만들어 개별 브랜드에 제공하는 비즈니스라서 글로벌 브랜드의 눈높이를 맞출 수 있는 실력이 절대적으로 필요합니다. 코스맥스는 약 600개의 유명 화장품 회사를 고객으로 확보한 세계 1위의 ODM 기업입니다.

윤동한 회장이 1990년 일본콜마와 합작해 설립한 한국콜마는 코스맥스와 함께 우리나라 ODM 화장품 제조기업의 쌍두마차입니다. 서로 엎치락뒤치락하며 세계 1위 자리를 다투는 훌륭한 기업들입니다. 당연히 스타일난다, AHC, 지피클럽, 닥터자르트의 성장에 이 두 기업이 크게 기여했습니다. 코스맥스나 한국콜마와 같은 훌륭한 제조기업이 없었다면 거대한 팬덤을 만드는 것이 불가능했을 것입니다. 팬덤은 디지털에서 형성되지만 시작은 고객의 경험입니다. 고객의 경험은 기술에서 만들어집니다. 그래서 디지털 문명에서도 제조는 여전히 중요합니다. 생태계를 성장시킬 수 있는 핵심 요소입니다. 우리나라가 K-뷰티라는 신산업의 영역을 확대할 수 있었던 것도 문화적 매력, 플랫폼 기업들의 전략, 제조기업의 실력이 한데 어우러져 소비자들의 팬덤을 창조해낼 수 있었기 때문에 가능한 것이었습니다. 디지털 신대륙에서 성공하려면 생태계가 탄탄해야 하고, 모든 요소가 잘 갖춰져 있어야 합니다. 협력체계도 잘 갖춰져 있어야 합니다. 소비자가 왕이 되었다는 것은 사실 더 어려운 상황이 펼쳐진 겁니다. 대기업 구매부장한테 로비만 잘하면 성공할 수 있던 시대보다 훨씬 더 어렵습니다. 그래서 잘할 수 있는 나라가 그렇게 많지 않습니다. 우리나라는 그런 흔치 않은 토양이 좋은 나라 중 하나입니다. 잘 이용해야 합니다.

팬덤은 가슴을 울리는 '아날로그'에서 탄생한다

팬덤을 만들려면 무조건 디지털만 이용하면 되는 걸까요? 사실 팬덤은 디지털에서 나오는 것이 아니라 가슴을 울리는 경험에서 만들어집니다. 제가 항상 언급하는 막걸리가 있습니다. 지평주조가 만드는 지평생막걸리가 주인공입니다. 1925년 창업한 지평주조는 우리나라에서 가장 오래된 막걸리 주조 회사 중 하나입니다. 양평의 맑은 물로 술을 빚는 회사인데, 사실 2010년 막걸리 유행이 꺼지면서 매출이 2억까지 떨어져 문을 닫으려 했다고 합니다. 이때 27세였던 김기환 대표가 "아버지, 제가 젊은 사람들이 좋아하는 막걸리로 한번 도전해보고 싶습니다."라고 해서 회사 경영을 시작합니다. 신혼살림을 양조장 옆에 차린 김 대표는 곧바로 사업에 온 열정을 다합니다. 젊은 세대가 좋아하는 막걸리라고 하면 우선 떠오르는 게 SNS 마케팅을 했겠구나, 그리 상상이 됩니다. 그런데 맛이 없는 막걸리로 SNS 마케팅을 강화하면 어떻게 될까요? 더 빨리 망합니다. 악플이 무더기로 달리면서 말이죠. 팬덤의 핵심은 결코 온라인 마케팅이 아닙니다. 먹어본 고객의 경험이 결정하는 것이죠. 그래서 김 대표는 우선 맛을 바꿉니다. 그 기준은 고객의 데이터입니다. 김 대표는 5도, 6도, 7도 등 도수를 달리하고 신맛, 단맛, 구수한 맛 등 맛도 달리해 다양한 막걸리로 20~30세대에게 계속 시음을 합니다. 실제로 이 회사는 막걸리는 6도에 약간 시큼한 향이 좋다는 업계의 관행에 따라 80년 이상을 이 방식대로 만들어왔습니다. 사실 우리나라 대부분의 전통 막걸리는 6도입니다. 그런데 김 대표는 이러한 관행을 의심했습니다. 분명히 입맛이 바뀌었을 거라고 생각했죠. 아니나 다를까 시음에 참여한 소비자 대부분이 5도의 달달한 맛을 선택했습니다. 김 대표는 80년의 전통을 깨고 맛을 바꿔버립니다. 그리고 그 맛을 한결같이 유지하기 위해 기존 주조 장치의 세 배의 비용을 지출하고 더 정밀한 막걸리 제조 시스템을 완성합니다. 그게 끝이 아닙니다. 사람은 참 미묘한 존재입니다. 매우 까다롭죠. '어? 이 막걸리 어디 막걸리야? 산뜻하고 달달하니 참 맛있네.'라고 하면서 병을 집어 들었다고 생각해보죠. 그런데 병 포장은 공감 안 되는 구닥다리 디자인이고, 병에서는 국물이 줄줄 새고 있습니다. 예전에는 엉성한 막걸리 포장이 많이 있었죠. 그런 경험을 하면 절대 다른 사람에게 마시라고 추천하지 않습니다. 특히 날카로운 눈매를 가진 젊은 소비자에겐 이러한 '경험의 디테일'이 절대적으로 중요하죠. 김 대표는 이러한 작은 부분에 세심한 배려를 아끼지 않았습니다. 전통술이라는 막걸리 느낌에 부응하면서도 세련되고 깔끔한 디자인을 도입하였고, 플라스틱 용기와 뚜껑도 촉감이 좋은 소재를 사용했습니다. 사실 사람들은 모든 음식을 먹을 때 혀로만 느끼는 것이 아니라 시각, 촉각, 후각, 미각 등 종합적인 감각으로 기억하게 됩니다. 그래서 디테일이 매우 중요합니다. 김 대표는 그 기본을 잘 지킨 겁니다. 그리고 홈페이지는 물론이고 인스타나 페이스북을 이용한 마케팅을 적절히 잘 활용합니다. 마치 우리처럼 젊은 세대를 위한 막걸리구나 하는 차별화된 공감대를 이끌어낸 것이죠. 맛과 '느낌적인 느낌'의 조화가 결국 팬덤을 일으키게 됩니다.

팬덤은 소비자의 가슴에서 나옵니다. '우와, 이건 뭐지?' 하는 경험이 가슴에서 우러나오면 그때 누군가에게 "너도 먹어봐."라고 말하고 싶은 심경의 변화가 생깁니다. 팬덤의 진정한 의미는 경험한 소비자가 마케터가 되고 세일즈맨이 되는 겁니다. 그냥 '괜찮네.'라는 느낌으로는 그렇게 만들기 쉽지 않습니다. 뭔가 본질이 다르면서도 디테일까지 완벽한 '느낌적인 느낌'이 생겨야 그 정도의 팬심을 만들 수 있는 것이죠. 실제로 지평주조의 홈페이지는 웬만한 디지털 스타트업 회사의 느낌을 줄 만큼 디자인이 세련되고 내용도 깔끔합니다. CEO의 디테일에 대한 집착을 느낄 수 있습니다. 일반적으로 막걸리는 지역별로 유통되는 게 상식입니다. 유통기간이 짧아 전국판매망을 구축하기도 쉽지 않고 소주처럼 대량으로 소비되는 주종이 아니라 브랜드화하기도 쉽지 않습니다. 그런데 그 관례를 깨고 전국 판매망을 구축했고 2021년에는 매출액 400억을 넘기며 불과 10여 년 만에 200배 매출 신장이라는 대기록을 세웁니다. 워낙 쉽지 않은 시장이라 앞으로 얼마나 더 성장할지는 알 수 없지만, 분명한 점은 강력한 팬덤이 형성되었다는 겁니다. 사실 저도 팬입니다. 막걸리 시키는 자리라면 동반자들에게 꼭 지평을 먹자고 우기는 한 명입니다. 제 가슴도 움찔했었나 봅니다.

팬덤을 통해 성장한 유명한 대학도 있습니다. MKYU라는 일반인에게는 다소 생소한 신생(?) 대학입니다. 유명 방송인이자 강사로 활약하던 김미경 씨가 유튜브를 활용해 세운 대학입니다. 사실 이분은 저하고도 인연이 매우 깊습니다. 제가 《포노 사피엔스》를 처음 내었을 때 이분이 읽고 전 직원에게 선물했다는 유튜브 방송을 내보냈는데, 그 이후로 제 책이 베스트셀러에 이름을 올리면서 엄청난 판매량을 기록하게 됩니다. 그때 방송은 김미경TV(MKTV) 채널이었습니다. 방송의 조회 수와 광고 효과를 보면서 정말 대단한 팬덤을 가진 분이

란 걸 알게 되었죠. 이후로 저는 김미경TV에 나가 디지털 혁명의 본질에 대해 많은 얘기를 나누게 되었고, 상담도 해드리게 되었습니다. 이때 마침 코로나가 터졌습니다. 사실 강의로 수입의 대부분을 채우는 강사에게는 치명적인 상황이 발생한 겁니다. 거의 모든 강의가 취소되었으니까요. 많은 전문가들을 만나며 고민을 거듭하던 김미경 대표는 자신의 강의를 좋아하는 팬덤을 믿고 유료강좌로 운영하는 '김미경 유튜브 대학', MKYU를 설립합니다. 그리고 자신의 재능을 살려 다양한 투자 방법에 대한 분석 영상과 디지털 혁명에 따라 등장하는 신기술에 대한 유익한 영상들을 최대한 쉽고 재미있게 제작해 올리기 시작합니다. 그리고 숱한 어려움을 뚫고 큰 성공을 거두게 됩니다.

사실 우리나라에서 교육 콘텐츠는 수능 관련 외 분야에서는 큰 성공을 거두기 어렵습니다. 거기다 무료 유튜브 채널은 몰라도 유료 방송은 크게 참여율이 높지 않습니다. 반면 영상 제작비는 만만치가 않죠. 그런데 김 대표에게는 큰 무기가 있었습니다. 바로 140만 명을 넘는 김미경TV의 팬덤이었습니다. 문제는 그 팬덤이 대부분 자기 계발에 열정적인 여성층이었고, 그래서 기존에 다뤘던 영상도 동기부여와 관련한 콘텐츠에 집중되어 있었다는 점입니다. 계획을 세우고, 마음을 다잡고, 아이를 잘 키우며, 성공과 인생의 행복을 찾는 콘텐츠가 채널의 중심이었습니다. 그것만으로는 대학이라는 이름에 걸맞은 콘텐츠를 채우기 어려웠습니다. 무언가 더 전문적인 내용이 필요했죠. 돈을 내고서라도 꼭 들어야겠다는 생각이 들 수 있는 코어 콘텐츠가 필요했습니다. 특히 4차산업혁명 시대다, 디지털 혁명 시대다, 코로나 이후로는 뉴노멀이다 하면서 사회가 온통 변화와 혁신에 들끓고 있던 상황이었으니까요. 그녀의 팬들도 이러한 신문명의 지식에 목말라하던 상황이었죠. 엔지니어 출신도 아니었고 디지털 문명에 관한 지식도 많지 않았던 김 대표에게는 큰 어려움이 아닐 수 없었습니다. 그런데 그 난관을 과감하게 뚫고 도전을 시작합니다. 어쩌면 그녀의 도전 자체가 MKYU의 핵심 콘텐츠라고 할 만합니다. 그러고는 멋지게 성공합니다. 입버릇처럼 쏟아내던 "쉰여덟 살인 나도 하는데 여러분이 못할 것은 아무것도 없습니다."라는 그녀의 핵심 메시지를 스스로 증명해낸 것입니다.

성공의 비결은 배움에 대한 의지와 치열한 공부였습니다. 자신의 눈높이에서 이해할 수 있는 내용들을 최대한 학습하고, 그 분야 최고의 전문가라면 무조건 초대합니다. 그러고는 함께 콘텐츠를 만들어갑니다. 어렵지만 꼭 알아야 하는 분야도 철저한 학습을 통해 분류해냅니다. 인공지능, 로봇, 빅데이터, 사물인터넷, 가상현실, 거기다가 최근에 각광받는 메타버스와 NFT는 아예 특집 방송으로 다룹니다. 스스로는 철저한 모더레이터(moderator)의 역할을 다합니다. 저도 공대 교수이지만 기술 분야 전문가는 매우 어렵게 설명하는 경향이 있습니다. 거의 모든 발표가 전문가들이 모여 있는 학회에서 이루어지기 때문이죠. 그런데 열심히 공부한 김 대표가 여러 전문가의 발표 영상을 분석하고, 팬들에게 눈높이를 맞춰 잘 설명해줄 최고의 강사를 선택합니다. 자신도 함께 공부하면서 팬들이 어려워할 것 같은 부분, 궁금해할 것 같은 부분들을 감각적으로 잘 찾아내어 정리합니다. 그리고 최고의 모더레이터가 되어 전문가의 지식을 기가 막히게 뽑아내어 자연스럽게 팬들에게 전달합니다. 소비자에게 최고의 경험을 만들어주는 것이죠. 저는 2021년 연말에 MKYU 방송 제작에 참여해 그녀가 만든 2022년 트렌드에 관한 강의를 들을 수 있었는데, 메타버스와 NFT 생태계에 대한 전문가 뺨치는 통찰력을 보고 순간 소름이 쫙 끼쳤습니다. 저 정도 지식을 이해하는 것이 쉽지 않은데 그걸 소화해서 쉽게 전달까지 하는 것을 보고, 정말 대단한 노력의 화신이라는 생각이 들었습니다. 그래서 많은 전문가들도 홀리듯 MKYU 방송 제작에 참여하게 됩니다. 참여하는 전문 강사들끼리 모여 얘기하다 보면 온통 김 대표 칭찬입니다. 우리도 좋은 경험을 얻어 팬이 되는 것이죠.

그뿐이 아닙니다. 미국의 유명 인사에게 무작정 이메일을 보내 온라인 강의를 요청해 성사시키고, 짐 로저스 같은 투자계의 거장이 한국을 방문하면 어떻게든 섭외해 바로 강사로 모십니다. 심지어 한류특강으로 유명한 미국 펜실베이니아 주립대학 샘 리처드 교수의 요청을 받아 미국을 방문해 800명의 외국 학생들 앞에서 영어로 강의를 하고 오기도 합니다. 그것도 불과 2년 전부터 배워온 영어 실력으로요. 일반인이 생각하기에는 도저히 불가능할 것 같은 도전을 아무렇지 않게 해치우는 그녀의 방송을 보고 있으면 진짜 도전하고 싶은 열정이 불끈 솟아오를 것 같습니다. 그녀는 좋은 내용을 방송에 담을 뿐 아니라 자신의 삶을 통해 모든 도전이 가능하다는 것을 입증해냅니다. 그 진정성은 콘텐츠 내용 이상의 강력한 힘을 발휘하게 됩니다. 그렇게 MKYU는 두터운 팬덤을 성공적으로 정착시켜 갑니다.

그 팬덤에 힘입어 2021년 MKYU는 멋지게 성공 궤도에 올라섭니다. 2022년 현재 무려 6만 3,000명 이상의 유료 수강생을 확보했고, 회사의 매출도 200억 원을 돌파했다고 합니다. 홍대 앞에 멋진 독립 사옥도 완공했고, 직원도 무려 100명을 넘어섰습니다. 김 대표의 열정은 이제 막 대학에 입학한 학생을 보는 듯합니다. 지금 이 순간에도 MKYU 프로그램에는 정말 많은 전문가와 셀럽들이 강사로 참여하여 이 시대 성공을 꿈꾸는 모든 사람들에게 다양한 지식과 성공 경험을 제공하고 있습니다. MKTV에서는 여전히 무료로 다양한 영상을 제공하며 오리지널 팬들에 대한 배려도 잊지 않습니다. 김 대표는 이제 정식으로 대학으로 등록하고 졸업 학위를 어떻게 줄 것인지 고민 중입니다. 규제가 앞길을 막고 있지만 아마도 그 길을 반드시 찾을 것 같습니다. 김 대표의 팬들에 대한 배려와 집착이 가슴의 울림을 만들어 MKYU의 성공적인 정착을 이끌어낸 겁니다. 많은 대학들이 존폐 위기를 겪고 있지만, 또 많은 사람들의 선택을 받는 새로운 형태의 교육 시스템이 탄생합니다. 어려움을 겪고 있는 대학들이 돌아봐야 할 것은 과연 대학이 학생들에게 어떤 경험을 제공하고 있으며, 그 경험이 학생들에게 어떤 평가를 받고 있는지입니다. 성공의 중심에는 항상 소비자의 팬덤이 존재합니다.

무신사의 팬덤을 다시 소환해보겠습니다. 무신사는 2021년 무려 2조 5,000억 원의 가치를 갖는 기업으로 평가받았습니다. 이 정도면 패션업계의 리더로 발돋움했다고 해도 과언이 아닙니다. 2021년 선풍적인 인기를 끌었던 아이템으로 '유아인 바지'라는 상품이 있었습니다. 무려 50만 장이 팔려나갔다고 합니다. 음반이 아니라 바지인데 말이죠. 많은 사람들이 '역시 유아인'이라는 생각을 했습니다. 저도 어떤 바지인지 궁금해서 유아인 바지를 검색했다가 깜짝 놀랐습니다. 댓글이 워낙 많아 그 끝이 보이지 않았기 때문입니다. 이후 알려진 바에 따르면 무려 11만 개가 넘는 댓글이 달렸다고 합니다. 유아인의 팬덤 덕에 이렇게 팔려나갔다고 하기에는 댓글 내용 대부분이 제품 자체에 대한 평가가 주를 이룹니다. 유아인의 광고 효과뿐 아니라 제품 자체의 질이 좋았기에 가능했던 겁니다. '이 바지라면 색깔별로 다 사고 싶다.' '밸런스와 핏이 환상이다.' '이 바지는 미쳤다. 무조건 다리가 길어 보인다.' 등등 엄청난 찬사가 댓글로 쏟아집니다. 그리고 이런 소비자의 열광적인 리뷰가 실제 구매로 이어진 것이죠.

이미 온라인 쇼핑몰 업체에서는 '댓글의 수가 매출을 결정한다.'는 절대 법칙이 존재한다고 이야기합니다. 그래서 댓글 관리, 댓글 마케팅, 프로 댓글러 육성 등 댓글 붐업을 위한 많은 노력을 기울이고 있다고 합니다. 물론 마케팅을 잘한다고 해도 실질적인 소비자의 경험이 만족스럽지 못하면 댓글은 이어지지 않습니다. 결국 유아인 바지처럼 대박 상품이 나오기 위해서는 마케팅 기술뿐 아니라 타깃 고객의 경험이 압도적으로 좋아야 한다는 것이죠. 경험은 상품 검색부터 사이즈와 컬러의 선택, 결제 프로세스까지 모든 과정의 종합적 경험을 의미합니다. 거기다가 배송의 속도, 포장 상태, 재활용 처리까지 모든 경험을 신경 써야 합니다. 그 디테일이 결국 승부처가 됩니다. 무신사의 성공은 그 구매 경험의 디테일이 뛰어나 MZ세대의 압도적인 선택을 이끌었기 때문에 가능했습니다. 포노 사피엔스들은 또래 소비자의 리뷰에 매우 민감합니다. 일단 팬덤이 형성되면 확산 속도가 어마어마하게 빠릅니다. 50~60대의 시장과 10~20대의 소비 패턴은 확연히 다릅니다. 디지털 네이티브들이 팬덤 경제의 주역입니다. 최근에는 이들의 소비 패턴을 기성세대가 쫓아가는 경향을 보이기 시작합니다. 자식 세대가 보여주는 합리적이고 가성비 높은 소비 방식에 대해 인간의 모방 본능이 발동하기 시작했다고 할 수 있습니다. 이렇게 팬덤 기반의 소비는 디지털 문명의 핵심 엔진이 되고 있습니다. 팬덤을 만드는 것은 감동적인 경험을 창조하는 것임을 잊지 말아야 합니다.

앞서 언급했던 NFT 커뮤니티 DAO를 다시 떠올려보시죠. 팬덤과 댓글이 많아지려면 어떤 시스템이 유리할까요? 만약 무신사에서 1만 명의 열성 팬들을 위해 NFT를 발행하고, 이들에게 신상품 할인, 인기상품 선구매 등 다양한 혜택을 부여한다면 사람들을 유인할 또 다른 가능성을 만들어낼 수 있습니다. 그렇게 하지 않아도 인기가 많은데 말이죠. 브랜드 신규 입점이나 신상 출시 결정에 이들로 구성된 DAO가 표로 영향력을 끼칠 수 있다면, 이미 무신사에 우호적인 팬들이 더 큰 애정으로 진정성 있는 판단을 해줄 것입니다. 실제로 그들이 투표로 결정한 사업이 현장과 직결되어 진행되면 자신들이 참여한 사업인 만큼, 상품 출시 후에도 우호적인 댓글을 달아줄 가능성이 매우 크죠. 이 말은 곧, 팬덤 경제와 NFT, DAO가 궁합이 아주 잘 맞는다는 뜻입니다. 그렇다 보니 많은 기업들이 MZ세대를 대상으로 하는 메타버스 마케팅을 준비하고 있는 겁니다. 대한민국 대표 광고기업 제일기획이 본격적인 NFT 서비스를 시작한다고 발표했습니다. 기업의 수요가 폭발적으로 늘고 있다는 뜻입니다. 기존의 TV 광고는 속절없이 줄어들고, 아직 전문가가 그리 많지 않은 메타버스 마케팅은 폭발적으로 늘어납니다. 이렇듯 MZ세대가 살아가는 세상 메타버스의 생태계가 끊임없이 빠르게 확산하고 있습니다. 그곳에 여러분의 일자리도, 미래도 있습니다.

Origin
3

'나다움', '우리다움'에
집중한다는 것

폭발하는 K-콘텐츠, 팬덤의 이유

우리나라 콘텐츠 산업의 팬덤은 정말 엄청납니다. 세계 1등 소식이 밥 먹듯이 들려오니, 이제 사람들도 그러려니 할 정도입니다. 우선 유튜브부터 살펴보겠습니다. 세계인의 표준 방송 플랫폼이 된 유튜브에서 조회 수 1위를 기록하고 있는 건 '아기상어'입니다. 2016년 6월에 업로드된 이 영상은 2022년 1월 급기야 세계 최초로 조회 수 100억 뷰를 넘어서며 압도적인 세계 1위의 기록을 이어가고 있습니다. '아기상어'의 카테고리를 보면 아기들을 위한 애니메이션과 캐릭터 산업으로, 무려월트 디즈니(Walt Disney)가 경쟁 기업입니다. 시가총액 200조 원이 넘는 회사가 엄청난 공을 들여 매년 새로운 애니메이션을 쏟아내고 그걸로 캐릭터 산업을 펼치고 있는데 유튜브 조회 수 1위는 디즈니가

아니라 '아기상어'입니다. '아기상어'는 2010년 창업한 스마트스터디
가 만든 동영상입니다.

1981년생인 김민석 대표는 유아들의 디지털 교육 콘텐츠를 만들겠
다는 생각으로 창업을 했다고 합니다. 넥슨 출신의 김 대표는 하던 대
로 디지털 학습지를 만드는 사업을 시작합니다. 그런데 그 시장은 경
쟁도 치열했을 뿐 아니라 아이들이 좋아하는 분야가 아니었죠. 즉, 팬
덤이 없는 시장이었습니다. 1년 반 동안 공을 들였지만, 성공 근처에
도 못 갔다고 합니다. 디지털 플랫폼에서 성공하려면 소비자 팬덤이
필수적인데 근본적으로 팬덤이 형성될 수 없는 구조였던 거죠. 그래
서 우선 팬덤을 만들자는 마음에서 캐릭터 산업에 진출합니다. 아이
들이 좋아하는 것은 동물 캐릭터니까요. 핑크퐁이라는 브랜드로 신
사업에 뛰어듭니다. 처음에는 다른 기업들처럼 귀엽고 예쁜 동물들로
주력 캐릭터를 만들었습니다. 그런데 이상하게도 아이들은 귀엽고 예
쁜 동물 캐릭터보다 무섭고 사나운 동물 캐릭터에 더 많은 관심을 보
였습니다. 데이터 분석을 해보니 확연하게 드러났습니다. 그래서 만
든 것이 상어 캐릭터입니다. 놀랍게도 디즈니의 어떤 캐릭터보다도
더 인기를 끌며 세계 아기들의 마음을 사로잡아 버렸습니다. 배경 음
악 자체도 약간 스릴이 담긴 분위기로 구성되어 있어 아이들이 좋아
할까 싶었는데 엄청난 팬덤이 형성된 거죠. 데이터를 충실히 따라가
서 얻을 수 있는 성공이었습니다.

이유는 정확히 설명할 수 없지만 분명한 점은 우리에게 전 세계 아이들의 마음을 움직이는 무언가를 창조하는 힘이 있다는 것입니다. 조회 수 증가가 멈출 만도 한데 어느새 100억을 훌쩍 넘어갑니다. 그 사이 엄청나게 많은 캐릭터들이 등장했는데도 아이들은 끊임없이 '아기상어' 듣기를 원하고 있다는 것이죠. 아기상어를 유튜브에서 검색하면 '아기상어 무한 반복'이라는 검색어가 딸려 나오기도 합니다. 어떠한 주입식 교육도 받지 않은 백지상태의 아기들이 자발적으로 '아기상어'를 선택했다는 것은 매우 의미가 큽니다. 사람이 본능적으로 보고 듣고 싶은 음악과 영상을 만들었다는 뜻이니까요. 캐릭터 산업 경쟁력의 핵심 능력이라고 할 수 있습니다.

동남아를 중심으로 형성된
거대한 K-팬덤 로드

조금 더 깊이 데이터를 바탕으로 분석해보면 '아기상어' 팬덤의 시작점을 알 수 있습니다. 이승규 공동창업자의 말에 따르면 가장 먼저 팬덤이 일어난 곳은 인도네시아라고 합니다. 거기서부터 커버댄스와 따라 하기 챌린지가 시작되었다고 합니다. 그래서 직원 두 명을 급파했다고 합니다. 핑크퐁 캐릭터와 상어 캐릭터 복장을 한 직원들이 인도네시아에서의 팬덤을 더욱 크게 키운 것입니다. 그리고 그 팬덤이 동남아 일대로 급속하게 번지고, 미국까지 상륙하면서 거대한 글로벌 팬덤으로 성장한 것이죠. 미국 주류사회에 상륙하게 된 것은 아기들 베이비시터로 일한 동양인이 많이 틀어줘서 가능했다는 분석도 있습니다. 어찌 되었든 '아기상어'는 미국에서 가장 핫한 캐릭터가 됩니다. 아마존에서 가장 많이 팔린 완구, 월마트에서 가장 많이 팔린 아동용 시리얼 등 수많은 기록을 세웠고, 무려 2,500개 제품과 로열티 계약을 맺고 엄청난 수익을 창출합니다. 코로나로 그 규모가 줄기는 했지만, 여전히 강력한 팬덤을 자랑하고 있습니다. 2022년을 목표로 상장을 추진하고 있는 스마트스터디의 예상가치는 3조 원을 웃돌 것으로 전망됩니다. 입증된 글로벌 팬덤의 가치가 이렇게 어마어마합니다.

우리가 주목해야 할 것은 인도네시아를 중심으로 동남아에 형성된 K-콘텐츠에 대한 강력한 팬덤입니다. 실제로 최근 이뤄진 설문 조사에 따르면, 세계에서 우리나라에 대해 가장 호의적인 국가가 인도네시아입니다. 인도네시아 국민의 85퍼센트 이상이 우리나라에 대해 호의를 갖고 있다고 합니다. 이외에도 많은 동남아 국가들이 우리에게 높은 호감도를 유지하고 있습니다. 그동안 K-팝과 K-드라마, K-웹툰 등의 활약으로 이런 팬덤이 형성된 것으로 보입니다. 그런데 여기 인구가 매우 많습니다. 인도네시아 2억 7,600만 명, 필리핀 1억 1,200만 명, 태국 7,000만 명, 말레이시아 3,300만 명, 베트남 9,900만 명, 캄보디아 1,700만 명 등 어림잡아도 6억 명이 훌쩍 넘어갑니다. 더구나 이 지역은 젊은 층 인구비율이 높은 나라들입니다. 이들 중 70퍼센트가 한류에 관심을 둔다면 그 인구가 단순 계산만으로도 4억 2,000

만 명이 됩니다. 비록 중국이 반한감정을 부추기고 있지만 중국인의 60퍼센트 이상은 여전히 한국 콘텐츠에 호감을 갖고 있습니다. 디지털 문명을 즐기는 인구가 10억 정도 되니까 이들 중 60퍼센트면 6억 정도의 인구가 추가됩니다. 이 인구가 코리아 팬덤을 전 세계로 확산시킬 수 있는 강력한 엔진 역할을 하고 있는 겁니다. 저는 이걸 'K-팬덤 로드'라고 부릅니다. 과거 아시아의 산업 동맥이라고 불리던 실크로드에 이어 디지털 신대륙에 건설된 매우 중요한 하이웨이입니다. 앞으로 우리 산업이 이 도로를 따라 꽃피우게 되는 날을 기대해봅니다.

K-웹툰의 성공, 독자가 스토리까지 결정한다

동남아를 중심으로 하는 팬덤 로드를 통해 성공한 대표 산업이 바로 웹툰입니다. 개발도상국 시절, 우리나라의 만화산업은 영세 산업이었고, 글로벌 경쟁력도 갖추지 못한 게 사실이었습니다. 우리나라 청장년들도 어려서는 '마징가'를 비롯한 '드래곤볼', '슬램덩크' 등 일본 만화를 더 많이 보고 자랐습니다. 일본은 특유의 장인정신으로 다양한 장르의 만화를 완성도 있게 만들어서 아시아 시장뿐 아니라 세계적인 경쟁력을 보유하고 있었습니다. 반면 우리나라는 내수시장이 작아서 몇몇 유명 작가들 외에는 큰 수입을 올릴 수 없는 영세 수준을 면하지 못하고 있었습니다. 그런데 웹툰 시대가 시작되면서 그 판도가 바뀌기 시작합니다. 우선 작가가 되는 시스템에 혁명이 왔습니다. 과거에는 아무리 재능있는 작가라도 유명 작가의 화실에서 오랜 기간 수련을 해야 출판의 기회를 잡을 수 있었습니다. 만화의 특성상 유통망이 워낙 강력한 힘을 갖고 있었기 때문에 작가가 독자를 만나기까지는 이 시스템에 잘 편입되어야 한다는 한계가 존재했습니다. 그래서 작품을 그려 독자를 만나고 다시 피드백을 받아 성장하는 프로세스가 원활하지 못했습니다. 그러니 어릴 적 만화가에 도전해보고 싶어도 작가 데뷔까지 너무 오랜 시간이 걸리고, 데뷔 이후에도 성공을 보장할 수 없어 포기하는 경우가 대부분이었습니다. 10년 동안 밑그림 그리며 자기 청춘을 갈아 넣으며 불확실한 미래에 기댈 수 있는 청년은 많지 않습니다.

그런데 웹툰은 시스템이 다릅니다. 인기 작가든 신인 작가든 동등한 조건으로 플랫폼에 올립니다. 그리고 모든 것을 독자의 선택이 결정합니다. 조회 수가 높은 웹툰이 인기 상단에 올라가고 사람들은 앞선 사람들의 조회 수와 리뷰에 근거해 만화를 선택합니다. 결국 구독자의 선택이 절대 권력이 된 것이죠. 그러자 많은 신인 작가들이 다양한 장르로 도전하기 시작합니다. 경쟁은 치열해졌지만 다양성과 작화 수준은 빠르게 올라갑니다. 독자들의 피드백을 누구나 다 즉각적으로 학습할 수 있게 되면서 어떤 스토리, 어떤 캐릭터들이 인기를 얻을 수 있는지 빠른 시간 동안 습득하고 다음 작품에 반영하게 됩니다. 작화 수준이 올라가니까 더 많은 구독자들이 웹툰에 몰리게 되고, 인기가 올라가면서 작가의 수입도 올라갑니다. 동시에 우리나라에서 인기를 얻은 웹툰은 동남아시아의 팬덤 로드를 따라 순식간에 폭발적 인기를 얻게 됩니다. 아마존의 창업자 제프 베조스가 이야기하는 플라이휠(Flywheel) 이론은 여기서도 확인할 수 있습니다. 우리 웹툰의 인기는 디지털 신대륙에서 눈덩이처럼 불어납니다. 10억이 넘는 인구가 일으키는 팬덤은 실로 강력합니다. 우리나라의 네이버와 카카오가 웹툰 플랫폼 사업을 해외로 전개할 때 우리 작가들의 활약이 큰 역할을 한 셈입니다. 수입이 늘어나면서 작가들은 더 좋은 팀을 꾸릴 수가 있게 됩니다. 생태계 성장의 선순환이 일어난 것이죠. 역할도 캐릭터 작가, 스토리 작가, 밑그림 작가, 3D 작가 등으로 전문화되고 분화됩니다. 더 좋은 작품을 빠른 시간에 만들어낼 수 있는 자본과 인재가 모이게 되니까 우리 웹툰의 수준은 계속 올라가고 당연히 인기도 더욱 치솟게 됩니다.

디지털 시대의 특징이 데이터를 기반으로 이루어지는 비즈니스 협업입니다. 메타버스나 NFT 사업에서도 유명 셀럽들이 일으키는 팬덤이 성공의 핵심 요소로 꼽히고 있죠. 웹툰도 마찬가지입니다. 소비자의 엄청난 팬덤을 데이터로 확인할 수 있으니까 드라마나 영화로 제작하자는 요청이 들어옵니다. 특히 데이터 기업인 넷플릭스가 이런 기회를 놓칠 리 없습니다. 2020년 큰 인기를 끌었던 '이태원 클라쓰'와 '여신강림'이 이렇게 넷플릭스의 투자로 탄생합니다. 그리고 2021년에는 드라마 'DP'가 넷플릭스 3위에 오르는 기염을 토하더니 곧바로

'지옥'과 '지금 우리 학교는'이 넷플릭스 1위를 찍습니다. 이들은 모두 웹툰에서 크게 성공했던 작품들을 원작으로 한 드라마입니다.

이 모든 웹툰과 드라마의 인기를 글로벌한 인기로 상승시킨 엔진이 바로 아시아의 팬덤 로드입니다. 무려 10억 명이 넘는 MZ세대가 우리나라 웹툰과 드라마에 열광하다 보니 유럽과 미국의 시청자들도 관심을 갖게 되고, 그것이 넷플릭스라는 세계 무대에서 1등을 찍는 결과를 낳은 것이죠. 웹툰 작가의 수입도 엄청나게 상승하게 됩니다. 생태계가 더욱 크게 확장되는 것이죠. 팬덤은 이렇게 모든 비즈니스의 원천이 됩니다. 앞으로는 이런 시장도 생각해볼 수 있습니다. '지옥'의 캐릭터 이미지를 NFT 아트로 해서 경매에 올리면 어떨까요? 디지털 신대륙은 새로운 아이디어의 전쟁터입니다. 팬덤은 엄청난 자산이라고 할 수 있습니다. 우리에게 필요한 것은 창조적 아이디어와 도전 정신입니다.

드라마를 통해 접한 한국 배우들의 화장품에 대한 관심이 늘면서 K-뷰티도 뜨게 되고, 드라마에서 본 한국 음식에 대한 관심도 늘게 되면서 라면과 만두 등 한국 식품의 수출도 가파르게 증가합니다. 삼성전자와 LG전자가 미국 가전제품에서 1, 2위를 다투는 현상도 이와 무관하지 않습니다. 결국 콘텐츠에 대한 강력한 팬덤은 모든 산업을 발전시킬 수 있는 촉진제 역할을 할 수 있습니다. 1980년대 후반 일본이 소니와 토요타로 세계 시장을 휩쓸면서 일식 식당이나 화장품,

패션 산업이 크게 성장한 것도 비슷한 경우입니다. 문화를 사랑하면 많은 것들을 사랑하게 되기 때문입니다.

한국의 소프트 파워, 세계 2위가 되다

동남아 인구의 특징은 우리와 달리 젊은 세대의 인구 비중이 높다는 것입니다. 이들은 숫자도 많지만, 디지털 문명을 적극 활용하는 세대 입니다. 이들의 열정 가득한 팬덤은 K-컬처가 전 세계로 퍼지는 데 강력한 역할을 합니다. 그것도 아주 어려서부터 시작됩니다. 핑크퐁 채널에서 '아기상어'를 따라 하며 자란 아이들은 자연스럽게 보람튜 브나 '뽀로로'를 통해 한국 문화를 접하게 됩니다. 그리고 청소년이 되면서 바로 K-팝에 깊이 매료됩니다. BTS뿐 아닙니다. 블랙핑크의 인기도 무섭게 상승 중입니다. 최근에는 신인 가수들에 대한 팬덤도 빠르게 확장하고 있습니다.

블랙핑크는 세계의 쟁쟁한 경쟁을 뚫고 여성 뮤지션 중에 유튜브 구독자 수가 가장 많은 걸그룹이 되었습니다. 특히 동남아에서의 인 기는 압도적입니다. 4명의 멤버 중 리사(LISA)는 태국인으로, 오디션 을 통해 중학생 때 연습생으로 YG에 합류한 멤버입니다. 그런데 리 사의 출신이 태국에서 화제가 되었다고 합니다. 태국은 아직도 부를 독점하는 상류층인 '하이소'와 서민층인 '로소'가 존재하는 계급 사회입니다. 태국에서 대부분의 연예인은 하이소 출신이 일반적이라고 합니다. 그런데 리사는 로소 출신으로 태국 비주류입니다. 그것도 자신의 치열한 노력을 통해 태국의 어떤 스타도 비교할 수 없는 세계 최고의 스타가 되었으니, 스토리만으로도 태국의 국민 영웅이 될 만합니다. 게다가 실력까지 출중합니다. 2021년 YG는 리사의 솔로곡 '라리사'를 발표했습니다. 아예 리사의 이름으로 곡을 만들어준 것이죠. 발매 첫 주 글로벌 유튜브 송 차트 1위를 차지했고, '라리사'의 음원은 72개국 아이튠스 톱 송 차트(iTunes Top Song Charts) 1위에 올랐으며, 유튜브 공개 후 24시간 동안 7,360만 뷰를 기록해 솔로 아티스트 세계 최고 기록을 경신하게 됩니다. 특히 라리사가 태국의 전통의상을 입고 나오는 부분이 뮤직비디오에 등장하면서 태국 국민의 엄청난 열광을 이끌어냅니다. 아예 태국의 총리는 "리사가 태국 문화를 알리는 소프트 파워의 중심"이라며 극찬을 아끼지 않았습니다. 이렇게 되니 태국에서 K-팝에 대한 인기는 더욱 상승하게 됩니다.

실제 뮤비 '라리사'는 정말 감탄이 절로 나올 정도로 멋집니다. 노래도 뮤직비디오의 분위기도 태국풍인데 춤과 노래 그리고 총체적 구성이 대단합니다. 그래서 세계인들이 모두 열광한 것이죠. 그 안에는 리사가 만든 스토리가 더해집니다. 태국의 한 소녀가 세계적 스타로 성장하는 과정입니다. 과거에는 불가능하고 믿었던 일이 이제는 개인의 노력만으로 충분히 가능하다는 사실에 MZ세대는 열광합니다. 그뿐 아닙니다. 리사는 자신이 나고 자란 지역을 위한 기부 캠페인을 합니다. 자신이 만든 기적 같은 변화가 계속 다음 세대로 이어지는 꿈을 꾸는 것입니다. 이런 감동이 SNS를 타고 번지면서 팬덤의 강도가 더욱 강해지는 것입니다. 디지털 세대는 이런 문화에 열광합니다.

MZ세대가 BTS와 블랙핑크에 열광하는 이유는 뛰어난 춤과 음악도 매력적이지만 무엇보다 이들이 만들어내는 메시지가 누구나 노력하면 성공을 거둘 수 있다는 멋진 꿈을 이야기하기 때문입니다. BTS는 2021년에도 UN 총회 연설을 했습니다. 코로나라는 세계적인 재앙을 만났지만 용기를 잃지 말자는 이야기와 환경을 보호하는 데 함께 노력하자는 메시지를 전했습니다. 이들은 데뷔 이후 지금까지 그들의 팬인 ARMY를 위해 노래를 부르고 ARMY를 위해 활동을 합니다. 어떤 상을 받아도 ARMY에게 고맙다고 말하며, 어떤 자리에 가더라도 ARMY를 향해 선한 메시지를 보냅니다. 스토리도 일관됩니다. 어렵고 힘든 청소년 시절을 보내고 있지만, 열심히 노력한다면 행복한 미래를 만들 수 있을 거라며 응원합니다. 기성세대들이 이야기하는 금전적 성공만이 성공이라고 말하지 않습니다. 스스로 아무것도 아닌 것 같고, 미래마저 불안하며, 인간관계에 서툴러 힘들어하는 청소년들에게 위로와 기운을 북돋습니다. 힘들지만 이겨내고 함께 가자고 말합니다. BTS는 어려웠던 무명의 신인 시절부터 SNS를 통해 팬들과 함께 성장했습니다. 진짜 어렵던 10대를 팬들과 함께 이겨냈던 겁니다. 그리고 이후 9년간 그 고마움을 잊을 수 없다면서 끊임없이 메시지를 담아냅니다. 이제는 자기들이 ARMY를 위해 열심히 노래하고,

위로하고, 곁에 있겠다고. 그리고 그 노력을 통해 세상의 변화를 추구합니다. 그래서 ARMY는 더욱 강력한 팬덤으로 성장합니다.

아시아 MZ세대들에게 K-팬덤을 만드는 데 가장 큰 역할을 하는 것 중 하나가 e-스포츠, 즉 게임산업입니다. 야구, 축구, 농구만 보았던 기성세대들이 잘 모르고 있는 것 중 하나가 바로 이것입니다. 프로게임 시장은 세계 4대 프로스포츠가 되었다고 할 만큼 빠르게 성장했습니다. 그리고 세계 각국의 프로 무대에서 활약하는 스타들이 대부분 한국 선수들입니다. 과거 스타크래프트부터 시작된 전설적인 한국 프로게이머의 인기가 여전히 이어지고 있는 것이죠. e-스포츠 중 가장 있기 있는 LOL 게임에서 세계적인 스타가 된 페이커(Faker) 이상혁 선수의 연봉은 100억에 육박하는 것으로 알려져 있습니다. 그렇다면 우리나라 스포츠 스타 중 손흥민 선수와 비슷한 최고 연봉을 받는 셈입니다. 대중적 인기도 대단합니다. 중국인들이 가장 부러워하는 최고의 인기 스타가 바로 이상혁 선수입니다. 부러운 마음에 우리를 '페이커 보유국'이라고 부르죠. 그는 10년간 프로게이머로 활약하며 롤드컵 역사를 새로 쓴 스타입니다. 롤드컵 결승전의 총 시청 시간은 1억 7,400만 시간, 최고 동시 시청자 수는 7,400만 명에 이르렀다고 하니, 최고 스타인 그의 인기를 가늠할 수 있습니다. 한마디로 그는 축구에서의 메시 선수와 같은 위상이라 보면 될 것 같습니다.

이상혁 선수뿐 아닙니다. 2021년 롤드컵에서 이상혁 선수의 팀

SKT T1은 아쉽게 4강에서 탈락했고, 중국의 EDG가 결승에서 기아 담원을 꺾고 우승했습니다. 그런데 4강에 오른 4팀 중 3팀이 한국 팀이었고, 주전 20명 중 17명이 한국 선수였습니다. 우승한 중국팀 EDG의 MVP도 한국 선수인 스카웃(Scout) 이예찬이 차지했습니다. 이밖에도 또 다른 한국 선수인 바이퍼(Viper) 박도현의 활약이 없었다면 우승할 수 없었습니다. 이처럼 MZ세대가 가장 열광하는 게임 세계에서도 한국의 프로 선수들이 최고의 스타로 각인되고 있는 것입니다.

K-팝, K-드라마, K-웹툰, e-스포츠에서의 한국의 존재감은 영화계에서도 빛났습니다. 2020년 봉준호 감독의 '기생충'이 아카데미 작품상을 수상하면서 세계인을 놀라게 했고, 이어 2021년에는 윤여정 배우가 아카데미 여우 조연상을 수상하며 놀라움과 부러움을 이어갑니다. 아카데미 시상식은 영화 관계자들의 투표로 결정됩니다. 그만큼 미국의 영화인들이 한국의 영화나 드라마에 대한 관심과 이해도가 높아졌다는 걸 의미합니다. 대중적인 인기뿐 아니라 이제는 미국의 주류사회에서 한국의 문화가 높은 평가를 받고 있음을 보여준 것입니다. 조금만 더 애쓴다면 '할리우드와 어깨를 나란히 할 수 있는 콘텐츠 산업은 한국밖에 없다.'라는 외신들의 평가가 실현될 수도 있겠다 싶은 생각이 듭니다. 데이터가 모든 걸 입증하는 디지털 세상에서 우리의 위치를 정확히 이해하고 미래를 준비하는 일은 이제 기본이 되었습니다. 물론 이에 자만해서도 안 되겠지만 굳이 과소평가할 이유

도 없습니다. 디지털 세계가 제공하는 데이터를 기반으로 차곡차곡 준비하고 전진하면 됩니다. 개인도 그렇고 기업도 그렇고 사회도 마찬가지입니다.

영국의 잡지 〈모노클〉 얘기도 더 해보겠습니다. 그들은 매년 각국의 소프트 파워를 측정해서 랭킹을 게시합니다. 소프트 파워란 군사력과 경제력을 제외하고 문화적인 매력도만을 바탕으로 각국의 국력을 계산하는 겁니다. 문화적으로 가장 매력 있는 나라, 가장 방문하고 싶은 나라를 (편집자가 자의적으로 측정하는 것이 아니라) 다양한 방식의 여론조사를 통해 정하는 겁니다. 우리나라는 코로나 이전인 2019년 15위에 위치해 있었습니다. 경제력이나 군사력에 비해 문화적인 힘이 부족했다는 걸 의미합니다. 그런데 코로나 이후 2020년 우리나라가 무려 2위에 올랐습니다. 집에 격리된 상태로 유튜브나 넷플릭스를 찾는 사람들이 많아지면서 자연스럽게 우리나라 콘텐츠에 대한 관심이 높아진 것입니다. 아시아에 형성되었던 팬덤 로드를 따라 전 세계로 우리나라 K-팝과 K-드라마의 인기가 폭발적으로 확산된 것이죠. 세계인의 문화적 관심도를 설문을 통해 결정하는 이 랭킹에서 우리가 아시아 1위가 된 것은 처음입니다. 어쩌면 코로나가 우리나라 문화의 세계적 확산을 도운 기폭제가 되었는지도 모르겠습니다. 그런데 거기에서 그친 것이 아니라 2021년은 더 폭발적이었습니다. '오징어 게임'의 대폭발이 있었죠. '오징어 게임'은 그야말로 신드롬이었습니다. 넷플릭스에서 방영을 시작한 지 얼마 되지 않아 압도적인 1위에 오르더니 순식간에 전 세계 넷플릭스가 서비스하는 모든 국가에서 1위를 차지했습니다. 그러고는 넷플릭스 역대 최고 기록을 싹 다 갈아치워 버렸습니다. 그동안 미국에서 가장 강력한 인기를 누렸던 '왕좌의 게임'의 기록까지도 제쳤습니다. 데이터 분석 결과 '오징어 게임'의 임팩트가 더 큰 것으로 나타났으니까요.

너무나 한국적인 '오징어 게임', 인류를 매료시키다

넷플릭스는 보통 공개 후 28일 동안의 데이터를 기반으로 결과 발표를 합니다. '오징어 게임'은 공개 후 28일 동안 1억 4,200만 가구가 시청했다고 하며, 누적 시청 시간은 16억 5,000만 시간에 달합니다. 역대 2위를 기록한 '브리저튼(Bridgerton)'이 같은 기간 동안 6억 시간 정도였다고 하니 얼마나 놀라운 성과인지 알 수 있습니다. 〈블룸버그〉에 따르면 넷플릭스는 '오징어 게임' 덕분에 1조 원 이상의 수입을 올렸고, 1,000만 명 이상의 가입자가 늘었다고 발표했습니다. 편당 약 25억 원가량을 투자해서 엄청난 수입을 올린 것입니다. 한편으로는 해외 플랫폼이 대부분의 이익을 가져갔으니 아쉽기도 하지만, 이 기회로 더 많은 투자를 이끌어낼 길이 열린 것이니 크게 억울해할 필요는 없습니다.

잘 아시겠지만 '오징어 게임'의 소재는 전부 우리나라 문화를 기반으로 만들었습니다. 1960~1970년대 태어난 사람들이라면 오징어놀이, 딱지치기, 뽑기, 구슬치기, 줄다리기, 무궁화 꽃이 피었습니다 같은 놀이를 안 해본 사람이 없을 겁니다. 그런데 그 오래된 놀이를 잘 엮어서 세계인의 열광을 이끌어냈으니 실로 놀랍기만 합니다. 황동혁 감독은 무려 10년 전부터 이 드라마를 기획하고 있었는데 아무도 투자를 해주지 않았다고 합니다. 넷플릭스 덕분에 그의 빛나는 재능이 세상에 꽃 피울 수 있었습니다. 디지털 문명이 만든 새로운 기적의 메커니즘입니다. 재능이 있다면 언어도 장벽이 될 수 없고, 인종이 다른 것도 장벽이 되지 않는, 적은 제작비로도 세계인의 가슴을 울릴 수 있는 새로운 세계가 열렸음을 황동혁 감독이 보여준 것입니다. 이정재를 비롯한 많은 배우들이 '오징어 게임'을 통해 세계인의 사랑을 받고, 세계적인 배우의 반열에 올랐습니다. 그들의 멋진 연기가 아니었다면 이룰 수 없는 결과였습니다. 아름답고 거대한 세트는 보는 이들의 감동을 자아내기에 부족함이 없었습니다. 오랫동안 갈고 닦은 우리 미술감독과 스태프가 없었다면 불가능한 일이었습니다. 촬영 감독과 스태프의 집착에 가까운 작업도 마찬가지입니다. 이 모든 조합이 만들어낸 기적이 바로 '오징어 게임'입니다. 절대 하루아침에 만들어질 수 없는 능력이죠. 수십 년 동안 정말 힘든 세월을 견디고 참아내며 최고에 대한 집착에 가까운 노력으로 만들어낸 팀워크입니다. 누구도 쉽게 가질 수 없고, 돈으로 만들 수도 없는, 신비에 가까운 드라마의 생태계가 대한민국에 탄생한 것입니다. 세계인과 공감할 수 있는 영화나 드라마를 만들 수 있는 나라는 흔하지 않습니다. 뛰어난 감독이 만든 예술성 있는 작품이 칸 영화제 같은 권위 있는 영화제에서 심사위원들의 선택을 받는 경우는 종종 있었지만, 전 세계 대중의 선택을 받아 큰 히트를 기록한 영화나 드라마가 미국 이외의 나라에서 탄생한 건 처음 있는 일입니다. 더구나 영어가 아니라 우리말로 만들고 자막을 달았는데 말이죠. 디지털 신대륙에 새로운 법칙이 등장했다는 걸 '오징어 게임'이 다시 한번 입증했습니다.

넷플릭스라는 플랫폼에서 영상이 인기를 끄는 과정을 생각해보면 '오징어 게임'의 성공이 왜 놀라운지를 이해할 수 있습니다. 한국의 한 드라마가 넷플릭스에서 공개됩니다. 그전까지 넷플릭스에서 인기가 있었던 한국 드라마는 좀비 영화 '킹덤'이 있었고, 2021년 상반기에는 우리나라 군대 이야기를 잘 표현한 'DP'라는 드라마가 한때 넷플릭스 전체 순위 3위까지 올랐었습니다. 영화로는 '살아있다'가 1위를 기록한 적이 있는데 이 작품이 이전 최고 기록이었습니다. 이 말은 곧 '한국 작품이라면 재미있다.'는 사전 경험이 넷플릭스 구독자 사이에 형성되어 있었던 것이죠. 그러고는 '오징어 게임'이 공개됩니다. 단 17일 만에 1억 1,100만 유료 가입자가 시청합니다. 그 출발점은 엄청난 댓글입니다. 언제나 그렇듯 팬덤의 형성은 소비자의 자발적 선택이 결정합니다. '오징어 게임'을 본 사람들이 주체하지 못하고 '이건 꼭 봐야 해!'라며 미친 듯이 추천하기 시작합니다. 그동안 전 세계적으로 가장 많이 언급되고 팬덤을 끌었던 드라마는 '왕좌의 게임'입니다. 빅데이터 기업 울프럼(Wolfram)은 전 세계인들이 주요 언어 9개(영어, 스페인어, 프랑스어, 독일어, 중국어, 러시아어, 포르투갈어, 이탈리아어, 한국어)로 위키피디아에서 검색한 양을 합산해 일일 최고 페이지 뷰를 공개했습니다. 결과는 놀랍게도 세계 1위였던 '왕좌의 게임'이 121만 회였는 데 비해, '오징어 게임'은 154만 회로 이를 추월합니다. 특히 드라마를 본 사람들이 직접 개입해서 댓글로 추천하는 개입(engagement) 항목이 있는데, 무려 두 배 이상의 압도적인 데이터를 기록합니다. 그만큼 사람들이 열광했다는 뜻이죠. '오징어 게임'은 넷플릭스가 서비스되는 대부분 국가에서 1등을 기록했을 뿐 아니라 가장 오랫동안 그 자리를 유지하기도 합니다. 이 강력한 팬덤은 스스로 만들어내는 놀이 문화로도 이어집니다. 뽑기를 할 수 있는 달고나 세트가 불티나게 팔리고 드라마에 등장했던 모든 소품과 패션 아이템들이 세계적인 유행이 됩니다. 프랑스에서는 공개 2주 만에 '오징어 게임' 체험관을 열었는데 하루 종일 줄을 서도 입장하기 어려울 만큼 큰 인기를 끌었습니다. 유튜브에는 드라마 속 게임들을 실제로 플레이하며 즐기는 영상이 넘쳐납니다. 2021년 645억을 벌어 최고의 수익을 기록한 유튜버 지미 도널드슨(Jimmy Donaldson)도 드라마의 실제 체험 영상을 올려 엄청난 조회 수를 기록했습니다. 그야말로 모든 세계인이 2021년 10월을 '오징어 게임'의 신드롬에 파묻혀 살았다고 해도 지나친 표현이 아닙니다. 한 드라마가 공개되자 시청자가 순식간에 매료되고 스스로 마케터가 되어 엄청난 속도로 확산시킵니다. 그리고 열광적인 팬덤을 다양한 형태로 표현하며 스스로 축제를 만들어 즐깁니다. 이 모든 것이 디지털 플랫폼에서 일어납니다. 결국 '오징어 게임'의 모든 기록은 소비자 스스로 만들고, 퍼뜨리고, 즐기면서 만들어낸 겁니다. 약 200억 원이 조금 넘는 제작비로 이 정도의 세계적 축제를 만들 수 있다니 디지털 신대륙의 문화는 참 매력적입니다. 넷플릭스는 덕분에 사상 최고의 주가를 기록했고, 가입자 수도 폭발적으로 증가했습니다. '오징어 게임' 덕분에 OTT라는 걸 알게 된 사람도 크게 늘어났습니다. '오징어 게임'은 디지털 문명의 방송 표준이 소비자 권력이 주도하는 OTT로 전환되었음을 알려주는 중요한 상징이 된 것입니다. 인류가 남긴 디지털 문명 전환의 또 하나의 기록입니다.

여기서 끝나지 않았습니다. '오징어 게임'이 세계를 놀라게 하고 얼마 후에 '지옥'이 다시 세계 1위에 올라섭니다. 물론 '오징어 게임'만큼의 열풍을 일으키진 못했습니다. 그런데 세계 1위를 기록했다는 건 그만큼 우리나라 드라마에 대한 관심과 기대치가 '오징어 게임' 이후 크게 늘었다는 겁니다. 모든 드라마가 성공할 수는 없습니다. 우리가 만들었다고 다 성공한다면 오히려 말이 안 됩니다. 그러나 '오징어 게임' 이후 '지옥', '지금 우리 학교는' 등이 계속해서 흥행에 성공하면서 우리 콘텐츠들이 당당하게 세계 무대에서 경쟁할 수 있음을 확인했습니다. '코리아 디스카운트'가 아니라 '코리아 프리미엄'이 존재한다는 건 매력적입니다. 이제 우리는 막 시작했을 뿐입니다. 새로운 세계를 향한 첫걸음을 정말 멋지게 뛰어올랐습니다. 글로벌 팬덤은 우리 미래의 소중한 자산이 될 것이 분명합니다.

문화적 매력에 대한 팬덤이 강력해지면 다양한 분야에서 그 효과가 나타납니다. 문화를 사랑하게 되면 많은 사람들이 음식에 관심을 갖게 됩니다. 실제로 라면 수출이 2020년에만 전년 대비 37퍼센트가 늘었고, CJ 비비고가 만든 만두는 2020년 한 해 동안 1조 300억어치를 팔아치우면서 단일 식품 최고 매출을 기록했습니다. 그뿐이 아닙니다. 미국 가전 시장 1위는 삼성전자가 차지했고, 그 뒤를 LG전자가 바짝 뒤쫓고 있습니다. 현대나 기아차에 대한 인기도 상승 중입니다. 문화에 익숙해지면 제품도 사고 싶어 하는 마음이 생기기 마련입니다. 그 반대 현상도 마찬가지입니다. 실제 1980년대 후반 일본의 소니와 토요타가 세계적 인기를 끌자 사람들이 일본 문화에 대한 관심도 높아졌습니다. 일본 전통 음식 식당이 세계 주요 도시마다 큰 인기를 끌었고, 일본 문화나 패션에 대한 관심도 올라갔었죠. 제품에 대한 친근감이 문화에 대한 관심을 끌어 올린 우리와는 다른 방식으로 일어났던 팬덤입니다. 일본은 이때 최고의 전성기를 누립니다. 1988년 세계 100대 기업 중 52개, 세계 10대 기업 중 8개가 일본기업이었으니 얼마나 거대한 경제 대국이었는지 짐작할 수 있습니다. 그만큼 문화적 매력이 증가할 때 경제력도 가파르게 상승할 수 있습니다. 이것은 거의 모든 선진국에서 볼 수 있는 현상입니다. 글로벌한 문화적 팬덤이 우리를 선진국으로 이끄는 부스터의 역할을 하는 것이죠. 이 팬덤을 기반으로 개발도상국에서 선진국으로의 산업 체질 개선을 이뤄내야 합니다.

　　김구 선생은 '나의 소원'에 이렇게 남기셨습니다. "우리의 부력(富力)

은 우리의 생활을 풍족히 할 만하고 우리의 강력(強力)은 남의 침략을 막을 만하면 족하다. 오직 한없이 가지고 싶은 것은 높은 문화의 힘이다. 문화의 힘은 우리 자신을 행복하게 하고 나아가서 남에게 행복을 주기 때문이다." 선진국이 되려면 문화의 힘이 얼마나 중요한지를 오래전부터 알고 계셨던 것 같습니다. 김구 선생의 그 위대한 꿈이 디지털 문명 시대를 맞아 조금씩 실현되는 중입니다. 저는 그래서 디지털 문명 시대가 반갑고 고맙습니다.

유튜브 너머 웹 3.0
크리에이터 이코노미가 온다

팬덤은 디지털 플랫폼을 활용하지만, 사람의 마음을 사로잡아야 시작됩니다. 그래서 팬덤을 만드는 가장 중요한 요소는 좋은 경험입니다. '오징어 게임'이 보여주듯 좋은 경험은 소비자를 자발적 마케터로, 또 세일즈맨으로 만드는 힘이 있습니다. 디지털 문명에서 이것보다 강력한 파워는 없습니다. 어떤 광고로도 대체할 수 없는 절대 권력이죠. 당연한 얘기지만 좋은 경험을 만들려면 실력이 뛰어나야 합니다. 제조업이든, 서비스업이든, 금융업이든 고객에게 '와우(wow)!'를 만들어낼 수 있어야 팬덤의 기본요소가 충족됩니다. 그러기 위해서는 업의 본질에 충실해야 합니다. 가장 중심에 소비자의 마음이 있고, 그것을 만족시키기 위한 디테일이 필요합니다. 그걸 구현하는 것이 진정한 실력

IV '열광하는 대상'이 곧 법이고 규칙이다

입니다. 팬덤은 디지털 플랫폼에서 광고하면 나오는 것이 아니라 경험을 통해 소비자의 가슴을 울릴 때 나오기 때문입니다. 과거에도 고객의 팬덤을 만들면 성공할 수 있었습니다. 시대를 초월해 절대 변치 않는 성공의 비결이죠. 문제는 지금 가슴을 울려야 하는 소비자가 디지털 문명에 익숙한 포노 사피엔스라는 겁니다. 과거와는 다른 방식으로 제품을 평가하고, 인지하고, 경험하는 새로운 인류라는 겁니다. 그래서 마지막으로 잘 알아야 하는 것이 디지털 커머스 생태계입니다. 소비자가 어떻게 상품의 정보를 파악하는지, 어떤 정보를 기반으로 상품을 평가하는지, 어떤 프로세스로 구매하는지, 구매 후에 어떤 행동을 하는지, 그것이 전체 소비에 어떤 영향을 미치는지 모든 것을 잘 알아야 좋은 경험을 만들 수 있습니다. 공부할 것이 참 많습니다. 또한 함께 협업해야 할 일도 참 많습니다. 제조업을 가정해보면 제품의 기능이 완벽해야 하는 것은 물론이고, 스마트폰과의 연계성도 뛰어나야 합니다. 클라우드 서비스와도 연계되어 있어야 하고, 디자인의 심미성이 좋아야 하는 건 기본 중 기본입니다. 엔지니어, 디자이너, 소프트웨어 개발자, 서비스 기획자 등 모든 사람들이 최고의 팀으로 뭉쳐야 좋은 경험을 창조해낼 수 있습니다. 그래서 성공하는 것이 쉽지 않습니다. 반면 팬덤을 창조하는 데 성공하면 과거와는 비교할 수 없는 거대한 성공을 맛볼 수 있게 됩니다. 참 매력적입니다.

팬덤을 만드는 것이 기업의 숙제만은 아닙니다. 이제는 개인의 성공도 팬덤의 창조에 달려 있습니다. 크리에이터 이코노미가 본격적으로 시작되었기 때문이죠. 파워 유튜버는 크리에이터 이코노미의 대표적인 직업입니다. 그 수입도 어마어마합니다. 2020년 339억 원이었던 유튜버 1위의 수입은 2021년 645억 원에 이르렀습니다. 또 유튜버의 팬덤을 브랜드화하고 사업화하면서 성장한 기업들도 크게 늘었습니다. 유튜브라는 플랫폼을 바탕으로 커다란 생태계가 형성되면서 새로운 일자리도 크게 늘었습니다.

2022년 현재 전 세계 최고의 유튜브 채널 3개는 코코멜론(Coco-melon), 퓨디파이(PewDiePie), T-시리즈(T-Series)로 모두 1억 명 이상의 구독자를 보유하고 있습니다. 1억 명 이상의 구독자를 보유한 채널에는 유튜브 본사에서 레드 다이아몬드 버튼을 보내줍니다. 세계에 단 3개뿐입니다. 구독자 수 3위의 코코멜론은 아이들을 위한 애니메이션 채널인데 높은 수준의 애니메이션으로 아이들의 팬덤을 확보한 기업 채널입니다. 구독자 수 2위의 퓨디파이는 스웨덴 청년 퓨디파이가 하는 게임방송으로 개인 채널로 1억 900만 명의 구독자를 확보해 세계를 놀라게 했죠. 1위는 인도의 T-시리즈입니다. 주로 인도의 영화산업을 지칭하는 '발리우드(Bollywood, Bombay+Hollywood)'풍 뮤직비디오를 보여주는 기업 채널로 1억 7,000만 명의 구독자를 확보하고 있습니다. 인도의 인구가 13억인 만큼 그 위력을 확인할 수 있는 숫자입니다. 앞으로 인도에 스마트폰 보급이 늘면 그 수가 더욱 늘 것으로 예상됩니다. 그리고 보면 세계 3대 채널 중 하나가 개인 유튜브 채널입니다. 10대 채널 중에도 개인 채널이 절반 이상이 됩니다. 물론 개인 유튜버로 시작해서 지금은 운영을 기업 규모로 하게 되었죠. 앞서 언급했던 키즈 유튜버 라이언도 라이언의 세계(Ryan's World)라는 브랜드로 연 3,000억 원대 매출을 올리는 회사가 되었습니다. 유튜브가 만드는 변화를 데이터로 확인해보면 우리가 글로벌 방송시장에 진출할 수 있는 전략이 무엇인지 매우 명확해집니다. 미래 청년의 일자리를 늘리려면 지상파 방송을 위해 세금을 쏟아부을 게 아니라 세계적인 팬덤을 겨냥할 개인 크리에이터를 육성할 수 있는 제도를 정비하는 것이 맞습니다. 능력 있는 젊은 친구들에게 투자해야 한다는 겁니다. 더구나 데이터라는 분명하고 공정한 기준까지 존재합니다. 그러려면 그들을 바라보는 시선부터 곱게 바꿔야겠죠.

우리나라 구독자 수 최고의 채널은 블랙핑크의 공식 유튜브 채널로 7,160만 명(2022년 1월 현재)의 구독자를 보유하고 있습니다. 전 세계 아티스트 중에는 최고의 구독자 수를 자랑합니다. 누적 조회 수도 220억 회 이상입니다. 세계 최고의 인기를 보유한 BTS의 구독자가 6,330만 명에 누적 조회 수 148억인 걸 봐도 블랙핑크의 또 다른 팬덤을 알 수 있습니다. 유명인이 아닌 개인 유튜버 수입을 알아보겠습니다. 2021년 '먹방' 유튜버 1위는 햄지라는 유튜버인데 560만 명이 넘는 구독자와 평균 조회 수 359만 회를 기록하며 월수입 2억 5,000만 원을 훌쩍 넘기면서 연 소득 30억을 올렸습니다. 먹는 것을 소재로 유튜버 2위와 3위도 모두 월수입 1억 원을 넘겼으니 무시할 수 없는 직업 맞습니다. 먹방이 얼마나 인기 있는 영역인지도 알 수 있지요. 2021년 우리나라 최고의 유튜브 채널 수익 1위는 'Jane ASMR 제인' 채널입니다. 추정이지만 40억 이상의 수입을 올린 것으로 알려져 있습니다. 먹방을 특이하게 'ASMR'로만 방송하는데 그 소리에 매료된 사람들로 전 세계적인 팬덤을 형성하면서 대한민국 수입 1위 유튜버에 올랐습니다. 2위는 'Hongyu ASMR 홍유' 채널입니다. 이 채널도 Jane ASMR 제인과 비슷한 콘셉트의 먹방입니다. 사람은 나오지 않고 입만 나오는 소리 먹방입니다. 연 소득은 34억 원으로 추정됩니다. 당연히 먹방이 다가 아닙니다. 2021년의 특징은 최고 유튜버의 수익은 줄어든 반면 수익이 분산되면서 꽤 많은 수익을 올리는 유튜버의 숫자가 늘어났다는 것입니다. 이러한 현상은 카테고리별로 경쟁이 치열해지면서 일어나는 자연스러운 현상입니다. 유튜버에 도전하는 재능있는 사람들이 많아졌다는 것을 의미합니다. 횟집 사장이 횟감을 손질하는 채널이 인기를 끄는가 하면, 농부가 농촌 생활을 담담히 보여주는 채널이 인기를 끌기도 하고, 심지어 서울 거리 곳곳을 말없이 걸으며 여행의 욕구를 자극하며 팬덤을 만들기도 합니다. 그 분야는 취미, 요리, 시사, 감성, 여행, 전자기기, 학습을 비롯해 이루 말할 수 없이 다양합니다. 물론 유튜버라는 직업을 갖는 것이 그리 만만치는 않습니다. 남들이 잘 하지 않는 것이어야 하고, 누군가가 공감해줘야 하는 것이어야 하며, 또 그렇다 해도 성공까지 엄청난 노력이 필요합니다. 불특정 대상으로부터 '구독'과 '좋아요'를 얻는 일은 결코 만만한 일이 아닙니다. 구독자가 늘어도 조회 수가 높지 않으면 수익을 올리기가 어렵습니다. 콘텐츠에 대한 인기를 유지하는 것도 보통 일이 아닙니다.

이제는 경쟁도 엄청나게 치열합니다. 대신 도전하는 사람들이 많아지니 생태계가 커지면서 다양한 변화가 시작됩니다. 새로운 크리에이터 이코노미가 성장하기 시작하는 것이죠. 그리고 웹 3.0이라는 새로운 시대도 태동합니다.

유튜브는 성공하는 사람의 수가 태생적으로 매우 제한적입니다. 조회 수가 높아도 99퍼센트의 광고 수익을 플랫폼인 유튜브가 가져가기 때문이죠. 이렇게 플랫폼이 크게 성장하면서 크리에이터들이 소비자의 선택을 받아 수익을 창출하는 시대를 웹 2.0 시대라고 합니다. 구글, 네이버처럼 크리에이터의 참여 없이 플랫폼 기업들이 모든 것을 만들고 소비자는 일방적으로 사용해야만 했던 웹 1.0 시대 후에 탄생한 것이죠. 웹 2.0 시대의 가장 큰 특징은 소비자들이 스스로 참여하며 그들의 선택으로 권력을 만든다는 것이죠. 다만 대부분의 수익을 플랫폼이 독점하는 문제가 발생합니다. 그리고 크리에이터들이 크게 늘면서 이들에게 더 많은 권력과 수익이 가야 한다고 생각하는 새로운 변화가 시작되죠. 이것을 크리에이터 이코노미의 성장이라고 합니다. 크리에이터 이코노미가 메타버스와 코인 경제를 만나면서 진정한 플랫폼의 참여자가 주도하는 생태계를 구축하게 되는데, 이를 웹 3.0의 시대라고 정의합니다. 물론 이제 막 태동 단계이지만 앞으로의 변화 방향이라는 데는 대부분 동의하고 있습니다. 다수의 사람들이 권력의 플랫폼 독점보다 모든 소비자의 참여를 기반으로 운영되는 플랫폼 민주주의를 선호하기 때문이죠.

크리에이터 이코노미를 만들어가는 대표적인 플랫폼이 파트레온(Patreon)입니다. 이 플랫폼은 구독경제를 기반으로 합니다. 특정 콘텐츠에 강력한 팬덤이 형성되면 이들은 비용 지출을 마다하지 않습니다. 예를 들어 1만 명의 구독자가 월정액 1만 원을 낼 수 있는 팬덤을 만들면 월수입 1억 원이 생깁니다. 파트레온은 이 중 90퍼센트를 크리에이터에게 줍니다. 그림을 가르쳐주거나, 악기를 가르쳐주거나, 글쓰기를 가르쳐주거나 특정 크리에이터가 자기 콘텐츠에 자신이 있다면 이 플랫폼은 매우 매력적일 수 있습니다. 비슷한 수익을 유튜브에서 올리려면 엄청난 숫자의 구독자와 조회 수가 필요하겠죠. 크리에이터 생태계가 성장하면서 이런 세분화된 생태계가 탄생하는 겁니다.

개인의 쇼핑몰을 만들어 온라인 비즈니스를 가능하게 해주는 쇼피파이(Shopify)도 아마존에 대응하는 크리에이터 이코노미 지원 플랫폼으로 주목받고 있습니다. 2022년 1월 기준 132조 원으로 캐나다 시가총액 1위 기업에 올라 있고, 100만 개 이상의 개인 쇼핑몰이 이 플랫폼을 이용하고 있습니다. 특이한 점은 모든 개인 쇼핑몰이 자신만의 주소를 갖고 있다는 겁니다. 반면 아마존이나 쿠팡의 쇼핑몰은 자기 주소가 없습니다. 플랫폼의 힘을 활용할 수 있다는 장점이 있지만 자신의 브랜드를 키울 수 없다는 약점도 있습니다. 아마존에서 매출이 늘어도 높은 수수료 때문에 고민이 많은 기업, 브랜딩을 통해 자기 몰을 키워가고 싶은 개인이나 기업에는 좋은 선택지입니다. 그래서 쇼피파이를 아마존의 대항마로 부르기도 합니다. 메타버스와 NFT의 등장은 이러한 크리에이터 이코노미의 세계를 더욱 빠르게 확산시키고 있습니다. 그림을 그리든, 음악을 만들든 크리에이터가 만들고 NFT 플랫폼에 등록해 소비자에게 직접 판매하게 되면 플랫폼에 큰 수수료를 내주지 않아도 직거래가 가능해집니다. NFT가 크리에이터 이코노미 세계를 여는 핵심 키워드라고 불리는 이유입니다. 이제 디지털 커머스는 개인이 팬덤을 만들어 사업화하고 글로벌 비즈니스까지 전개할 수 있는 새로운 가능성을 열었습니다. 패러다임의 대전환이라고 할 만합니다. 그래서 이 변화를 웹 1.0, 2.0 시대를 지나 웹 3.0의 시대라고 부르는 겁니다. 물론 웹 3.0은 크리에이터 이코노미를 넘어 디지털 생태계 전체의 변화를 포함하고 있습니다.

크리에이터 이코노미의 재밌는 사례도 속속 등장합니다. 요즘 애완용으로 인기를 모으는 동물이 도마뱀입니다. 유튜브를 검색해보면 엄청나게 많은 종류의 도마뱀들이 천차만별의 가격으로 판매되고 그만큼 많은 사람들이 취미로 키우고 있습니다. 그런데 SNS가 활성화되면서 전 세계가 하나의 시장으로 연결되기 시작합니다. 팬덤이 확장되면 시장도 커지고 가격도 올라갑니다. 수천만 원짜리 도마뱀이 국경 없이 직거래로 이루어지게 되죠. 어린 시절부터 도마뱀 키우는 게 취미였던 한 청년(인터넷명 선주비원더)은 유튜브를 통해 사육법과 브리딩 방법을 배워 아예 창업합니다. 처음에는 알바로 번 돈으로 조금씩 투자를 했을 뿐이었는데, 나중에는 자기한테 잘 맞고 행복한 일이라는 확신이 들었다고 합니다. 이후에 본격적으로 사육장 투자에 나섰는데 그가 키운 도마뱀이 엄청난 관심을 모으면서 사업적인 큰 성공으로 이어졌다고 합니다. 500여 마리의 크레스티드 게코(Crested gecko)라는 도마뱀을 키우는 게 이 청년의 취미이자 직업인 셈입니다. 워낙 아름답고 희귀한 게코를 많이 보유하고 있어서 전 세계 크레스티드 게코 팬 커뮤니티에서도 유명 인사가 되었고, 판매 문의도 하루에만 수십 차례씩 온다고 합니다. 과거에는 생각할 수 없었던 새로운 비즈니스 모델이 디지털 신세계가 열리면서 시작된 겁니다. 이 게코들을 NFT로 등록해서 자산화하면 브리더와 소유주의 히스토리를 모두 기록할 수 있고, 글로벌 거래도 사기당할 염려 없이 이더리움을 통해 간단하게 해결할 수 있습니다. 이런 방식이 표준화된다면 도마뱀 브리딩 외에도 정말 많은 분야에서 세계인들을 대상으로 하는 다양한 직업이 등장할 수 있습니다. 애완용으로 키우는 파충류의 종류가 얼마나 많은지만 생각해봐도 그 다양성을 짐작할 수 있습니다. 희귀한 어류의 세계로까지 눈을 돌려보면 정말 그 종류가 무궁무진하고 시장 규모도 어마어마합니다. 이것도 물론 누구나 다 성공하는 것은 아닙니다. 무조건 돈 번다고 해서 뛰어들었다가 실패하는 경우도 많습니다. 심지어 그런 경험이나 사업 실패의 위험성에 대해 경고하는 유튜브 영상도 즐비합니다. 사실 모든 사업은 다 엄청난 실패의 위험성을 안고 있습니다. 성공한 선주비원더도 하루 5시간만 자면서 게코들을 보살피는데, 자기 자신이 좋아하지 않았다면 절대 못할 일이라고 단호하게 이야기합니다. 위험하지만 게코를 키우는 자체가 즐거운 만큼 견딜 수 있었다는 것이죠.

실패는 피할 수 없는 일이고 큰 성공을 거두는 사람은 여전히 소수에 불과합니다. 그러나 과거에는 자본을 가진 전문 기업들이 독점하던 이 모든 시장이 개인 크리에이터에 의해 진입 가능해졌다는 사실이 중요하다는 겁니다. 누구에게나 기회가 있다는 것이죠. 변화하는 시장 데이터를 분석하면 디지털 생태계 진화의 방향이 개인 크리에이터 이코노미의 성장과 플랫폼 권력의 이동이라고 가리키고 있습니다. 플랫폼이 지배하면서 크리에이터의 이익을 독점하는 것이 아니라 크리에이터가 직접 소비자를 만나는 새로운 시장 생태계가 시작되었다는 뜻입니다. 이제는 개인도 디지털 커머스에 대한 해박한 지식이 필요한 시대입니다. 개인의 취미도, 실력도, 콘텐츠도, 모든 것이 비즈니스가 될 수 있는 시대이니까요. 그래서 무엇이든 실제로 도전해보는 게 중요합니다. 경험을 통해 산지식을 내 안에 잘 쌓아야 미래를 잘 디자인할 수 있습니다.

어려서부터 재능을 보이는 아이들에게 새로운 세상의 변화와 가능성을 알려주는 것도 중요합니다. 취업을 준비하는 청년들이 새로운 일자리가 요구하는 디지털 역량을 갖추는 건 더더욱 중요합니다. 이미 직장을 다니고 있는 많은 직장인들도 디지털 역량을 키우는 게 왜 중요한지 피부로 뜨겁게 느끼고 있습니다. 회사가 매년 강조하는 게 디지털 역량 강화, 디지털 대전환이니까요. 은퇴하신 분들이나 경력단절을 겪고 있는 분들도 마찬가지입니다. 내가 가진 역량, 또는 내가 하고 싶었던 취미생활을 어떻게 하면 크리에이터 이코노미를 통해 사업화할 수 있을까요? 스스로 배우고 체험해봐야 합니다. 혼자 하기 힘들다면 가족과 함께, 또는 친구나 동료와 함께 과감하게 도전해야 합니다. 유튜브는 거의 무한한 지식을 제공하고 있고, 또 많은 블로그나 커뮤니티가 여러분을 도와줄 수 있습니다. 디지털 신대륙에 도전하는 일은 과거처럼 학원에 다니고 자격증을 따는 비용이 많이 드는 일도 아닙니다. 나의 관심과 재능 그리고 지치지 않는 열정만 있다면 충분히 성공할 수 있는 시장입니다. 필요한 스킬은 핵심 지식을 잘 검색할 수 있는 능력입니다. 처음에는 어렵지만 시간이 가면 점점 더 능력치가 올라가는 게 매력입니다. 당연히 전문성도 높아집니다. 그래서 도전해볼 만합니다. 유튜브에서 작은 쇼핑몰을 운영하는 것부터 메타버스 크리에이티브 아티스트가 되는 세계까지 즐거운 마음으로 도전하시기 바랍니다. 구경꾼이나 훈수꾼은 결코 자기 인생의 주인이 되기 어렵습니다. 하고 싶은 일이 있다면 열정을 갖고 지금부터 시작하시길 꼭 권합니다. 팬덤을 창조할 수 있다면 누구나 성공할 수 있는 시대입니다.

그래서 '사람에 대한 공부'가 더 절실하다

팬덤을 창조하려면 사람에 대해서 잘 알아야 합니다. 그래서 인문과 예술에 대한 폭넓은 지식이 매우 중요합니다. 대중문화에 대한 이해의 폭도 넓을수록 좋습니다. 과거에는 세계적인 명화 한편을 실물로

IV '열광하는 대상'이 곧 법이고 규칙이다

감상하는 일이 어려웠습니다. 유명 오케스트라의 연주나 오페라 공연도 보기 힘들었죠. 세계적인 가수들의 공연을 라이브로 보는 것은 꿈도 꾸기 어려웠습니다. 그래서 소위 말하는 '예술적 감성'을 어려서부터 키우기가 거의 불가능했습니다. 이제 환경이 달라지면서 세계 유수의 명화를 감상할 수 있게 되었고, 전 세계의 명소들을 여행하며 감상할 수 있는 여유도 생겼습니다. 세계 최고의 대중가수들도 기꺼이 한국 공연을 와서 팬들과 함께 즐거운 시간을 보냅니다. 'BTS 보유국'이니 거부할 리도 없고, 팬들의 열정도 어느 나라보다 뛰어나다고 알려지면서 코로나 이전에는 정말 좋은 공연들이 많이 열렸습니다. 그뿐만 아니라 디지털 문명의 발달로 세계의 명작이나 최고의 공연들을 온라인으로 마음껏 즐길 수 있는 환경까지 갖춰졌습니다. '인간이 열광하는 것'에 대한 감각을 직접 체험하며 키워갈 수 있는 시대가 시작된 것입니다.

팬덤을 만들려면, 소비자의 마음을 울리게 하려면 사람이 무엇을 좋아하는지 감각적으로 잘 알고 있어야 합니다. 그렇기에 내가 좋아서 해야 하는 일이어야 합니다. 인간은 정말 미묘하고 섬세한 존재입니다. 공부를 아무리 해도 논리적으로 설명할 수 없는 부분이 너무나 많습니다. 그래서 인간의 마음을 움직이려면 시쳇말로 '느낌적인 느낌'이라고 이야기하는, 숫자로 표현할 수 없는 '감성적 기준'을 알고 있어야 합니다. 이것은 오랜 관심과 경험으로 체화되어야 생기는 자산입니다. 세계적인 명화를 감상하고, 클래식 음악과 오페라, 뮤지컬을 직접 보고, 대중음악에도 한 번씩은 심취해봐야 만들어지는 자산입니다. 포도 종류에 따라 달라진다는 와인의 맛도 다양하게 경험해보고 유명한 맛집도 찾아가 음미해볼 때 생기는 감성입니다. 세계 곳곳을 여행하며 자연과 건축물, 그 지역의 문화와 음식도 경험할 때 만들어질 수 있는 섬세한 기준입니다. 인간이 오랫동안 사랑했던 것에 대한 체험도 중요하지만 지금의 인류가 좋아하는 걸 체험하는 것도 당연히 중요합니다. 넷플릭스 1위를 하는 드라마나 박스오피스 1위를 하는 영화도 봐야 합니다. BTS나 블랙핑크의 신곡은 물론이고 세계적인 래퍼의 히트곡도 들어봐야 합니다. 나한테 맞고 안 맞고를 따지는 것이 아니라 그 안에 숨겨져 있는 인류가 열광하는 코드를 이해하려고 노력해야 한다는 것입니다. 물론 비평의 힘도 길러야 합니다. 좋아하는 것을 즐기는 것은 취미이지만 일반 대중이 좋아하는 것을 배우려고 하는 것은 학습이고, 감성을 키우려는 노력입니다. 폭넓게 경험하고, 관련된 지식도 검색해 분석하면서 나의 감성을 섬세하게 잘 키워야 합니다.

예술적 감성을 키우고 대중예술에 대한 이해를 높이는 것도 중요하지만 인간에 대한 근본적인 이해가 매우 중요합니다. 인간의 내면을 이해해야 더 나은 경험을 만들어갈 수 있기 때문입니다. 그런 면에서 진화론과 심리학에 관한 공부를 추천합니다. 개인적으로 저는 진화론을 배우면서 인간이 갖는 생물학적 특성과 한계를 조금이나마 이해할 수 있었고, 덕분에 디지털 문명의 변화도 해석할 수 있었습니다. 심리학도 매우 흥미로운 학문입니다. 인간의 마음은 참 미묘합니다. 그 세계를 읽어주는 학자들의 강연 영상을 보고 있자면, 지금까지 알지 못했던 신비로운 세상에 발을 딛는 느낌이 들곤 합니다. 아주 미묘한 차이가 팬덤을 만들기도 하고 그것을 날려버리기도 합니다. 그래서 잘 이해하는 것이 참 중요합니다. 사람의 마음을 잘 알아야 진정한 배려도, 좋은 경험의 디테일도 만들어낼 수 있습니다. 꼭 책이 아니더라도 되는 세상입니다. 사실 이 모든 학습을 디지털 플랫폼을 활용할 수 있다는 것은 정말 다행스러운 일입니다. 실력을 키우는 데 유튜브 선생님 하나만 잘 이용해도 큰 도움이 됩니다. 참고로, 저는 사회생물학자 최재천 교수의 유튜브 채널에서 진화론의 지혜를 얻습니다. 우리 사회 구석구석에 진화론적 선택이 작용하고 있음을 깨닫는 신비한 경험을 할 수 있는 곳이죠. 새로운 시선을 얻을 수 있습니다. 또 심리학자 김경일 교수의 채널 사피엔스 스튜디오에서는 다양한 인간 군상의 보이지 않았던 이면의 심리들을 흥미롭게 살펴볼 기회를 얻을 수 있습니다. 말도 재밌게 잘하고 스토리도 재밌어서 귀에 쏙쏙 들어옵니다. 또 인지과학자 김상균 교수의 유튜브 채널은 메타버스와 게임 세상을 알려주는 좋은 선생님 같은 방송입니다. 정말 많은 것들을 메타버스라는 새로운 각도계로 보게 해주는 전문가의 가르침이 참 좋습니다. 티타임즈(ttimes)라는 뉴스매체는 저에게 정말 많은 정보를 알려줍니다. 볼 때마다 어쩌면 저렇게 꼭 필요한 정보를 콕 집어 영상으로 제작하는지, 뛰어난 기획력과 취재력에 감탄하게 됩니다. 제가 지금 이 책을 쓸 수 있는 것도 바로 이런 분들 덕분입니다. 다양한 지식을 감사한 마음으로 학습하고, 이것을 제 관점으로 편집해서 귀에 술술 들어오는 '이야기'로 꾸미는 겁니다.

작은 일부터 큰일에 이르기까지 사람의 마음을 사는 일은 정말 어려운 일입니다. 모든 디테일이 다 완벽할 때 겨우 움직이기 시작하는 게 사람의 마음입니다. 많은 대중을 움직이게 하는 건 더욱 어렵습니다. 그만큼 끝까지 디테일에 무섭게 집착해야 합니다. 그래서 늘 사람에 대해 공부해야 합니다. 인문과 예술, 진화론과 심리학, 메타버스와 새로운 트렌드, 이뿐만이 아니겠죠. 더 깊이 공부할수록, 더 애정을 가질수록 팬덤을 만드는 더 좋은 실력을 얻게 됩니다. 그 실력이 디지털 문명 시대에 가장 중요한 자산입니다.

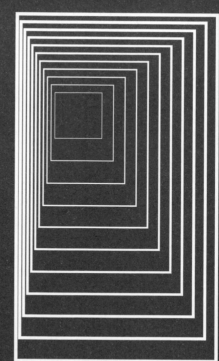

모든 것은
사람으로 돌아온다

디지털 신대륙에서의 '인간다움'

과거 수십 년간 대부분의 기업이 기업의 가치를 높이기 위해 높은 이익의 극대화에만 매달려왔습니다. 오직 숫자만이 그들의 목표였죠. 기업의 목표가 이익을 내는 것인 만큼 높은 이익을 달성한 기업들의 주가가 올라가는 것이 당연한 일이었습니다. 이익을 위해서라면 환경의 희생에도, 노동 착취에도, 불법적인 활동에 대해서도 슬며시 눈을 감는 풍토가 있었습니다. 그런데 그 법칙이 달라졌습니다. 디지털 문명 시대는 권력을 쥔 소비자가 감시자이자 열렬한 응원자가 되어 기업을 관찰합니다. 소비자의 거대한 팬덤을 만드는 기업, 소비자의 마음을 사로잡는 기업에는 투자가 쏟아집니다.

'인간다움'이 지배하는 디지털 신세계

인간다움, 사람 냄새를 요구하는 디지털 문명

지금까지 디지털 신대륙의 전개 과정을 살펴봤습니다. 요컨대, 가장 큰 변화는 조직과 시스템이 독점하던 권력이 대중에게 옮겨갔다는 것입니다. 모든 시민이 권력을 갖게 된 디지털 문명에서 가장 중요한 기초 자산은 휴머니티와 진정성입니다. 성공하려면 팬덤을 만들어야 하고 팬덤을 만들려면 일반 대중의 공감을 얻어내야 하는데, 그 가장 밑바탕이 바로 휴머니티이기 때문이죠. 이제 개인이든 기업이든 기초에 휴머니티와 진정성을 담뿍 담아야 합니다.

디지털 신대륙의 문명 특징을 살펴보면 가장 두드러지는 게 사회 전체적으로 도덕적 잣대가 매우 높아졌다는 겁니다. 디지털 문명이 확산되기 전의 우리 사회는 중앙 권력이 모든 것을 통제하고 지배하는 사회였습니다. 물론 민주주의 사회에서는 그 권력을 분산시켜 서로 견제하고 부패하지 않도록 감시하는 시스템을 갖추고 있습니다. 언론도 권력의 감시 역할을 맡아 그 역할을 하며 성장해왔습니다. 하지만 늘 인류의 역사에서 그래왔듯 권력의 시스템은 고착화되고, 이들은 서로 견제하기보다 그 권력을 오래 지속시키려고 서로 협력하게 됩니다. 그러면서 부정과 부패가 발생하게 되죠. 피하기 어려운 역사의 굴레였습니다. 그래서 한편으로는 필요악이라고까지 생각했습니다. 그런데 디지털 문명이 확산되면서 이러한 거대한 부조리에 균열이 일어났습니다. 소수에 의해서 독점되던 권력에 누수가 생기게 되고, 권력층에서 관행처럼 여겨지던 비도덕적인 행위들이 모두 세상에 드러나게 됩니다. 지난 10여 년간 전 세계에 큰 변화가 생겼습니다. 우리나라도 예외는 아닙니다.

대표적인 변화가 성희롱이나 성차별에 관한 사건들입니다. 우리 사회에는 몹쓸 관행이 있었습니다. 직장 내에서 권한과 직위를 활용해 여성 직원에게 성적 농담을 내뱉거나, 심한 경우 불쾌한 신체 접촉까지 일삼는 행위를 그러려니 하며 넘기는 관행이 실제로 존재했습니다. 불쾌해도 참아야 했고, 용기를 내어 회사에 알려도 개인적 불이익만 돌아올 뿐이었습니다. "너만 참으면 될 걸 왜 문제를 일으키냐?"라는 적반하장의 손가락질도 당했습니다. 그런데 이게 꼭 우리의 일만은 아니었나 봅니다. 정도의 차이만 있을 뿐 고질적인 성차별이 전 세계에 만연해 있던 겁니다. 더군다나 성평등 의식이 높다는 서구사회에서도 권력을 쥔 남성들이 여성을 성적 대상화한 사건의 실체들이 서서히 드러나기 시작했던 겁니다.

새로운 상식,
우리는 모두 투명한 창 앞에 섰다

디지털 문명이 확산되면서 이것이 나쁜 행위라는 자각이 일어나고 바로 잡으려는 구체적인 실천이 네티즌을 중심으로 일어납니다. 2006년 미국의 민권 운동가 타라나 버크(Tarana Burke)가 여성과 아동에 대해 만연한 성범죄를 줄이기 위해 미투 운동(Me Too movement)을 전개하는데, 말 그대로 피해자가 숨지 말고 범인을 알려 고발하자는 캠페인입니다. 조용히 확산하던 운동은 2017년 하비 와인스틴(Harvey Weinstein)이라는 할리우드의 거물 영화 제작자에 의해 전 세계로 들불처럼 번지게 됩니다. 와인스틴이 수십 년 동안 무려 80명이 넘는 여성들을 대상으로 성 착취를 해왔다는 사실이 밝혀지면서 세계를 경악하게 만들었습니다. 자신에게 잘 보이지 않으면 생존하기 어려운 절대 권력을 추악하게 이용한 겁니다. 심지어 안젤리나 졸리(Angelina Jolie)나 기네스 펠트로(Gwyneth Paltrow) 같은 대배우에게도 심각한 성추행을 했다는 게 폭로되었으니, 신인 여배우나 스태프는 말할 것도 없었죠. 이로 인해 SNS를 중심으로 성희롱 피해에 대한 미투(#metoo)

운동이 엄청난 파장을 일으키며 번져가기 시작했고, 영화계를 넘어 사회 곳곳에서 유사한 고발이 이어졌습니다. 동시에 이들의 추악한 행위가 담긴 스마트폰 영상이 퍼지면서 실제 형사처벌까지 받게 됩니다. 과거에는 언론의 보도만 막으면, 몇몇 사람들의 입만 막으면 크게 문제 되지 않았을 일들이 SNS를 타고 들불처럼 번져가며 권력자를 자리에서 끌어내리게 됩니다. 하비 와인스틴도 처음에는 성 상납이 업계의 오래된 관행이라고 법정에서 주장해 많은 이들의 공분을 일으켰죠. 인류의 도덕적 잣대가 엄격해졌다는 걸 권력에 취해 몰랐던 겁니다. 물론 그는 1급 범죄자로 기소되었고, 엄청난 벌금과 함께 23년 형을 선고받는 등 혹독한 대가를 치러야 했습니다. 이후에도 미국의 많은 방송, 정치의 권력자들이 폭로에 의한 미투 운동으로 자리에서 물러나고 처벌을 받게 됩니다. 더는 피해자가 숨지 말고 당당하게 범죄자를 고발하자는 사회적 분위기가 형성됩니다.

이 운동은 전 세계로 번져갑니다. 우리나라 정치권도 예외는 아니었습니다. 강력한 대통령 후보라고 여겨지던 몇몇 정치인과 실제 권력을 누리던 시장들까지 정말 많은 사람들이 자리에서 물러나야 했고, 심지어는 스스로 목숨을 끊는 일까지 일어났습니다. 문화계에서나 연예계에서도 마찬가지입니다. 훌륭하다고 존경받던 작가들과 화가 그리고 배우들이 이러한 문제로 큰 창피를 당하거나 비난을 받았습니다. 교수들도 마찬가지입니다. 과거에는 드러나지 않던 나쁜 관행들이 디지털 문명을 만나 모두 밝혀지게 되었고, 사람들도 더는 권력에 복종하기보다는 잘못된 관행에 대해 용기 있게 저항하기 시작했습니다. 이 모든 현상이 디지털 플랫폼을 통해 대중이 권력의 중심에 서면서 일어난 일입니다. 휴머니티의 관점에서 보자면 더 나은 사회로 변화한 것이죠. 이제는 직장인이라면 누구나 성희롱 방지를 위한 교육 영상을 의무적으로 봐야 하고, 성차별을 해서는 안 된다는 것이 사회적 상식이 되었습니다. 음습한 사람들에게는 힘든 세상, 귀한 내 딸이 살기에 더 나은 세상이 된 건 분명합니다.

자본이 갖고 있던 권력도 많이 사라졌습니다. 과거에는 대기업의 총수라든가, 대기업의 임원이라면 안하무인식의 행동을 해도 그러려니 하는 분위기였습니다. 문제가 될 영상이 있더라도 언론사만 막으면 큰 문제 될 게 없었습니다. 실제 그런 사건도 많았습니다. 그런데 디지털 문명이 정착되면서 완전히 달라졌습니다. 몰상식한 행위가 담긴 영상이 퍼지면 걷잡을 수 없는 피해를 가져옵니다. 사람들이 쉽게 잊어버리지도 않습니다. 불매운동도 강력하게 일어납니다. 그동안 용인되었던 것들에 대한 기준이 완전히 달라진 겁니다. 대리점에 욕설을 퍼부었던 대기업 직원의 음성 파일로 크게 곤욕을 치렀던 한 기업이 안일하게 대응하다가 거대한 불매운동에 직면하게 되었죠. 그 이후로 이런저런 잡음에 시달리던 이 회사는 결국 경영을 포기하고 사모펀드에 회사 전체를 매각해버렸습니다. 소비자의 팬덤은커녕 신뢰를 잃은 회사를 유지하는 것이 얼마나 어려운지를 보여주는 사례였습니다. 이제 모든 기업들은 성희롱의 문제, 갑질의 문제, 비도덕적인 문제 등등 휴머니티에 역행하는 모든 일에 매우 민감하게 대응하고 있습니다. 그렇지 않으면 회사에 큰 문제가 될 수 있다는 걸 충분히 인지하고 있기 때문입니다. 반대로 사회에 좋은 일을 하는 기업에는 소비자로부터 찬사가 쏟아집니다. 매출에도 큰 영향을 미칩니다. 이제 우리 사회는 자본 권력이 절대 권력으로 작동하는 사회가 아닙니다. 돈이 있든 없든, 직위가 높든 낮든, 무슨 일을 하고 있든 모든 사람들이 동등하게 대우받고 인격적으로 대우받아야 합니다. 기업이라면 더더욱 투명하게 운영해 사회에 공헌하기 위해 노력해야 합니다. 그것이 디지털 문명 사회의 새로운 상식입니다.

어떤 분들은 디지털 문명 시대가 되면서 오히려 살기 팍팍해졌다고 이야기합니다. 상사가 전화를 하면 당연한 일처럼 녹음을 한다고 푸념합니다. 혹시 비정상적인 지시를 할까 싶어 증거로 남기려는 것이죠. 전화로 서비스를 하는 사람들에겐 아예 녹음이 의무화되어 있습니다. 폭언을 하는 사람들에게 대항할 증거자료를 만드는 것입니다. 그래서 그런지 너무 각박해졌다고 이야기들을 합니다. 진짜 그럴까요? 우리는 그동안 너무나 아무렇지도 않게 비정상적인 행위를 관행처럼 해왔습니다. 이제 그런 상식을 버려야 할 때입니다. 권력과 지위를 얻기 위해 옳지 않은 청탁을 하거나, 근거도 없이 욕설과 비방, 폭력적 언어를 행사하거나, 술에 취해 주사를 부리는 행위 모두가 없어져야 할 나쁜 관행들입니다. 수십 수백 년간 아무리 뿌리 뽑으려 노력했어도 할 수 없었던 나쁜 짓들이 이제 자연스럽게 사라져가고 있습니다. 한꺼번에 모두 없어질 수는 없겠지요. 그렇지만 도덕적 기준으로 보자면 더 나은 사회를 향해 조금씩 움직이고 있다는 건 분명합니다.

다양성이 존중되는 민주주의 사회에서 모든 대중이 100퍼센트 공감할 수 있는 기준을 만드는 건 불가능합니다. 그러나 대중은 어느 것이 옳고 그른지 판단하는 휴머니티, 즉 인간다움이라는 보편적 기준을 갖고 있습니다. 더구나 디지털 플랫폼에서는 누구나 자기 의견을 올리고 논리적 근거를 바탕으로 토론할 수 있습니다. 예를 들어, 이런 이야기가 있다고 가정해보죠. 어떤 대형 스포츠 스타가 알고 봤더니 어려서 많은 친구들에게 폭력을 가했거나 나쁜 짓을 많이 했다는 폭로가 나왔습니다. 과거 같으면 언론에서의 폭로 한 번만으로도 사회적으로 매장이 되곤 했습니다. 심지어 고의적인 무고를 위해 조작도 할 수 있었죠. 지금은 쉽지 않습니다. 실제 있었던 일이면 비난받고 사과해야 하지만, 없던 일을 조작하면 누군가 또 조작 자체를 폭로하고 무고에 대한 사회적인 비난과 처벌을 감수해야 하죠. 진짜 나쁜 일을 했던 스타였다면 사과하는 수밖에 방법이 없습니다. 모든 것을 내려놓아야 하는 손해를 감수하는 수밖에 없습니다. 그것이 새로운 사회의 규칙입니다. 누구도 예외가 없습니다. 그렇다고 해서 과거처럼 언론 보도가 사라지고 나면 잊혀지는 시스템도 아닙니다. 많은 사람들이 참여해 의견을 교환하고 그동안 잘해왔던 일들도 이야기합니다. 디지털 세계에서는 대부분 흔적이 남아 있습니다. 그래서 잘못한 일은 잘못한 대로, 잘한 일은 잘한 일대로 평가받으면서 비교적 공정한 평가가 나올 수 있습니다. 물론 꼭 좋다고만 할 수는 없습니다. 사람은 누구나 살면서 실수하기 마련이고, 잘못된 길을 걷기도 합니다. 특히 질풍노도의 청소년 시기에는 그런 일들이 허다합니다. 또 유난히 술에 대해 관대한 우리 문화 탓에 술을 마시고 실수를 하는 경우도 빈번하게 일어납니다. 그래서 그런 일이 있었다고 해서 모두 비난받는 것이 지나치다고 할 수 있습니다. 그러나 사회의 기준을 세운다는 측면에서 보자면 비도덕적인 일, 비인간적인 일, 반사회적인 일을 줄여나간다는 것은 분명히 더 바람직한 사회로의 변화를 의미합니다. 지난 일은 어쩔 수 없다고 하더라도 앞으로는 인간다움이 가득한 사람이 되고자 노력해야 합니다. 그것이 성공의 가장 기본적인 요건이자 중요한 자산이기 때문입니다.

'최초'라는 타이틀보다
더 중요한 것

코로나 발병 이후 3년 만에 소비자의 팬덤을 기반으로 한 팬덤 경제가 더욱 강화되고 있습니다. 소비자가 강력한 권력자가 되고 있다는 신호입니다. 세계 최고 기업인 애플의 시가총액은 2022년 1월 기준 3조 달러(약 3,600조 원)를 돌파했습니다. 2조 달러를 돌파한 지 불과 16개월 만에 또다시 주식 시장에 새로운 역사를 만든 것입니다. 원인은 갈

V 모든 것은 사람으로 돌아온다

수록 강력해지고 있는 팬덤 덕입니다. 애플의 팬덤을 가장 잘 보여주는 데이터 중 하나가 바로 무선 이어폰 에어팟(AirPods)의 매출입니다. 2020년 애플 에어팟 프로의 매출은 20조 원 이상을 기록합니다. 애플은 보급형 스마트폰인 아이폰SE 판매 이익보다 에어팟 프로가 만들어준 이익이 더 크다고 발표했습니다. 에어팟 프로의 판매가는 18~32만 원 수준입니다. 실제 제조 원가는 1만 원도 안 드는 것으로 알려져 있습니다. 워낙 물량이 많으니까요. 비슷한 성능의 중국산 무선 이어폰을 3~4만 원에 판매하는 걸 봐도 알 수 있습니다. 그래서 엄청난 이익을 낼 수 있습니다.

30만 원이라는 고가의 무선 이어폰을 판매하는데도 사람들은 길게 줄을 서서 구입합니다. 한때 품귀 현상이 일어날 정도로 열풍이 대단했죠. 기술적으로는 큰 차이가 없는데 애플의 팬들은 이렇게 얘기합니다. '느낌적인 느낌'이 다르다고요. 팬심이 강해지면 모든 것이 다 좋아집니다. 심리적인 현상이죠. 내가 선택한 제품에 대한 애정이 모든 걸 더 좋게 느끼도록 만드는 겁니다. 물론 애플의 집착이 만들어내는 기술적 차이도 존재하지만 심리적 효과가 상승작용을 일으키는 겁니다. 실제로 2021년 한 설문조사에 따르면 애플 사용자 중 무려 92퍼센트가 다른 제품으로 바꾸는 걸 고려하지 않는다고 대답했습니다. 이 강력한 팬덤이 애플을 최고의 기업으로 만드는 겁니다. 테슬라도 마찬가지입니다. 특히 테슬라는 대중매체에 기반한 광고를 하지 않는 걸로 유명합니다. TV 광고를 거의 하지 않습니다. 창업자 일론 머스크는 SNS와 커뮤니티를 통한 팬덤만으로도 충분히 광고 효과가 있다고 판단하는 겁니다. 실제로 테슬라는 우리나라에서 TV 광고를 한 번도 하지 않았음에도 2019년과 2020년 전기차를 가장 많이 판매한 회사가 되었습니다. 중고차 가격도 팬덤을 입증합니다. (출고 대기가 긴 탓이지만) 중고차 가격이 신차보다 높다는 것은 그만큼 팬덤이 강력하다는 것이죠. 물론 아직까지 인기에 비해 판매 대수가 많은 건 아닙니다. 생산설비에 한계가 있기 때문이죠. 그러다 보니 차를 팔아 이익을 내지도 못합니다. 그럼에도 시가총액은 1,300조 원을 넘어섰습니다. 화성에 간다고 스페이스X라는 회사를 만들고 우주선을 쏘아 올립니다. 테슬라를 타본 사람들의 팬덤이 더욱 강력해지고 있기 때문입니다.

팬덤의 위력은 플랫폼에서 더욱 강력합니다. 넷플릭스, 유튜브, 틱톡 등 플랫폼들은 고객의 좋은 리뷰를 바탕으로 사용자가 점점 증가하고 있습니다. 디지털 문명에서 팬덤의 중요성은 갈수록 커지고 있습니다. 과거에는 많은 자본을 들여 광고를 살포하고, 그렇게 해서 브랜드의 인지도를 올리면 판매가 자연스럽게 상승하는 시스템이었습니다. 그래서 세계 최초의 기술을 확보하는 일이나, 세계 최고의 기술력을 보유하는 것이 매우 중요했습니다. 대중매체를 통해 광고할 때 그것보다 매력적인 토픽이 없었으니까요. 그런데 이제 기준이 바뀌었습니다. 요즘에는 세계 최고나 최초는 사람들의 큰 관심사가 아닙니다. 아니 광고 자체를 잘 보지 않습니다. 오히려 얼마나 새로운 소비자의 경험을 만들어낼 수 있는지가 중요한 기준이 되었습니다. 대표적인 것이 최초의 5G 서비스 경쟁이었습니다. 세계 최초로 5G 시대를 대중화한다면서 여기저기서 경쟁이 치열했지만 정작 애플은 여기에 큰 관심을 기울이지 않았습니다. 그런데 막상 5G 시대가 시작되자 사람들은 오히려 부족한 인프라로 인해 불편함을 호소하는 사례가 더 많았습니다. 세계 최초라는 타이틀이 팬덤을 만드는 데 큰 역할을 하지 못했죠. 5G 시대에 느지막하게 들어온 애플의 주가는 오히려 더 치솟았습니다. 이런 현상이 이 시대의 성공을 위한 명확한 기준을 보여줍니다. 세계 최초, 세계 최고라는 수식어보다 세계 최고로 '마음을 사는 기술'에 집중해야 한다는 것이죠. 소비자의 권력이 강해질수록 팬덤 경제는 더욱 강력해집니다.

New Emotions
2

'잊을 수 없는 기억'을
선사하는 사람들

신대륙은 공감의 대륙,

공감의 출발점은 휴머니티다

마음을 사는 일은 쉬운 일이 아닙니다. 한 사람의 마음을 사는 일도
어렵지만, 일반 대중의 마음을 사로잡는 일은 정말 어렵습니다. 대중
의 마음을 사기 위해 가장 근간이 되는 것은 바로 휴머니티, 즉 인간
다움입니다. 개인이든, 기업이든 공감할 수 있어야 팬덤도 만들 수 있
습니다. 공감의 출발점이 휴머니티입니다. 작고하신 이어령 선생은
2020년 한 인터뷰를 통해 디지털 문명 시대를 공감 자본 시대라고 언
급한 바 있습니다.

"우리는 마르크스의 상품 경제 시대에서 멀리 왔어요. 물질이 자

본이던 시대는 물 건너갔어요. 공감이 가장 큰 자본이지요. BTS
를 보러 왜 서양인들이 텐트 치고 노숙을 하겠어요? 공감이 사람
을 불러 모은 거지요."

디지털 문명 시대는 공감이 자본이 되는 시대입니다. 공감이 시작
되어야 팬덤으로 성장할 수 있습니다. 공감의 출발점은 휴머니티입니
다. 누구나 공감할 수 있는 인간다움이 충족되어야 좋은 감정이 시작
됩니다. 그리고 그것이 성공을 만들기 위한 가장 중요한 자본입니다.
그러기 위해서는 인간에 대한 관심이 많아야 합니다. 인간이 무엇을
좋아하는지, 어떤 것을 싫어하는지, 어떤 때 감동하는지 많은 경험을
필요로 합니다. 학생들이 종종 제게 묻는 것이 있습니다. "공감이 자본
이라면 그 자본의 크기는 어떻게 측정할 수 있을까요?" 공감을 만드
는 능력이 기준이 됩니다. 그래서 이렇게 답합니다. 가장 소중한 사람
을 감동시켜본 횟수만큼이, 그 사람이 느낀 감동의 크기만큼이 공감
자본의 크기라고 말이지요. 우리에게 보통 가장 소중한 사람은 어머
니입니다. 학창시절 어머니를 감동시키는 일은 쉽지 않지만 그렇다고
어렵지도 않은 일입니다. 진정으로 고마운 마음이 항상 차 있어야 하
고 마음이 몸을 움직여 실제로 행동하게 해야 하기 때문입니다. 무릇
인간에 대한 배려가 다 그렇게 시작됩니다. 가장 소중하고 감사한 어
머니를 감동시키지 못하는데 다른 친구들을 감동시킬 능력이 생기기
어렵습니다. 대중을 감동시키는 건 언감생심입니다. 경험해보지 않은
탓에 표현하는 것도 서툴고 쑥스럽습니다. 겉으로 번지르르하다고 인

간은 쉽게 감동하지 않습니다. 진심이 묻어나야 하고 세심하게 배려해야 하고 늘 관심을 가져야 합니다. 그래서 공감 자본은 어려서부터 훈련을 통해 충실하게 쌓아나가야 합니다.

공감의 출발은 배려입니다. 배려하려면 어떤 것을 좋아하는지, 어떤 것을 싫어하는지 잘 알고 이해해야 합니다. 소통이 필요한 것이죠. 휴머니티, 공감, 배려, 이해, 소통 등등 이 모든 요소가 디지털 문명에서 중요하다고 이야기하는 키워드들입니다. 실제로 디지털 문명에서는 공감의 형성이 매우 중요합니다. 단톡방에서의 대화나 비대면 대화에서도 표정부터 단어의 선택까지 세심하게 배려할 때 공감대의 형성이 가능합니다. 억지로 해서는 절대 안 됩니다. 우리는 일반 대중과의 공감대 형성이 얼마나 어려운지를 정치인들의 실수를 통해 배우는 중입니다. 특히 젊은 세대와의 소통에 둔감한 정치인들은 정말 어려워합니다. 실수를 남발하며 인기를 잃기 쉽습니다. 사실 공감을 얻으려면 그들의 감성을 이해해야 하고 그러기 위해서는 생활화된 학습이 필요합니다. 이들이 벌이고 있는 난상토론을 읽어보고 어떤 주제로 다투는 중인지 어떤 논리를 근거로 다투는 중인지 깊이 생각하고 이해하기 위해 노력해야 합니다. 오랜 시간의 투자가 필요하다는 거죠. 대부분의 어른들이 간과하는 부분들입니다. 그저 SNS는 할수록 낭비다, 상처만 받는다, 나쁜 글만 올라온다 등등의 핑계로 평소에 멀리하기 때문입니다. 과격한 논쟁도 있지만 그 안에는 탄탄한 논리 구조도 존재합니다. 좋은 면과 부작용이 공존합니다. 공감하려면 오랫동안 애정을 갖고 경험해야 합니다. 새로운 문명의 소통 창구, 그들이 만들어가는 세계관, 새로운 언어와 표현방식 등 많은 것을 경험을 통해 배워야 합니다. 잘 모르고 익숙하지 않아 실수할 수도 있습니다. 내 생각과 너무 달라 불편할 수도 있습니다. 그래도 두려워하지 말고 꾸준히 공부한다는 마음으로 경험하고 학습해야 합니다. 그들의 새로운 문명을 존중해야 합니다. 새로운 세계관을 배우고 달라진 인류와 공감대를 형성하는 건 매우 중요한 자산이 됩니다.

오랜 나의 관습과 상식으로는 새로운 세대의 디지털 세계관을 이해하기 어렵거나 또 불편할 수도 있습니다. 이들이 만들어가는 새로운 사회의 체계가 나의 세계관과 맞지 않아 화가 날 수도 있습니다. 디지털 세계관의 가장 큰 특징은 다양성입니다. 모든 사람들이 동등한 인격과 다양한 생각을 가질 권리를 갖고 있습니다. 그래서 잘 짜여진 권력 시스템에서 생활해온 사람들, 조직 생활에 익숙한 사람들, 비슷한 생각을 해야 마음 편한 사람들에게는 새로운 문명이 불편할 수 있습니다. 특히 우리나라는 어려서부터 학교 교육을 통해 똑같은 건물에서 똑같은 옷을 입고 똑같은 생각을 하도록 강요받으며 살아왔습니다. 서로 다른 것에 대해 익숙하지 않습니다. '다르다.'는 것은 틀린 것이 아닙니다. 그런데 집단적 사고에 익숙했던 우리는 나와 다른 많은 것들에 대해 '틀리다.'라고 쉽게 말하고는 합니다. 사람들의 생각이 나와 다른 것은 당연한 현상입니다. 그것은 틀린 것이 아닙니다. 그 다양한 생각들을 자유롭게 표현하고 인정하는 사회가 건강한 사회입니다.

나와 다른 사람들을 인정하는 가운데 나의 생각을 이해시키기 위해 설득하는 노력을 기울이는 것이 민주적인 사회에서 일어나는 당연한 소통 방식입니다. 그래서 디지털 플랫폼에서는 많은 사람들이 논쟁을 벌입니다. 당연하고 또 바람직한 현상입니다. 우리나라 헌법 제 1조를 보시죠.

> 헌법 제1조　1항 대한민국은 민주공화국이다
> 　　　　　2항 대한민국의 주권은 국민에게 있고, 모든 권력은
> 　　　　　국민으로부터 나온다

디지털 문명 시대가 지향하는 방향, 새로운 도덕적 기준과 잘 부합하는 내용입니다. 우리가 디지털 문명의 새로운 기준을 배우고, 이 문명을 이끄는 세대들과 소통하자는 것은 바로 더 나은 문명을 지향하고 있기 때문입니다. 디지털 문명의 확산은 국민에게 더 많은 권력이 주어지는 것이고, 국민으로부터 부여받은 정치적 권력을 건강하게 모니터링할 수 있는 시스템으로 전환하는 것입니다. 실제로 지난 10년간 우리사회에서는 단지 나이가 많다는 이유로 갖던 권위, 사회적 지위가 높다고 갖던 권위, 대기업에 다닌다고, 돈이 많다고, 연예인이라고 누리던 잘못된 권위의식들이 많이 줄어들었습니다. 이제 '감히 내가 누군 줄 알고!'라는 얘기를 하는 것 자체가 상식적이지 않다는 걸 모두가 공감하게 되었습니다. 어떤 사람에게도, 어떤 상황에서도, 우리는 모두가 존중받는 한 사람의 인격체이며 그것에 걸맞게 행동해야

하는 것을 알게 되었습니다. 사회적 혼란 같은 부작용도 많다고 하지만 선진국 사회로 가기 위해서는 치러야 할 대가입니다.

나만의 것일 것, 그러나 보편적 인간의 감정일 것

신대륙이 원하는 휴머니티가 바탕이 되면 공감 자본도 자연스럽게 확장시킬 수 있습니다. 사실 휴머니티라는 개념은 국가별, 문화별, 종교별로 달라질 수 있습니다. 우리가 생각하는 보편적 휴머니티와 IS 세력의 휴머니티의 기준은 크게 다릅니다. 다행인 점은 우리 사회가 공유하고 있는 휴머니티의 개념이 인류 전체와의 공감대가 크다는 것입니다. 우리나라 콘텐츠 산업의 높은 인기가 그걸 증명합니다. 그것은 우리 역사에 축적된 사람의 마음에 대한 높은 이해도가 만들어낸 결과가 아닐까 합니다. 우리는 예로부터 사람의 속마음에 관심이 많은 사회입니다. 우리의 언어가 그것을 입증합니다.

우리 사회는 인간의 마음에 대한 정말 많은 형용사를 갖고 있습니다. 신조어도 끊임없이 만들어냅니다. 꿀꿀하다, 찝찝하다, 찜찜하다, 꺼림칙하다 등등 비슷한 심리에 대한 단어도 아주 미묘하게 차이를 내어 단어를 만들어냅니다. 그만큼 감정 상태가 세분화되어 있다는 뜻입니다. 아이들이 만드는 신조어도 아주 절묘합니다. 단톡방에

서 사용하는 '네'의 변주는 수도 없이 많습니다. 네, 넵, 넹, 네넵, 네~, 네!, 넵!, 뉘뉘~ 등등 하나의 단어로 수많은 표현을 해낼 수 있습니다. 문자 메시지 하나를 보낼 때도 기호 하나 붙이는 것에 따라 의미가 확연히 달라집니다. 이모티콘까지 포함하면 감정 상태의 표현은 그야말로 무궁무진합니다. 우리는 세계에서 가장 많은 이모티콘을 만들어내고 가장 많은 이모티콘을 소비하는 나라입니다. 그만큼 감정의 미묘한 표현에 대해 관심이 많습니다. 사람의 마음을 아프게 하는 데도 오랜 역사를 갖고 있습니다. 바로 욕입니다. 우리는 아마도 세계에서 가장 다양한 욕을 가진 나라일 겁니다. 사투리까지 포함하면 정말 다양합니다. 반대로 일본은 욕이 다양하지 않다고 합니다. '바보'를 뜻하는 바카(ばか, 馬鹿)나 아호(あほう, 阿呆) 정도입니다. 사무라이가 절대 권력을 휘두를 수 있었던 시절, 조금이라도 비위를 상하게 하면 죽일 수 있었기 때문에 감정을 상하게 할 단어가 발달할 수 없었다고 합니다. 역설적으로 우리 문화에서 욕이 발달할 수 있었던 것은 사회적 분위기가 허용되었다는 말입니다. 어찌 보면 마음 상하는 욕을 하더라도 결코 생명을 빼앗지는 않았다는 것이죠. 우습지만 지금도 욕쟁이 할머니가 운영하는 식당이 유명세를 타는 걸 보면 우리에게 찰진 욕은 우리 문화의 한 부분으로 자리 잡은 듯합니다. 그러나 상처를 주는 욕이 좋다고만은 할 수 없죠.

디지털 시대에는 그 역할을 '악플'들이 하고 있습니다. 무심코 내뱉는 것이라도 악플은 좋을 게 없습니다. 한 사람을 좌절하게 만드는 것에서 그치지 않고, 때로는 독침이 되어 사람을 죽음으로 몰기도 합니다. 연예인, 유명인 등 무차별적인 악플로 죽어간 사람들이 너무 많아 손에 꼽기도 어렵습니다. 악플을 남긴 당사자도 좋은 감정 상태를 유지할 수 없습니다. 반대로 좋은 해학과 풍자가 잘 녹아든 댓글은 세상을 바로잡기도 하고, 따뜻한 댓글은 우리의 마음을 아름답게 만들기도 합니다. 몇 년 전 '댓글 시인 제페토'라는 분이 뉴스 기사에 시의 형식을 빌려 쓴 댓글로 사람들을 감동시키며 화제가 된 적이 있습니다. 그는 2010년 한 철강회사에서 일하던 20대 청년이 용광로에 빠져 흔적도 없이 사망한 기사에 〈그 쇳물 쓰지 마라〉는 추모 시를 남기며 큰 공감을 일으켰습니다. 의견을 나누는 정도로 활용했던 댓글을 문학의 영역에 끌어올린 것입니다. 그 댓글들은 책으로 엮어 베스트셀러가 되기도 했습니다. 댓글 하나의 영향력이었습니다. 그러고 보면 공감 자본은 참 희한한 방식으로 만들어집니다. 그래서 댓글도 좋은 댓글을 달려고 노력해야 합니다. 비판을 위한 댓글이더라도 사람에 대한 애정만큼은 잃어서는 안 되는 것입니다. 나와 다른 다양한 사람이 존재한다는 것도 이해할 수 있어야 합니다. 세상에 사람의 마음을 사는 일만큼 어려운 일은 없습니다. 매우 오래 걸리는 일입니다. 단 한 번의 실수로 모두 잃어버릴 수 있는 아주 민감한 일입니다. 그래서 그걸 잘하는 사람이 많지 않습니다. 가장 가까운 사람들부터 마음을 살 수 있도록 일상생활에서부터 세심한 노력을 기울여야 합니다. 정성을 쏟지 않고 만들 수 있는 자본은 없습니다.

위대한 기적, 그러나 이제는
다른 길을 걸어야 한다

디지털 신대륙에서 휴머니티 감성은 없어서는 안 될 기본 자질입니다. 과거 아날로그 시대보다 오히려 중요한 요인이 되었죠. 2021년 한 교통사고가 화제가 된 적 있습니다. 사고로 차량에 불이 붙자 지나던 시민이 폭발 위험에도 아랑곳하지 않고 의식을 잃은 운전자를 구출한 겁니다. 마침 그 장면은 주변 CCTV에 고스란히 찍혀 다양한 커뮤니티에 알려지면서 사람들에게 잔잔한 감동을 선사했습니다. 아이들과 관련한 미담도 있습니다. 폐지를 모은 수레를 끌고 가던 할머니가 강풍에 어려움을 겪자 마침 하굣길이었던 학생들이 나섰습니다. 아이들 10여 명이 너나 할 것 없이 흩날린 종이상자를 모아 수레 위에 담고, 할머니와 수레를 에워싸며 화면에서 유유히 사라지는 모습이었습니다. 이런 훈훈한 CCTV 장면은 우리 사회에 수두룩합니다. 넘어진 버스를 일으켜 세우기도 하고, 화물차에서 쏟아진 음료수병들을 길 가던 사람들이 내 일처럼 달려 나와 함께 정리합니다. 이런 모든 장면이 유튜브를 통해 전 세계로 퍼지면서 도대체 한국에서는 어떻게 이런 일들이 벌어지는지 큰 궁금증을 불러일으키기도 했습니다.

그리고 보면 우리 사회가 유독 보편적 휴머니티에 대한 기대치가 높은 것은 맞는 것 같습니다. 세계에서 유일하게 택배가 집 앞에 놓여 있어도 훔쳐 가는 이들이 없는 나라, 카페에 노트북을 두고 화장실을 다녀와도 괜찮은 나라, 초등학교 아이들이 혼자 등교해도 위험하지 않은 나라, 화장실을 개방해도 깨끗하게 사용하는 나라가 대한민국입니다. 이런 모든 현상은 우리가 추구하는 사회의 도덕적 기준이 매우 높고, 국민 대부분이 이에 걸맞은 행동을 하기에 가능한 기적 같은 일들입니다. 우리는 다른 나라에서 생각할 수 없는 기적을 매일 만들고 있는 것이죠. 그 중심에 우리 사회가 보편적으로 생각하는 휴머니티가 자리하고 있습니다. 인간에 대한 오랜 관심과 보살핌으로 빚어진 보석 같은 역사의 산물입니다. 이 보석을 잘 키워내기만 한다면 우리는 디지털 신대륙에서 커다란 공감대를 형성할 수 있습니다. 콘텐츠산업이 증명하고 있듯이 말이죠.

이제 과거의 일등주의에서 벗어나 사람의 마음을 살 수 있는 새로운 기준을 제시하고, 그에 걸맞은 목표를 향해 나아가야 합니다. 물론 일등주의가 무조건 나쁘다는 말은 아닙니다. 그렇게 했기에 지금의 성장을 이룰 수 있었기 때문입니다. 개발도상국 시절부터 우리가 추구했던 것은 일본을 따라잡자는 것이었습니다. 목표도 명백했습니다. 반도체 분야에서는 집적도를 높이자는 것이었고, 디스플레이 분야에서는 화소 수를 늘리는 것이었습니다. 모든 목표가 수치적으로 명확했고 그래서 해결책을 찾는 길도 비교적 정해져 있었습니다. 이런 일은 공부 잘하는 사람이 잘합니다. 선진국 방식을 열심히 따르고 목표를 정하고 그걸 차근차근 달성해가는 겁니다. 조직도 상명하복의 체계하에 일사분란하게 움직여야 목표 달성에 유리합니다. 아침마다 전 직원이 모여 "할수있다!"를 외치며 업무를 시작하고, 야근을 밥 먹듯이 해가며 전 조직이 하나의 목표를 향해 뛰어야 합니다. 그게 쉬운 일도 아니었습니다. 대부분의 개발도상국들이 이 목표조차 달성하지 못하고 결국 고부가가치 산업으로의 전환을 이루지 못했으니까요. 생각해보면 베낄 상품이 있다고는 하지만 정말 어려운 도전이었습니다. 우리나라를 선진국으로 만든 조선, 중공업, 자동차, 반도체, 디스플레이 등 주력산업의 기술 수준을 보면 정말 어마어마합니다. 공부 잘하는 사람들이 많지 않고는 절대로 발전시킬 수 없는 산업들이 분명합니다. 그러니 공부, 공부 외치면서 교육시킨 건 잘한 선택이었습니다. 우선적으로 우리 사회 전체의 기술 수준이 높아져야 했으니까요. 그렇게 50년을 보내면서 우리는 기적을 만들어냈습니다.

누가 뭐래도 지금 세계에서 가장 경쟁이 치열하면서도 기술적으로 제일 어려운 산업이 반도체 산업입니다. 그중에서도 우리는 세계 최고의 기술력으로 경쟁 중입니다. 세계 최고의 제조 기술력을 갖춘 일본도 독일도 두 손 들었고 엄청난 돈을 쏟아붓고 있는 중국도 아직은 근처에도 못 따라오고 있습니다. 이 기적 같은 일들을 만들어낸 것이 코피 쏟아가며 공부, 공부 강조한 우리 교육 시스템 덕분이니 잘못된 선택이었다고 할 수 없습니다. 문제는 지금부터라는 겁니다. 2022년 1월 삼성전자의 시가총액은 526조 원으로 일본 최고 기업인 토요타의 380조 원을 홀쩍 뛰어넘었습니다. 이제 일본을 따라잡는 시대가 아니라는 겁니다. 그러는 사이 애플은 3,500조 원이 넘는 회사가 되어버렸습니다.

V 모든 것은 사람으로 돌아온다

이제 목표를 수정해야 합니다. 토요타 같은 기업이 아니라 애플, 테슬라, 엔비디아 같은 기업을 목표로 삼아야 합니다. 우리는 지금까지 세계 최초, 세계 최고를 향해서만 달려왔습니다. 그것만 된다면 세계 최고의 기업이 될 수 있다고 굳게 믿었기 때문이죠. 지금도 여기에 매달려 있습니다. 세계 최초 5G, 세계 최초 SSD, 세계 최초 폴더폰 등등 달성한 성과도 많습니다. 그런데 삼성전자는 시총 500조 원 근처에서 맴돌며 상승세를 타지 못하고 있습니다. 반면에 애당초 제조설비도 없고 세계 최초에 별로 무심한 듯 보이는 애플이 3,000조 기업입니다. 반도체에서는 메타버스 대표 기업이라는 엔비디아가 800조 기업으로 성장했습니다. 원래 게임용 그래픽카드를 만들던 회사인데 비트코인 채굴에 가장 적합하다고 해서 급성장을 하더니, 이제는 메타버스 구현에 가장 적합한 하드웨어와 소프트웨어를 갖춘 회사로 평가받으며 세계 10대 기업의 반열에 올랐습니다. 메이저급 세계 최초 기술을 개발한 것도 아닌데 말이죠. 이들이 성장한 이유는 무언가 다른 게 있는 게 분명합니다. 이제 그걸 정리해서 우리가 추구해야 할 목표로 삼아야 합니다.

디지털 신대륙,
기술과 인문이 조화되는 땅

삼성전자가 1등을 넘어서
'좋은 경험의 창조자'가 되려는 이유

스티브 잡스는 아이팟을 시작으로 쓰러져가던 애플을 일으키더니 결국 아이폰으로 세상을 바꿨습니다. 2007년 아이폰이 탄생한 이후로 인류는 포노 사피엔스라는 새로운 표준 인류로 달라졌습니다. 1,000년 후에는 시대를 'Before Jobs, After Jobs'라고 부를지도 모른다는 이야기를 우리는 농담처럼 하곤 합니다. 그런데 마냥 농담이라고 하기에 스티브 잡스는 너무나 많은 걸 바꿔버렸습니다. 그는 2011년 애플의 아이패드2를 발표하는 프레젠테이션에서 애플의 제품을 개발하는 데 있어서 인문학과 휴머니티의 중요성에 대해 언급합니다. 그리고 곧 전설적인 연설이 되었죠. 내용은 이렇습니다.

"기술만으로 충분하지 않다는 것이 애플의 DNA 안에 있습니다. 교양과 인문학이 결합된 기술이 우리의 가슴을 울리는 결과를 만들어냅니다."

"It is in Apple's DNA that technology alone is not enough–it's technology married with liberal arts, married with the humanities, that yields us the results that make our heart sing."

이 연설 이후로 우리나라 사회에도 인문학과 기초 교양에 대한 특강이 붐을 이루었습니다. 예술에 대한 관심도 높아지면서 많은 갤러리가 생기고 미술품 거래도 활발해졌습니다. 모든 사람이 인문학과 휴머니티의 중요성에 대해 인식하기 시작했고, 사회적 변화도 일어났습니다. 물론 꼭 잡스 때문만은 아닐 것입니다. 우리 사회가 풍족해지기 시작하면서 일어나는 당연한 변화이기도 했습니다. 그러나 사회의 전체적인 시스템이 추구하는 목표에는 큰 변화가 생기지 않았습니다. 여전히 학생들의 목표는 공부 1등이었고 기업들의 목표는 오직 기술 1등이었습니다. 스티브 잡스가 얘기한 기술과 교양의 결합, 인문학의 결합은 이해하기에 너무나 모호한 개념이었습니다. 그리고 그것을 목표로 삼기에는 지금까지 해오던 일과 너무나 달라 불안하고 위험해 보였죠. 그래서 바꿀 수 없었습니다. 그러고는 그렇게 10년이 흘러가 버렸습니다. 우리는 이제야 비로소 그 뜻을 조금씩 이해하기 시작했습니다. 애플이 지난 10년간 애써왔던 것은 세계 최초가 아니라 좋은 경험의 창조였습니다. 기술과 교양, 인문학의 결합은 모든 것을 사람을 중심으로 생각하라는 메시지였습니다. 모든 것을 사람이 좋아할 수 있도록 최선의 디테일을 찾아 집착하라는 메시지였습니다. 인문학을 기술에 담는 게 목표가 아니라 '소비자의 가슴을 울리게 하는 게' 목표였던 겁니다.

스티브 잡스가 사망하고 나서 출간된 그의 자서전을 보면 그의 인간에 대한 지독한 집착을 읽어낼 수 있습니다. 그는 기술의 최고점을 추구한 사람이라기보다 인간이 보편적으로 좋아하는 기술을 추구한 사람이었다는 게 더 정확한 표현입니다. 그의 집착은 무서웠습니다. 아이러니하게도 어느 누구도 그와 함께 일하는 걸 좋아할 수 없었습니다. 너무나 지독했기 때문이죠. 그의 관점에서 '이 정도면 충분하다.'는 말은 있을 수 없었습니다. 그래서 엔지니어나 디자이너가 시제품을 갖고 오면 집어던지고, 소리치고, 폭언을 퍼붓는 일이 거의 매일의 일상이었습니다. 주변 사람들이 좋아할 수가 없었죠. 문제는 그렇다고 가장 빠르다든가 하는 수치화할 목표 기준치가 있었던 것도 아닙니다. 목표는 '느낌적인 느낌'이 올 때까지였죠. 그의 일대기를 그린 영화에서도 나왔던 잡스의 유명한 일화가 있습니다. 잡스가 프레젠테이션에 사용할 상어 사진 하나를 가져오라고 합니다. 그래서 구글 검색을 통해 나온 사진을 가져갔더니 "이거 말고 상어 사진!"이라고 이야기합니다. 다시 다른 상어 사진을 가져갔습니다. "이런 거 말고 상어 사진!"이라고 또 거부당합니다. 그렇게 수십 번을 계속한 끝에 겨우 하나의 사진을 선택합니다. "그렇지. 이게 상어지!" 정작 그 사진을 골라준 직원은 그 이전의 상어 사진과 마지막 상어 사진의 차이를 도무지 이해할 수 없었다고 합니다. 이것이 그의 집착을 잘 보여주는 스토리입니다. 그는 작은 것 하나도 절대 그냥 넘길 수 없는 어찌 보면 편집증 환자였습니다. 끝없이 완벽을 추구한 것이죠. 그는 엔지니어도 아니었고, 개발자도 아니었으며, 디자이너도 아니었습니다. 함께 일했던 스티브 워즈니악(Steve Wozniak)이 "도대체 하는 일이 뭔지 모르겠다. 아무것도 할 줄 모르지 않냐?"라고 일갈하자 잡스는 이렇게 대답합니다. "나는 오케스트라의 지휘자 같은 역할을 하는 사람이다." 맞습니다. 어찌 보면 그는 전문 분야에서는 할 줄 아는 게 없는 사람이었지만 무엇을 해야 하는지에 대한 명확한 기준을 갖고 있던 사람입니다. 그걸 위해서는 조금도 양보할 수 없는 완벽주의자였죠. 그는 기술, 디자인, 소프트웨어를 모두 묶어 새로운 걸 창조하고자 했습니다. 그것도 완벽하게 말이죠. 기준은 '사람들의 가슴을 울릴 때까지'였습니다. 우리가 찾지 못했던 퍼즐의 한 조각이 바로 여기 있습니다. 우리는 그 기준을 제대로 이해할 수 없었습니다. 어떻게 하면 내 제품을 쓰는 사람들의 가슴을 울릴 수 있을까요?

문명의 창조자가 새로운 길과 방법을 보여줬다면 그 방법을 따라하는 건 그리 어렵지 않습니다. 더구나 우리에게는 훌륭한 세계 최고의 기술이라는 토대가 있습니다. 생각의 기준만 바꾼다면 충분히 도전해볼 만하다는 겁니다. 문제는 새로운 기준을 세우는 일입니다. 화소 수를 늘리고, 배터리 수명을 늘리고, 스마트폰을 두 번 접는 것도 중요하지만, 이제는 '사람들의 가슴을 울릴 수 있을 때까지'와 같은 새로운 기준을 세워야 합니다. 그러기 위해서는 사람에 대해 잘 알아야 합니다. 사람들이 무엇을 좋아하는지, 어떤 것에 열광하는지 배워야 합니다. 그런데 이런 것은 공부 잘하고, 시험을 잘 본다고 생기는 능력이 아닙니다. 문제는 여기서부터 발생하는 겁니다. 공부하는 시스템도, 회사를 경영하는 조직도, 개인의 발전을 만들어가는 비전도 이제부터는 다르게 준비해야 한다는 겁니다. 마음을 사로잡는 기술을 만들기 시작해야 합니다. 이러한 특별한 감성을 키우는 방법은 많이 경험하는 수밖에 없습니다. '느낌적인 느낌'은 논리적이지 않습니다. 이심전심의 감성입니다. 추상적인 이 느낌을 주려면 좋은 경험을 제공해야 합니다. 그것도 아주 압도적인 경험이죠.

우리나라 최고의 기업 삼성전자도 2022년을 맞아 대규모 조직 개편을 단행했습니다. 조직 개편의 중심에 고객의 경험이 있습니다. 이전까지 삼성전자는 세트사업부가 IT모바일 부문, 소비자가전 부문으로 구성되어 있었습니다. 개발하고 판매하려는 제품을 구분해서 사업부 조직으로 만들어놓은 것이죠. 이것이 오랜 관행이었습니다. 그런데 이걸 통합해서 DX(Device eXperience) 사업부, 즉 제품 경험 사업부로 통합했습니다. 물건이 아니라 제품의 경험을 판매하겠다고 선언한 것입니다. 사업의 중심을 제품 개발과 판매에서 고객 경험의 개발과 판매로 전환하겠다는 의지를 조직 개편에 담은 겁니다. 하부 조직인 모바일 사업부도 MX(Mobile eXperience) 사업부로 이름을 변경했습니다. 고객 경험을 만들기 위한 CX(Customer eXperience) 사업부도 새로 신설했습니다. 대대적인 조직 개편을 통해 소비자의 행복한 생활을 고민하는 삼성전자가 되겠다는 혁신적인 선언도 했습니다.

오늘날 삼성전자가 경쟁해야 하는 기업은 애플과 테슬라 같은 하이브리드 제조기업들입니다. 단순히 하드웨어를 만들어 파는 기업들이 아니라 제품과 서비스를 융합해 '좋은 경험'을 창조하고, 이를 바탕으로 자연스럽게 '팬덤'을 만들어가는 기업들이죠. 대한민국 1등 기업이 시작한 이 같은 조직 개편은 시선을 디지털 문명 시대에 맞춘 현명한 선택이라고 할 수 있습니다. 좋은 경험을 만들고 팬덤을 창조해야 미래가 열립니다. 최근 각 기업이 추구하고 있는 디지털 대전환의 핵심은 디지털 활용 능력만 키우는 것이 아니라 경영 철학의 대전환을 의미합니다. 제품 중심이 아닌 고객 경험 중심으로 전환하는 것이 디지털 전환의 핵심입니다. 문제는 우리에게 축적된 경험이 많지 않다는 것입니다. 새로운 디지털 문명 시대를 맞아 이러한 능력을 차곡차곡 쌓아가는 것이 우리가 풀어야 할 숙제입니다.

'1억 달러의 광고'보다 더 중요한 것

애플이 신경 쓰는 또 하나의 사업이 있습니다. 애플의 CEO 팀 쿡은 2021년 1월 13일 TV방송 인터뷰를 예고하며 애플의 가장 중요한 사업을 발표한다고 밝혔습니다. 전 세계가 애플카의 개발을 발표할 거라고 예상했고, 자동차 업계도 크게 긴장했습니다. 그런데 놀랍게도 팀 쿡은 TV 인터뷰에 나와 '인종 간 평등과 정의 이니셔티브(Racial Equity and Justice Initiative)' 프로젝트를 위해 1억 달러를 내놓겠다고 발표했습니다. 핵심 내용은 디트로이트 지역에 애플 개발자 아카데미를 설립하고, 유색인종에 대한 무상 교육을 실시하겠다는 거였습니다. 모든 교육은 빈곤 흑인과 아시아인을 위한 프로그램으로 준비됩니다. 팬데믹 이후 더욱 심각해진 디지털 양극화에 대한 대안으로 모색한 사회적 공헌입니다. 또 유색인종의 창업과 기업 육성 지원을 위해 별도 펀드도 마련했습니다. 이 모든 프로그램은 일회성 이벤트로 멈추지 않고, 장기적인 관점에서 지속적인 지원책을 내놓을 것이라고 밝혔습니다. 이 행사는 팀 쿡이 직접 나서서 발표한 2021년 애플의 가장 중요한 프로젝트였습니다. 여기에 성과가 좋으면 매년 1억 달러씩을 추가 투자해 이러한 교육센터를 미국의 도시마다 늘려가겠다고까지 했습니다.

2021년 4월 15일에도 또 하나의 프로젝트를 발표합니다. 탄소 제거 이니셔티브인 복원 기금(Restore Fund)을 출범한다고 발표한 것입니다. 2억 달러로 시작한 기금을 통해 삼림 파괴를 최대한 방지하고 친환경 기업들을 지원하는 사업을 시작한다고 합니다. 애플은 이미 2030년까지 애플의 모든 제품 생산의 가치사슬에서 탄소 중립화를 실현하겠다는 큰 목표를 세운 바 있으며, 본 사업도 그 계획의 일환으로 추진한다고 밝혔습니다. 생산 과정을 혁신해서 탄소 발생의 75퍼센트를 직접 줄이고, 나머지 25퍼센트는 삼림을 복원하고 키우는 방식으로 채워 진정한 탄소 중립을 실현하겠다고 밝히고 있습니다. 시가총액이 3조 달러가 넘는 세계 최고 기업의 가장 중요한 전략은 '인종 간 화합'의 실천과 '환경 보존'입니다. 사실 이것은 세상의 모든 기업들에 나를 따르라고 전하는 메시지입니다.

과거 수십 년간 대부분의 기업들은 기업의 가치를 높이기 위해 이익의 극대화에만 매달려왔습니다. 오직 숫자만이 그들의 목표였죠. 기업의 목표가 이익을 내는 것인 만큼 높은 이익을 달성한 기업들의 주가가 올라가는 것이 당연한 일이었습니다. 이익을 위해서라면 환경의 희생에도, 노동 착취에도, 불법적인 활동에 대해서도 슬며시 눈을 감는 풍토가 있었습니다. 그런데 그 법칙이 달라졌습니다. 디지털 문명 시대는 권력을 쥔 소비자가 감시자이자 열렬한 응원자가 되어 기업을 관찰합니다. 소비자의 거대한 팬덤을 만드는 기업, 소비자의 마음을 사로잡는 기업에는 투자가 쏟아집니다. 그러나 그렇지 못한 회사는 과거에 볼 수 없었던 혹독한 상황을 맞이합니다. 그 가장 밑바탕에 보편적 인류가 원하는 가치, 바로 휴머니티가 있습니다.

2022년 기업들이 직면한 가장 큰 화두는 단연 디지털 전환과 ESG 경영입니다. ESG 경영은 휴머니티와 맞닿아 있는 주제입니다. 애플이 2021년 실천한 두 개의 프로젝트가 바로 ESG에 해당됩니다. 보편적

인류가 중요시하는 문제에 리더십을 보임으로써 애플은 자사의 팬덤의 기초를 탄탄히 하겠다는 전략입니다. 같은 돈 1억 달러를 광고에 투입하는 것보다 이 같은 행보가 기업 가치를 더 높일 수 있다는 판단을 한 것이지요. 1억 달러를 투입해 평등과 정의 프로젝트를 이행하는 기업, 지구를 위해 탄소 중립을 실현하겠다는 기업에 사람들의 마음이 끌립니다. 디지털 문명 시대는 제품 광고보다는 인류가 공감하는 문제에 공감대를 일으켜 팬덤을 만드는 것이 더 큰 자산이 됩니다. 그런 만큼 ESG 경영의 실천은 필연적입니다. 당연한 흐름이지만 애플뿐 아니라 많은 기업들이 ESG 경영을 실천하는 데 몰두하고 있습니다. 은행들도 2030년까지 탄소 중립을 목표로 하고 있습니다. 대출금을 기준으로 탄소 배출을 하는 기업과 탄소 삭제하는 기업을 정량적으로 평가해 총합이 제로가 되도록 유도한다는 것이죠. 결국 탄소 배출량이 적은 기업, 탄소 제거에 기여하는 기업에 더 많은 대출의 기회가 주어진다는 것을 의미합니다. 앞으로 사업을 기획할 때는 탄소 배출량에 대한 계산이 매우 중요한 시대가 되었습니다. 동시에 탄소 배출이 필연적인 기업에서는 삼림을 보호하거나 친환경 에너지를 사용하는 방식으로 사업을 전환할 필요가 생겼습니다. 이미 많은 글로벌 기업들이 이러한 변화에 적극적으로 대응하고 있습니다.

플랫폼 기업들의 통 큰 기부도 새로운 트렌드처럼 이어지고 있습니다. 40조 원 이상을 기부한 기부왕 마이크로소프트의 빌 게이츠는 팬데믹 이후에만 1조 7,000억 원을 기부해서 코로나로 어려움을 겪는 빈곤국가 지원에 애쓰고 있습니다. 페이스북의 창업자 마크 저커버그도 이미 2015년 자신의 딸 탄생을 기념하면서 재산의 99퍼센트를 생전에 기부하겠다고 선언한 바 있습니다. 이더리움의 창시자 비탈릭 부테린도 2021년 인도에 코로나 확산이 심각해지자 이를 지원하기 위해 10억 달러(약 1조 2,000억 원)를 기부한 바 있습니다. 불과 26세의 나이에 말이죠. 구글도 기부에 함께하고 있습니다. 이미 2017년 '교육'과 '경제적 기회' 그리고 '포괄적 성장'이라는 꿈을 실현하기 위해 10억 달러를 기부하겠다고 밝힌 바 있습니다. 구글의 창업자인 래리 페이지와 세르게이 브린은 이미 사업보다 사회적 기여에 관심을 갖고 자신들이 보유한 구글의 주식을 기부해 공익 비영리재단 구글 재단을 설립한 바 있는데, 그걸 통해 지속적으로 사회에 기여하겠다는 뜻을 실천하고 있는 겁니다. 또 구글플레이에는 오직 기부만을 위한 앱도 많이 있습니다. 이 앱들에 들어오는 금액은 구글이 수수료를 떼지 않고 100퍼센트 기부단체로 보냅니다. 이외에도 직원들이 기부금을 모으면 회사에서 두세 배 기부금을 더해 재단에 보내는 한편, 직원들이 비영리재단에서 봉사하는 시간을 보내면 그 시간만큼 기부금을 산정해 보내는 등 다양한 방식으로 사회 기여를 늘려가고 있습니다.

아마존 창업자 제프 베조스는 기후변화에 대응하기 위해 100억 달러의 기금을 기부해 2020년 기부왕 자리에 올랐습니다. 2021년에도 환경 보호와 코로나 대응을 위해 수조 원의 기부를 계속해서 이어가고 있습니다. 특이하게 베조스의 전처 매켄지 스콧(MacKenzie Scott)도 2020년에만 6조 원의 기부를 기록했습니다. 이혼 후 생긴 거액의 재산을 앞으로도 계속 기부하는 데 사용하겠다고 공언한 바 있습니다. 트위터의 창업자 잭 도시도 2020년 코로나 대응을 위해 10억 달러의 거액을 기부한 바 있습니다. 이처럼 거의 모든 플랫폼 창업자들이 그들의 자산을 아낌없이 기부하는 데 사용하고 있습니다. 비영리재단을 설립하고 사회에 공헌하는 사업을 펼치는 건 이제 플랫폼 기업에는 거의 전형적인 프로세스가 되고 있습니다. 세계 10대 플랫폼 기업들의 사회 기여는 단순한 일회성 행사가 아니라 비영리재단을 설립하고 장기적이고 세심한 계획 아래 집행되고 있으며, 그 목표에 따라 다양한 협업체계를 갖추고 거액을 투자하면서 지속 가능한 성과가 나올 수 있도록 추진되고 있습니다. 마케팅 측면의 기부 행위 자체에 무게를 두는 것이 아니라 실질적인 사회 기여에 무게를 두는 것입니다. 이러한 기업들의 기부 문화는 우리나라에도 확산되고 있습니다.

카카오를 창업한 김범수 의장은 2021년 자신의 재산 절반 이상을 생전에 기부하겠다고 서약했습니다. 재산의 절반 이상을 기부하겠다는 것은 현재 그의 주식 자산을 기준으로 볼 때 무려 5조 원 이상을 기부한다는 뜻입니다. 특히 자신이 어릴 적 경험한 것처럼 어려운 환경에서 공부하는 학생들이나 창업자들을 지원하는 데 깊은 관심을 두고 있습니다. 또 사회적 기업을 이끌어갈 창업자들에게도 투자할 것으로 알려져 있습니다. 배달의민족 창업자 김봉진 대표도 재산의 절반 이상을 기부하기로 서약했습니다. 그가 보유한 딜리버리히어로즈의 주식 가치를 고려하면 6,000억 원 정도가 됩니다. 그는 기부를 공

V 모든 것은 사람으로 돌아온다

식화하기 위해 '세계 최고 부자들의 기부 클럽'으로 알려진 미국의 '더 기빙 플레지(The giving pledge)'에 아내 설보미 씨와 함께 이름을 올렸습니다. 더 기빙 플레지는 2010년 8월 빌 게이츠 마이크로소프트 회장과 워렌 버핏 버크셔 해서웨이 회장이 재산 사회 환원 약속을 하면서 시작된 자발적 기부운동인데, 현재 24개국, 218명이 참여하고 있습니다. 회원으로는 페이스북 창업자 마크 저커버그, 테슬라 최고 경영자 일론 머스크, 영화 '스타워즈'의 조지 루카스(George Lucas) 감독, 오라클의 래리 엘리슨(Larry Ellison) 회장 등이 있습니다. 우리나라에서는 김봉진 대표가 1호 가입자가 된 겁니다. 더 기빙 플레지의 가입 조건은 까다롭습니다. 재산이 우선 10억 달러 이상이 되어야 하고, 동시에 절반 이상을 사회에 기부해야 하니까 최소 5억 달러(약 6,000억원) 이상을 기부해야 합니다. 어린 시절부터 가난의 고통을 경험했던 김 의장은 재산의 사회 환원을 결정하면서 가장 기쁜 순간이라고 표현했습니다. 네이버도 사회적 기여 활동에 나섰습니다. 재단법인 해피빈, 네이버문화재단, 네이버커넥트재단 등 총 3개의 공익법인을 운영하고 있습니다. 재단법인 해피빈은 주로 소셜 기부와 펀딩을, 네이버문화재단은 인문학·공연·창작 등 문화 지원 사업을, 네이버커넥트재단은 소프트웨어 교육을 통한 IT 인재 육성 사업을 추진하고 있습니다. 매년 약 200억 원가량을 공익사업에 지출하면서 지속 가능한 사회 기여 모델을 구축하는 중입니다. 일회성 행사로 사회 기부를 하는 것이 아니라 구체적인 조직과 예산으로 지속 가능한 시스템을 갖춘 것에서 진정성을 느낄 수 있습니다. 플랫폼 기업들의 빠른 성장과 높은 기업 가치도 놀랍지만 통 큰 기부 문화는 더더욱 놀랍습니다. 이들의 활약과 함께 기업의 ESG 경영이 확산되면서 이후에는 더 본격적인 사회 기부 활동이 이루어질 것으로 예상됩니다.

직원이 회사의 열렬한 지지자가 될 때 일어나는 일

기업 지배 구조의 투명성을 의미하는 G, 거버넌스(Governance)도 중요한 이슈입니다. 기업 자체의 도덕성을 높여야 한다는 것이죠. 사실 금융실명제가 실시되면서 많은 기업들이 비자금을 만들거나 비도덕적 경영을 하는 것이 이미 어려워진 상황입니다. 그렇다면 그 이상이 필요합니다. 개인적으로 중요하다고 생각하는 것은 직원들이 느끼는 회사에 대한 호감도입니다. 회사의 조직 문화와 직급 체계에서 오는 업무 만족도가 높아야 한다는 이야기입니다. 소비자 팬덤의 출발점은 직원입니다. 아무리 소비자의 팬덤을 만들어보려고 해도 직원이 블라인드(Blind, 직장인들끼리 회사에 관한 솔직한 이야기를 공유하는 사이트)에 가서 회사에 대한 불만이나 불합리한 상사의 태도에 관해 이야기한다면 팬덤은 확산되기 어렵습니다. 직원이 회사를 좋아하게 만들어야 합니다. 임원이야 그렇다 치고 나이가 지긋한 부장님부터 신입사원에 이르기까지 세대 간의 차이가 극심한 요즘 같은 시대에 매우 어려운 과제입니다. 조직의 직급 체계부터 호칭, 운영방식에 이르기까지 세심하게 신경을 써야 합니다. 특히 급여와 인센티브는 매우 중요한 문제입니다. 최근 많은 기업들이 기존의 시스템을 모두 깨트리는 파격적인 조직 개편과 연봉 체계를 만들어가는 것도 바로 거버넌스의 혁신을 통해 팬덤의 기초를 쌓으려는 시도입니다. 우수한 인력을 확보해야 하는 기업일수록 이러한 변화에 민감합니다. 실리콘밸리에 있는 기업들에 재직하는 직원 중 연봉 5억 원 이상이 수두룩합니다. 특히 탁월한 능력의 개발자를 구하는 데 모두 혈안이 되어 있죠. 블라인드 사이트에 가면 각 기업의 직급별 연봉은 물론 복리 후생에 관한 정보들이 고스란히 드러나 있습니다. 요즘 신세대에겐 회사 분위기나 업무, 연봉에 따라 기업을 옮겨 다니는 게 너무나 당연한 옵션입니다. 자신의 능력을 과시하는 기회, 또 다른 경력을 만들어가는 기회가 되기도 합니다. 그래서 유능한 인재들이 머물고 싶은 기업 문화를 만드는 것은 기업의 발전을 위해서라도 가장 중요한 기초가 됩니다. 그것이 거버넌스의 몫입니다. 기업은 운영에 있어서 투명하고 도덕적으로 충실해야 하지만, 동시에 기업 문화 속에 '인간다움'이 가득해야 합니다. 그동안 이익만을 추구해온 기업에는 DNA 자체를 바꿔야 하는 어려운 숙제입니다. 하지만 어렵다고 가지 않으면 살아남을 수 없습니다. 휴머니티를 기업에 가득 담는 것, 이것이 ESG 경영의 본질입니다.

디지털 시대의 첫 세대를 살아가는 인류는 더 많은 유혹에 노출되어 있습니다. 디지털을 기반으로 범죄 사실을 담은 영상을 공공연히 돌려보기도 하고, 온라인 사기로 쉽게 돈을 벌어보려고도 합니다. 디지털에 익숙하지 못한 사람들을 착취해 자신의 부를 쌓아가거나 악한 댓글로 사람을 괴롭히거나 게임에 중독되어 자신의 미래를 망치기도 합니다. 이 모든 현상은 신문명의 등장 초기에 나타나는 보편적 부작용입니다. 봉건사회의 등장으로 강력한 국가가 탄생하기는 했으나, 왕권과 귀족 권력의 남용이 문명 초기에는 큰 문제로 등장했습니다. 그렇지만 봉건사회가 그 이전 고대사회보다 진화한 시스템이라는 데 이견을 달 수 없습니다. 마찬가지로 근대사회는 봉건사회보다 진화한 시스템입니다. 나아가 인류에게 가장 큰 영향을 끼친 1차 산업혁명 이후로 산업사회가 등장하면서 인구가 폭발적으로 증가합니다. 생물학적 관점에서 생존과 번성의 조건이 크게 개선되었다는 걸 증명한 겁니다. 그러나 지주와 자본가들에게 부가 집중되면서 곧 부작용이 발생합니다. 결국 새로운 이념이 등장하게 되었고, 그 갈등으로 인해 인류는 세계 1차, 2차 대전이라는 끔찍한 대가를 치르기도 했습니다. 자본주의와 공산주의의 대결이라는 냉전 시대를 겪으면서 또한 많은 인명을 앗아가는 전쟁을 치르기도 했습니다. 우리도 그 한가운데에서 참혹한 동족상잔을 겪어야 했으며, 그 아픔은 지금도 지속 중입니다. 그래도 인류는 끊임없이 더 나은 사회 체계 구축을 갈망하면서 세상을 바꿔왔습니다. 특히 우리나라는 정말 짧은 시간 내에 성숙하고 안정된 민주주의 국가 체제를 갖춘 몇 안 되는 나라로 성장했습니다. 지금의 현대 인류 사회의 국가 시스템은 국가별로 다양하게 존재하지만, 분명한 점은 시민 중심의 사회로, 사람 중심의 방향으로 변화하고 있다는 것입니다. 더디고 부작용도 있지만, 가야 할 길입니다.

V 모든 것은 사람으로 돌아온다

특히 디지털 문명의 확산은 시민 중심 정치의 확산에 큰 공을 세운 주역입니다. 스마트폰 등장 이후 인류는 보편적으로 높은 지식 수준을 갖추게 되었고 자신의 권리가 무엇인지 휴머니티는 무엇인지 국가의 역할은 무엇인지에 대한 보편적 기준들을 학습할 수 있었습니다. 동시에 그들은 자신의 생각을 마음대로 펼칠 수 있는 플랫폼을 갖게 되었습니다. 그렇게 권력이 대중으로 이동하면서 인류 역사 이래 가장 강력한 정치 권력에 대한 견제력을 시민 스스로가 갖게 된 것입니다. 비록 시작된 지 얼마 되지 않아 많은 혼돈과 부작용을 피할 수는 없지만, 원칙적으로 부정부패가 어렵고 도덕적 잣대가 높아지는 사회로 향하는 변화라는 데 대부분 이견이 없습니다. 그래서 개인이든, 기업이든 휴머니티 없이 살아남을 수 없습니다. 상대를 배려할 줄 알아야 하고, 시대의 도덕적 기준도 잘 이해하고 있어야 하며, 환경에 대한 배려는 물론이고 사회의 동반성장이나 사회적 기여에도 관심을 기울여야 합니다.

'디센트럴랜드'가 던지는
웹 3.0 시대의 새로운 가능성

2021년부터 시작되어온 웹 3.0에 대한 관심은 2022년이 되면서 더욱 뜨거워질 것입니다. 세계 5대 기업의 메타버스에 대한 투자는 그 규모부터 어마어마합니다. 마이크로소프트는 2022년 새해 벽두부터 세계적인 게임 기업 블리자드(Blizzard)를 75조 원이라는 세계 IT 역사상 최고의 금액으로 인수했습니다. 콜 오브 듀티, 스타크래프트, 워크래프트, 오버워치 등 세계 최고의 인기 게임들을 보유한 게임 기업입니다. 마이크로소프트는 이미 세계 최고 수준을 갖춘 게이밍 플랫폼 엑스박스(Xbox)에 더해 블리자드를 인수함으로써 게임을 중심으로 한 메타버스 최강자의 지위를 갖게 되었습니다. 그간 강점을 보였던 오피스, 클라우드, 구독 플랫폼의 지배권을 강화하기 위한 전략이기도 하죠. 애플, 메타, 알파벳, 엔비디아와 함께 메타버스 시장에 대한 진정한 '쩐의 전쟁'이 시작된 겁니다. 맥킨지의 분석에 따르면 2030년 메타버스 시장 규모는 1,800조 원에 이를 것으로 예상됩니다. 그리고 게임 산업은 가장 거대한 메타버스 기술 전쟁의 치열한 전장이 될 걸로 보입니다. 물론 메타버스의 최종 목표는 게임이 아닌 우리 일상의 모든 것이 되겠지요.

여전히 부족하지만 우리나라에서도 기민한 움직임이 있습니다. 네이버의 제페토뿐 아니라 라이벌 카카오도 메타버스 시장에 대한 본격적인 도전을 선언한 상황입니다. 1,800조 원의 시장이 열리는데 플랫폼 기업으로서 당연한 투자입니다. 2022년 초 우리 정부는 2026년까지 세계 5위의 메타버스 강국으로 발돋움하겠다고 구체적인 목표를 제시했습니다. 그에 따라 전문인력을 4만 명 이상 육성하고, 전문기업도 220개 이상 키우기 위해 대규모 투자를 하겠다고 선언합니다. 새로운 시장이 성장하는 만큼 마중물을 부어 신산업을 육성하고 더 많은 일자리를 만들겠다는 전략입니다. 미래 청년의 일자리를 만드는 데 도움이 되는 반가운 소식입니다. 2022년 새해가 밝자마자 메타버스와 NFT에 대한 투자 소식이 봇물처럼 터지고 있는 것입니다. 거대한 자금이 투자되고 유능한 인재들이 모였으니 세상을 바꾸는 큰 변화가 소용돌이치기 시작하는 겁니다.

그 중심에 웹 3.0이 있습니다. 앞서 언급했듯이 웹 3.0은 소비자가 직접 공급자가 되는 크리에이터 이코노미가 성장하면서 본격적인 논의가 시작되었습니다. 지금까지는 서드파티(third party) 앱 개발자나 개인 크리에이터의 이익 대부분을 플랫폼이 독점했고, 그 배분의 규칙을 정하는 것도 플랫폼이 독자적으로 결정해왔습니다. 진정한 대중 권력 시대라고 할 수 없었죠. 그런데 메타버스와 NFT 기반의 암호화폐 경제가 시작되면서 진정한 웹 3.0 시대의 실현 가능성이 보이기 시작합니다. 플랫폼을 기반으로 서드파티나 크리에이터가 소비자와 직접 연결되고, 거기서 발생하는 이익은 물론 플랫폼의 성장에 따른 이익 배분까지, 모든 것을 플랫폼 참여자가 투표를 통해 직접 결정하는 시스템이 가능해진 겁니다. 가장 큰 부가가치는 여기에서 만들어질 것입니다.

모든 플랫폼 기업들의 사업 목적은 플랫폼을 통해 많은 사람을 끌어모아 이익을 창출하고, 그것을 플랫폼 참여자가 공유하는 것을 목표로 합니다. 유튜브는 엄청나게 많은 사람들을 주인공으로 참여시켜 광고의 플랫폼이 됩니다. 거기서 발생한 광고 수익을 유튜버들에게 일부 배분할 뿐이죠. 앱스토어나 구글플레이, 아마존, 페이스북, 인스타그램 등 모든 플랫폼이 동일합니다. 이익 대부분을 플랫폼이 독점하고 그 배분 권한도 이들이 결정합니다. 그런데 이 이익 배분을 모든 참여자가 나누고 그 규칙도 정하겠다는 것이 웹 3.0의 정신입니다. 지금까지 웹 3.0을 가능하게 하는 가장 중요한 기술로 언급된 것이 토큰입니다. NFT 경제가 활성화되면서 많은 사람들이 블록체인 기반의 토큰 시스템에 대해 이해하게 되었고, 토큰을 기반으로 하는 많은 신생 플랫폼들이 등장했습니다.

플랫폼들은 사람들을 모으기 위해 토큰을 발행합니다. 그리고 열심히 활동한 참여자들에게는 토큰으로 혜택을 제공하죠. 이 토큰은 플랫폼 안에서만 사용하는 것이 아니라 코인 거래소를 통해 현금화할 수 있습니다. 이것이 매력적이죠. 또 플랫폼이 성장하면 토큰의 가치가 올라가면서 주식처럼 큰 수익을 얻을 수 있습니다. 이것도 주목받는 매력 중 하나입니다. 여기에다 토큰에 새롭게 부여되는 권리가 바로 투표권입니다. 플랫폼에서 이루어지는 모든 결정에 대해 토큰의 가치만큼 투표권을 갖게 되는 겁니다. 이렇게 되면 참여자들의 권리를 보장하는 신개념 민주주의를 실현하는 데 조금 더 가까워지게 됩니다. 앞서 소개했던 DAO라는 개념에 대한 더 깊은 이해가 필요합니다. DAO는 'Decentralized Autonomous Organization'의 약자로, 직역하면 탈중앙화된 자율조직이라고 표현할 수 있습니다. 사실 NFT 기반의 토큰 경제에서는 이미 많이 사용하고 있는 커뮤니티의 신개념이라고 볼수 있습니다. 플랫폼에서는 DAO라는 조직을 구성하고, 여기서 모든 것을 결정합니다. 중요한 결정에는 당연히 투표가 필요한데 이때 토큰의 보유량만큼 투표 권한을 갖게 되는 겁니다. 신개념의 민주주의가 플랫폼 안에서 구현되는 것이죠.

이렇게 토큰은 플랫폼에서 화폐처럼 쓸 수도 있고, 주식처럼 투자가치도 있으며, 플랫폼에 관한 의사결정권까지 포함하는 권리가 됩니다. 이러한 새로운 경제 체계를 토큰 이코노미라고 부르고 이러한 플랫폼 운영방식을 토큰 민주주의라고도 부릅니다. 물론 아직은 제대로 된 민주주의가 실현되지 못하고 있다는 지적이 많습니다. 트위터의 창업자 잭 도시는 "웹 3.0은 허상이다. 참여자가 주인이 되는 것이 아니라 모든 권리와 소유권은 벤처캐피털(VC)과 펀드 출자자가 갖고 있다. 그 굴레에서 벗어나기 힘들 것이다."라는 트윗을 올렸습니다. 테슬라의 CEO 일론 머스크도 트위터에 "웹 3.0을 본 사람이 있나요? 못 찾겠어요."라는 조롱 섞인 글을 올립니다. 실제로 코인의 소유권을 대부분 창업자와 투자자들이 보유하고 있으니 틀린 말도 아닙니다. '1인 1표'라는 민주주의 가치에 부합하느냐는 지적도 있습니다. 그럼에도 이 새로운 시도가 미래 지향적이라는 데에는 많은 사람들이 동의하고 있습니다. 생태계 진화의 방향으로 보자면 웹 3.0의 도래가 바람직하다는 것이죠.

쉽게 이해하기 어려운 개념입니다. 그렇다면 사례를 통해 보겠습니다. 대표적인 웹 3.0 플랫폼이라고 평가받는 디센트럴랜드(DeCentraland)가 있습니다. 디센트럴랜드는 이더리움 블록체인을 기반으로 하는 가상 부동산 플랫폼입니다. 뉴스에도 종종 등장했습니다. 가상현실을 기반으로 토지를 판매하고, 그 소유권을 거래할 수 있게 해줍니다. 그곳에서 건물도 짓고 새로운 세계도 만들 수 있습니다. 모든 거래에는 마나(MANA)라는 코인이 사용됩니다. 디센트럴랜드에서 땅을 사려면 마나를 지불해야 합니다. 마나는 이 메타버스 세계의 화폐라고 할 수 있습니다. 이걸 코인 거래소에서 실제 현금으로 교환할 수 있습니다. 토지는 당연히(?) 랜드(Land)라고 부릅니다. 물론 이것도 가상 토지인 만큼 코인으로 만들어집니다. NFT 기술을 이용해 토지소유권을 보장받게 되는 겁니다. 디센트럴랜드에서는 모든 운영을 DAO가 결정합니다. 중앙통제권을 가진 조직이 없다는 겁니다. DAO에는 마나와 랜드를 소유한 누구든지 참여 가능합니다. 1마나에 투표권 한 개가, 1랜드에 2,000개의 투표권이 부여됩니다. 디센트럴랜드는 모두 9만 개의 랜드로 구성되어 있습니다. 모든 아이디어와 정책은 DAO의 투표에 의해 결정됩니다.

디센트럴랜드는 재밌는 개념으로 많은 사람들을 불러 모았고, 가상 토지에서 다양한 경제활동이 펼쳐지면서 플랫폼의 가치도 코인의 가치도 크게 올랐습니다. 예를 들어 랜드를 구매한 소비자는 가상의 게임 놀이터를 구축합니다. 그걸 통해 수익을 얻을 수 있죠. 또 구입한 토지의 가치가 올라가면 부동산 수익도 얻을 수 있습니다. 자기가 참여한 플랫폼이다 보니 좋은 아이디어가 떠오르면 DAO를 통해 플랫폼 가치를 올릴 수 있는 사업 제안도 하게 됩니다. 모든 결정은 DAO에서 투표를 통해 결정합니다. 향후 기업 주식의 가치가 오르는 부분에 대해서도 DAO의 참여자가 이익을 나누는 방향까지 고려하고 있다고 합니다. 참여자 모두의 이익을 보호하면서 참여자의 의견까지 잘 반영하는 아주 잘 짜여진 탈중앙화 사회가 형성된 셈입니다. 아직까지는 앞서 지적된 것처럼 DAO의 투표권이 벤처캐피털을 비롯한 소수가 40퍼센트를 보유하고 있습니다. 완전한 민주화가 이루어졌다고 보기 어렵다는 겁니다.

지금까지 디센트럴랜드의 사업은 성공적으로 보입니다. 많은 사람들과 기업들의 참여를 이끌어내고 있습니다. 흥미로운 점은 우리나라의 랜드 보유 비율이 미국에 이어 세계 2위라는 겁니다. 우리가 가상토지에 대한 관심이 세계 두 번째로 높은 나라입니다. 2022년 1월에는 삼성전자가 가상매장 '삼성 837X'를 디센트럴랜드에 오픈했다고 해서 큰 관심을 모았습니다. 실제로 뉴욕시 워싱턴 스트리트 837번지에 소재한 삼성전자 제품체험 전시장을 가상현실 세계에 그대로 재현한 것이라고 합니다. 최근 출시한 갤럭시S22 언팩 행사를 이곳에서 진행하기도 했습니다. 메이저 제조 기업들의 메타버스 세계 진출을 이끌어내는 걸 보면 성공적으로 성장 중이라고 볼 수 있습니다. 물론 이런 방식의 메타버스 토지거래 플랫폼은 어느 때보다 치열한 경쟁이 진행 중에 있습니다. 누가 살아남을지는 아무도 알 수 없지요. 더구나 모든 것은 가상의 공간에 형성된 실물 없는 시스템입니다. 날아가는 순간 아무것도 남지 않습니다. 엄청난 위험도가 존재하는 시장입니다. 그러나 분명한 점은 과거도 그랬듯이 성장할 것이라는 겁니다.

웹 3.0 시대의 실현 가능성은 매우 큽니다. 디지털 문명 변화의 방향을 보면 쉽게 알 수 있습니다. 웹 3.0이 본질적으로 웹 2.0 시대에 비해 훨씬 참여자의 권리를 존중하는 시스템이기 때문입니다. 진화의 본질에 충실하다고 할 수 있습니다. 물론 그 본질이 제대로 실현될 때 성장 가능성이 커질 겁니다. 여기서 우리가 주목해야 할 점은 ESG 경영에서 요구하는 휴머니티의 실현이 웹 3.0의 정신과 맥을 같이 한다는 것입니다. 메타버스 세계관의 도입과 NFT를 기반으로 하는 경제 시스템의 구축 그리고 새로운 민주적 경영 방식의 도입은 누가 보더라도 더 나은 사회로의 변화입니다. 이미 많은 투자가 쏟아지고 있고, 뛰어난 인재들이 몰리고 있습니다. 곧 새로운 길을 찾아내리라 생각됩니다. 2022년은 메타버스와 NFT 그리고 그들이 만들어가는 웹 3.0의 세계를 탐험하기 좋은 해입니다. 직접 뛰어들어 새로운 세계에 대한 도전을 시작해야 합니다.

'하필이면'과 '그럼에도 불구하고' 사이의 선택이 남았다

세계 100년사에 유일무이한 기록, 대한민국의 기적

디지털 신대륙에 상륙한 인류는 빠르게 지평을 넓혀가고 있습니다. 특유의 식민지 개척에 대한 욕구를 장착하고, 디지털 플랫폼을 구축하며 전쟁 같은 경쟁을 이어가고 있습니다. 이제 막 선진국의 막내로 진입한 대한민국은 이 새로운 문명 시대를 잘 이겨낼 수 있을까요? 또 우리의 미래는 과연 기대할 만큼 낙관적일까요? 스마트폰이 이뤄낸 혁명 이후 지금까지 우리나라는 비교적 좋은 선택으로 잘해내고 있습니다. 더욱이 전무후무했던 코로나는 공교롭게도 우리의 강점을 더욱 도드라지게 했습니다. 모든 데이터가 순조롭습니다. 그러나 개인으로 좁히면 이야기가 달라집니다. 디지털 양극화가 그 어느 때보다 심각합니다. 그 어느 때보다 슬기롭게 대처해야 합니다.

요즘 우리는 국가적으로 보면 꽤나 자랑스러워할 일이 많습니다. 2021년 여름은 BTS가 '버터(Butter)'라는 히트곡을 만들어 빌보드 싱글 차트를 휩쓸면서 자랑스러워했고, 가을이 되면서는 '오징어 게임' 열풍이 세계를 들썩이며 자긍심을 가졌습니다. 곧바로 웹툰을 기반으로 만든 드라마 '지옥'이 다시 넷플릭스 1등을 차지하는 기염을 토하기도 했습니다. '한국 드라마가 할리우드와 경쟁하는 시대가 되었다.'는 기사가 외신을 통해 등장하게 됩니다. 그런가 하면 유색인종에 대해서 인색하기로 소문난 골든글로브가 '오징어 게임'의 오영수 배우에게 2022년 TV 부문 남우조연상을 안겨주면서 세상을 또 한 번 깜짝 놀라게 만들었습니다. 데이터로 보면 우리나라는 선진국입니다. 국민 1인당 GDP가 3만 5,000달러에 이르고, 무역 규모도 1조 2,000억 달러로 세계 10위를 달성했습니다. 그러고 보면 SLBM, KF-X, 초음속미사일, K-9 자주포 등 선진국들이 탐낼 만한 우수한 무기도 자체 개발해서 다수 보유하고 있습니다. K-9 자주포는 세계 10개국에 수출될 만큼 그 성능을 인정받고 있습니다. 2022년 1월에는 UAE에 미사일 방어시스템인 '천궁2'를 4조 원에 수출하면서 높은 기술력을 과시하기도 했습니다.

최근에는 일본의 저명한 원로 경제학자 노구치 유키오 교수가 칼럼을 통해 '이미 일본은 한국에 뒤처졌다.'라고 탄식하며 일본 사회를 뒤흔들기도 했습니다. 김구 선생 이래 정말 오랫동안 꿈꾸던 일이 현실에 가까워지고 있는 기쁜 소식입니다. 실제로 우리의 구매력 기준 1인당 GDP는 이미 일본과 이탈리아를 넘어섰습니다. 2020년 경제협력개발기구(OECD)가 발표한 데이터에 따르면 평균 임금이 일본의 3만 8,515달러를 넘어 4만 1,960달러를 기록했습니다. 우리 국민의 1인당 구매력이 그들보다 더 높아진 것이죠. 실제로 도쿄의 맥도날드 햄버거 가격보다 서울 햄버거 가격이 더 높습니다. 주식 시가총액 최상위 기업도 한국의 삼성전자가 세계 14위인 데 비해 일본 최고 기업인 토요타는 36위에 그쳤습니다. 스위스 국제경영개발대학원(IMD)이 2021년 발표한 국가 경쟁력 순위에서도 한국은 23위로, 31위에 머무른 일본을 앞서고 있는 것으로 나타났습니다. 일본은 특히 디지털 전환에 대응이 늦어 스마트폰 사용비율, 인터넷 사용비율 등이 크게 떨어지면서 우리에게 추월당하고 있다고 분석되고 있습니다. 이런 상태로 계속 간다면 머지않은 미래에 한국이 일본을 모든 면에서 앞설 것이라고 노구치 교수는 우려했습니다. 100년 전만 해도 우리가 일본의 식민지로 고통받았던 것을 생각하면 정말 꿈만 같던 일이 이루어지고 있는 겁니다. 일본을 이겨서 좋다는 것이 아니라 우리가 늘 벤치마킹하며 추격하던 국가보다 앞서가기 시작해서 놀랍다는 것입니다.

세계 8대 강국의 면면을 보면 더욱 놀랍습니다. 1위 미국, 2위 중국, 3위 러시아, 4위 독일, 5위 영국, 6위 일본, 7위 프랑스 그리고 8위 대한민국입니다. 우리보다 위에 있는 7개 나라는 과거 식민지 경영을 통해 선진국이 되었던 나라들입니다. 1차 산업혁명의 혜택을 받아 경제력과 군사력을 키웠고, 그것을 바탕으로 전 세계 후진국들을 식민지 삼아 거대 선진국으로 발돋움한 나라들입니다. 1, 2차 세계대전의 주역들이었으며, 엄청난 기술력과 군사력을 100년 전부터 확보했던 나라들입니다. 그에 반해 우리는 일본에 나라를 잃고 무려 35년간 온갖 수탈을 당해야 했으며, 식민지 기간 기술의 발전은커녕 미친 전쟁의 수발을 들며 정신부터 문화까지 거의 모든 것을 빼앗긴 상태로 살아야 했습니다. 그래서 한번 식민지였던 국가는 절대 선진국이 될 수 없다는 것이 정설이었습니다. 실제로 지난 100년의 현대 인류사에서 식민지로 수탈당했던 국가가 선진국이 된 사례는 단 한 번도 없었습니다. 후진국은 아무리 발전하려고 애를 써도 결국은 선진국끼리 똘똘 뭉쳐 만든 카르텔의 힘에 눌려 절대 선진국이 될 수 없다는 종속이론(Dependency Theory)이 전 세계에 유행하기도 했습니다. 1980년대 학생운동도 모두 같은 맥락에서 전개되면서 반미, 반제국주의 사상이 우리나라에도 넓게 번지는 계기가 되었습니다. 아이러니하게도 우리나라가 그 이론이 틀렸음을 증명한 겁니다. 식민지였던 국가도 선진국이 될 수 있음을 증명했습니다. 게다가 식민 지배 없이 선진국이 된 유일한 나라입니다.

그야말로 기적을 만든 겁니다. 다른 개발도상국들과 무엇이 달라서 성공할 수 있었는지 그 이유는 정확히 알 수가 없습니다. 다만 분명한 점은 우리가 성공을 일궈냈다는 것이 팩트입니다. 그것을 이룬 주인공이 지금의 기성세대입니다. 그리고 그들의 부모님, 그 부모님의 부모님이 지난 100년간 일궈낸 성과입니다. 저는 그 남다른 힘의 근원을 우리만의 저력이라고 생각합니다. 수천 년 동안의 역사 속에 켜켜

이 쌓여 우리 국민 모두가 갖고 있던 설명할 수 없는 저력이 모이고 모여 지금의 기적을 만든 것입니다. 내가 맡은 일이라면 묵묵히 그 시대의 요청에 따라 때로는 밤을 새우고, 때로는 새벽잠을 설쳐가며 끈기 있게 집착한 한 사람, 한 사람의 노력이 뭉쳐 만든 결과라고 생각합니다. 물론 완벽하지는 않았습니다. 잘못된 선택도 있었습니다. 그럼에도 우리는 현대 인류사의 가장 큰 불가사의를 만들 수 있었습니다. 이 기적을 만든 저력은 지난 100년간 우리 국민 모두에게 있었던 만큼 당연히 우리 아이들에게도 있을 겁니다. 그래서 문명의 대전환기인 지금 우리 사회 어른들의 책임이 무겁습니다. 어른들이 어떻게 하느냐에 따라 우리는 또 한 번의 기적도 만들 수 있지만, 다시 뒤로 처질 수도 있기 때문입니다. 어른들에게는 아이들의 저력에 날개를 달아줘야 할 의무가 있습니다.

지금까지의 성장은 기술과 자본을 집적한 대기업들이 이끌어왔습니다. 자본주의를 기반으로 선진국으로 성장한 국가들의 표준 성장 프로세스였죠. 우리는 일본의 산업체계를 벤치마킹하고 해외자본을 투입해 제조업을 육성하면서 대기업 중심의 산업 생태계를 만들었습니다. 그리고 아무도 벗어날 수 없다고 했던 개발도상국의 굴레를 벗어던지고 성공적으로 선진국 수준까지 끌어올렸습니다. 그런데 더는 이 모델로 성장할 수 없다는 게 분명해졌습니다. 아직도 이 시스템에 집착하는 일본이 점점 더 어려워지는 걸 보더라도 우리는 다른 길을 찾아야 합니다. 자본이 지배하는 시대, 거대기업의 브랜드가 지배하는 시대, 방송의 권력이 지배하던 시대의 법칙을 지워버리고 이제 소비자 중심의 시대를 준비해야 합니다. 디지털 혁명 시대의 새로운 규칙에 따라 새로운 산업생태계를 만들고, 새로운 인재 양성 시스템을 구축해야 합니다. 기업은 소비자의 좋은 경험을 창조해 팬덤을 만들고, 지속 가능한 친환경과 휴머니티에 기반한 경영 시스템으로 전환해야 합니다. 정말 근본적인 대전환이 필요합니다. 이 혁명적 전환에 필요한 것이 바로 기적을 만든 우리의 저력입니다.

세계 최빈국에서 태어나 개발도상국 시대를 살고 결국 선진국을 만든 세대

우리는 혁명적 변화를 밥 먹듯이 실천하며 살아왔습니다. 대한민국은 1966년 1인당 GDP 110달러의 나라였습니다. 아프리카 우간다보다도 가난한 세계 최빈국 중 하나였습니다. 어느 누구도 우리가 빠르게 성장할 거라 예상하지 못했습니다. 그런데 엄청난 경제 성장을 이루더니 1988년에는 올림픽을 치릅니다. 전 세계에 전쟁고아의 나라로 알려졌던 대한민국이 다른 가능성을 보여준 이벤트였습니다. 많은 나라들이 올림픽 같은 대형 이벤트를 치르고 빚더미에 올랐는데 우리는 예상과 달리 성장을 거듭합니다. 그러다가 1997년 IMF 금융위기라는 절체절명의 위기를 맞게 됩니다. 모두 거기까지라고 했습니다. 그런데 말도 안 되게 보통 사람들이 금을 모읍니다. 그리고 한마음으로 뭉쳐 다시 일어섭니다. 도무지 설명할 수 없는 일, 세계사에 유례없는 일이 벌어진 것이죠. 그리고 보란 듯이 극복하더니 2002년에는 월드컵이라는 큰 행사를 온 국민의 축제처럼 치러냅니다. 심지어 기적같이 4강의 신화를 만들어냅니다. 이때부터 우리는 무언가 다르다는 걸 직감했는지도 모릅니다. 그러고는 다시 성장의 길을 달려갑니다. 세상 모든 개발도상국들이 도저히 넘지 못했다는 그 선진국의 벽을 넘어섰습니다. 이것을 우리는 불과 한 세대에서 경험했습니다. 저는 아프리카보다 못사는 세계 최빈국에서 태어나 배고픈 어린 시절을 보냈고, 20대 청년 시절에는 군사독재 반대도 외치고 올림픽도 즐겼으며, 30대에는 취업이 어려운 눈물겨운 IMF 사태를 이겨내야 했습니다. 40대에는 열심히 일하면서 월드컵 4강에 열광하기도 했습니다. 그렇게 그냥 열심히 살면서 50대 후반이 되었더니 이제 우리가 선진국이 되었다고 합니다. 이유는 여전히 알 수가 없습니다. 분명한 것은 세상 어느 나라보다 더 급격한 변화의 시대를 우리가 살아냈다는 것입니다. 우리에게 이런 어려움을 이겨낸 경험과 저력이 있는데 이까짓 디지털 혁명의 변화쯤 못 이겨낼까요? 결국 마음을 어떻게 먹느냐에 달려 있습니다. 지난 30년간 굵직한 사건이나 이벤트가 있을 때마다 우리는 이래서 안 될 거다, 망할 거다, 동남아처럼 될 거다, 중남미처럼 될 거다라는 식의 걱정도 많이 했습니다. 그런데 다 이겨냈습니다. 몇몇 리더, 몇몇 기업들의 힘으로 이겨낸 것이 아니라 99.9퍼센트의 국민 한 명 한 명이 열심히 살아내 만든 기적입니다. 결과가 그렇게 이야기하고 있습니다. 그래서 저는 우리 모두 함께 꼭 잘할 수 있다고 믿습니다.

더군다나 디지털 신대륙에서 한판 붙는 거라면 우리가 잘할 수 있습니다. 이미 콘텐츠 산업에서 그 저력을 입증했습니다. 디지털 신대륙에서 문화 강국으로서의 면모를 가감없이 드러내고 있습니다. 게다가 이는 지금까지 가장 투자하지 않았던 산업 분야입니다. 캐릭터 애니메이션 산업, 대중가수 육성 산업, 드라마 제작 산업, 만화 산업 그 어느 것도 정부 주도하에 거대한 세금을 쏟아부었던 적 없는 산업입니다. 아니 오히려 가장 먼저 해외 기업들에 시장을 개방했던 산업이죠. 미국이나 일본에 치여 망하더라도 국가 전체 산업에 미치는 영향이 적다고 판단해서 말이죠. 그러나 최고의 자리에 올랐습니다. 세계인의 심장을 울린 이들에게 박수를 치지 않을 수 없습니다. 이제 남은 숙제는 우리의 주력산업들을 제대로 키워내는 일입니다. 디지털 플랫폼도, 디지털 금융도, 가장 큰 일자리를 차지하는 대규모 제조업도 잘 키워야 합니다. 모든 산업 분야에서 왕이 된 소비자의 가슴을 울리는 일이 남았습니다. 콘텐츠 산업에서 입증한 저력을 이제 전 산업 분야에 담을 차례입니다. 기적을 만든 나라에서 못할 것이 없습니다. 그 기적을 만든 장본인이 바로 이 책을 읽고 있는 독자 여러분입니다. 그 저력이 어디에 있는지, 어떻게 생겼는지, 실제로 있기는 한지 누구도 알 수 없습니다. 그저 확인할 수 있는 것은 우리가 현대 인류 100년사에서 어느 누구도 만들지 못한 기적을 만들어가고 있다는 것뿐입니다. 여러분 가슴속에 있는 저력을 한번 찾아보십시오. 내가 가진 인생에 대한 어떤 열정이 그 저력인지 찾아보십시오. 그 작은 빛들이 모여 또 하나의 기적을 이어가는 겁니다. 몇 명의 천재가 이 땅의 기적을

만든 것이 아니라 여러분 모두의 열정이 빛으로 모여 이 땅의 기적을
만든 겁니다.

우리는 잘살기를 꿈꾸는 세계 모든 나라에 하나의 롤모델이 될 수
있습니다. 지금까지의 선진국들은 침략 전쟁을 통해 식민지를 만들거
나, 원주민을 노예로 부려 착취하거나, 자본의 힘으로 노동자를 착취
하거나, 중앙 권력의 통치로 독재를 하거나 참 나쁜 방식으로 선진국
이 되었습니다. 어쩔 수 없는 인류 역사의 흐름이었으니 이제 와서 뭐
라고 탓할 수도 없습니다. 외부에 대한 착취 없이 평화적 방법으로 열
심히 일해서 선진국에 진입한 건 우리가 유일합니다. 정치적으로 엄
청난 혼란을 겪으면서도 우리는 국민이 주인이 되는 민주주의를 한
번도 포기한 적이 없습니다. 세계에서 가장 자유로운 인권을 누리고
살고 있고, 세계 어느 국민보다 평화적 민주주의에 대한 열망이 강한
나라가 되었습니다. 그 많은 정권교체를 하면서도 평화롭게 이뤄냅니
다. 이 정도 대결 국면이라면 내전이라도 났어야 할 텐데 슬기롭게 민
주주의를 잘 지켜냅니다. 그래서 우리가 어쩌면 디지털 신대륙의 좋
은 롤모델이라고 할 수 있습니다. 세상의 많은 나라들이 우리처럼 발
전하기를 희망하고 있는 것도 사실입니다. 우리가 만난 혁명은 어쩌
면 우리에겐 더없이 좋은 기회의 시간일 수도 있습니다.

'하필이면'이냐 아니면 '그럼에도 불구하고'냐

'관점 디자이너' 박용후라는 분이 있습니다. 그는 사람의 인생은 자기가 문장 앞에 쓴 단어에 따라 달라진다고 이야기합니다. 시쳇말로 '하필이면'이냐 '그럼에도 불구하고'이냐의 차이입니다. 우리는 살면서 '하필이면'이라는 단어를 참 많이 써왔습니다. 하필이면 왜 우리 때 디지털 혁명이냐, 하필이면 우리 집은 이렇게 가난하냐, 하필이면 내가 장사를 시작하니까 코로나가 터지냐 등등 우리는 매일 매일 숱하게 '하필이면'을 쏟아내고 있습니다. 책임을 떠넘기기에 참 좋은 단어입니다. 내뱉는 순간, 내 잘못이 아닌 남들, 세상 잘못입니다. 그러나 안타깝게도 이 단어는 그다음을 준비하는 데 아무런 도움이 되지 못합니다. 그러고 보면 인류는 정말 많은 '하필이면'의 상황을 겪어왔습니다. 하필이면 망국의 식민지고, 하필이면 전쟁 중이고, 하필이면 군사독재고, 하필이면 IMF 외환위기입니다. 그 생각에 멈춰 서서는 어느 것도 해결할 수 없었습니다. 우리가 만약 그때 '하필이면'에서 멈췄더라면 지금의 기적은 없었을 것입니다.

우리는 '하필이면'보다는 '그럼에도 불구하고'를 더 좋아하는 게 분명합니다. 조선이 망했는데도 독립운동을 합니다. 전쟁이 터졌는데도 열심히 살아가고 이겨냅니다. 외환위기가 터져 죽을 지경인데 그럼에도 너도 나도 금을 모읍니다. 정말 어려운 순간순간을 우리는 '그럼에도 불구하고' 이겨냈습니다. 어떻게 이겨냈는지 기억도 잘 안 나지만 그럼에도 불구하고 우리는 이렇게 이겨냈습니다. 어쩌면 이 모든 비밀이 '그럼에도 불구하고'에 있는지도 모르겠습니다. 고통스러운 환경 변화를 이겨내야 하는 건 지구에서 살아가는 사피엔스의 숙명입니다. 그렇다면 시작은 '그럼에도 불구하고'입니다. 혁명의 시대 모든 문장 앞에 새겨야 합니다. 이 땅에 살아가는 모든 이들에게 어려운 혁명 시대를 슬기롭게 이겨내는 지혜와 용기가 함께하기를 소망합니다. 메타버스라는 디지털 신대륙을 향한 탐험은 이제 막 시작입니다.

'메타버스 이야기'를 쓰면서 끊임없이 저 자신에게 던진 질문이 있습니다. 과연 세상은 메타버스라는 디지털 신대륙으로 나아가고 있는가, 그저 자본이 만들어내는 허상이 아닌가, 금방 사라질 신기루가 아닌가 하는 의혹들에 대한 질문입니다. 매일을 저는 이 질문들과 싸워야 했습니다. 하지만 디지털 세상에서 쏟아지는 데이터들은 다행스럽게도 제 생각이 맞았다고 응원하고 있었습니다.

《포노 사피엔스》라는 책을 쓰면서 언급했던 모든 디지털 문명의 특이현상들이 3년이라는 세월을 넘어 더 강력하게 우리 사회의 디지털 대전환을 상징하고 있습니다. 보람튜브, 지평생막걸리, 무신사 등 디지털 문명을 기반으로 성장한 팬덤 경제 생태계는 더욱 글로벌하게 확대되고 있고, '아기상어', K-팝, e-스포츠, 웹툰, 드라마 등 우리나라 콘텐츠 산업 또한 일회성 인기가 아니라 이제 전 세계 MZ세대의 일상으로 자리 잡고 있습니다. 세계를 지배하는 할리우드 문화와 대등할 정도로 말이죠.

인류는 매일 엄청난 데이터를 쏟아내고 있습니다. 그리고 그 모든 데이터는, 진화된 포노 사피엔스가 사는 세상 메타버스라는 새로운 신대륙에 어서 빨리 상륙하라고 웅변하고 있습니다. 제가 기술 중심의 전문가를 위한 메타버스 '설명서'가 아니라 누구나에게 필요한 메타버스 '이야기'를 쓰게 된 이유가 바로 여기 있습니다. 어린아이들부터 노년층에 이르기까지 새로운 문명이 도래했다면 알고 체험해야 합니다. 코로나가 도래했을 때 모두가 스마트폰을 통해 학습하고, 접종하고, 방역도 했던 것처럼 새로운 문명에 대해서도 잘 배워야 합니다. 지난 100년간 좀 더 나은 사회, 좀 더 행복한 후손들을 위해 노력했던 우리 조상들을 본받아 우리도 더 나은 미래, 더 나은 사회를 준비해야 합니다.

전 세계적으로 IT 산업이 발전하면서 디지털 양극화가 극심해진 것처럼 메타버스 세상은 준비한 사람과 그렇지 않은 사람에게 엄청난 차별을 가할 것입니다. 이것을 극복할 수 있는 유일한 방법은 함께 준비하고, 함께 공부하는 것입니다. 기술자들이 만드는 세상이 아니라 우리가 함께 만드는 새로운 세상임을 인지해야 하는 겁니다. 제가 써 내려간 이 작은 이야기가 부디 많은 분의 가슴을 울려 새로운 메타버스 세상을 준비하는 출발점이 되기를 간절히 바랍니다. 메타버스 세상도 함께 가야 멀리 갑니다. 위험하지만, 스릴 넘치고, 매력 있는 미지의 세계로 함께 떠나봅시다. 사피엔스의 운명을 따라.